애덤 스미스와 국가

# 애덤 스미스와 국가

이황희 지음

경인문화사

# 서 문

막연히 경제학자로 알고 있었던 애덤 스미스가 실은 대학교수 시절 법학강의로 유명했다는 사실을 접하고 법학전공자로서 그에게 흥미를 가지게 되었다. 좀 더 공부를 해 보니 그가 법학박사였고 일생에 걸쳐 법과 통치에 관한 일반이론을 규명하고자 노력했으며 그의 정치경제학은 법학이라는 큰 틀의 일부로서 사고되었다는 사실을 알게 되었다.

그와 동시에, 법학적 문제의식으로 그의 사상을 해명하려는 학문적 시도는 드물었고, 특히 그의 저서 속에 녹아 있는 공법적 사유, 즉 국가권력의 구성과 행사 그리고 그 한계에 관한 문제의식이 충분히 조명되지 않고 있다는 사실도 알게 되었다. 의아한 일이었다. 국가와 통치에 관한 논의를 중심으로 스미스의 이론적 성취들을 재구성해 보고자 하는 뜻을 품게 된 것은 이 의아함 때문이었다. 그간 경제학을 스미스의 중심에 놓음으로써 국가와 정치의 문제가 주변으로 밀렸다면, 필자는 이 구도를 돌려 후자의 문제를 중심에 두고 그의 이론을 재음미해 보려 했다. 이 책을 통해 특히 독자들과 공유하고 싶은 내용들은 다음과 같다.

첫째, 스미스의 법학, 특히 공법학의 토대와 주요한 특징이다. 그의 이론은 당시 지배적 학설이었던 자연법론에 기초해 있었고, 사회질서의 기원을 인간의 이성이 아닌 도덕감정에서 찾았던 스코틀랜드 계몽주의의 영향하에 있었다. 그는 자신의 상태를 개선하려는 인간의 노력을 역사라는 배경 위에 투사하여 국가론을 전개했는데, 이는 국가를 본성의 직접적인 산물로 보는 아리스토텔레스적 전통이나 계약 혹은 동의의 산물로 여기는 계약론자들로부터 스미스를 구별짓는 특징이다.

둘째, 국가와 통치에 대한 스미스의 기본인식이다. 스미스에게 국가는 인간의 필요에 따라 고안된 제도적 장치이며, 국가의 가장 큰 목적은 인간의 자유와 권리를 보호하는 데 있었다. 그가 권력분립, 그중에서도 행정권을 견제할 수 있는 사법권의 독립을 특별히 중시했던 것은 이 때문이다. 특히 그는 자유와 권리의 동등한 보장을 위하여 국가의 불편부당성, 즉 평등대우 의무를 강조했다. 『국부론』의 기본줄거리라 할 중상주의 비판은 바로 계급편향성에 대한 문제의식의 산물이었다.

중상주의의 원인으로 상공업자와 노동자 간의 정치적 불균형 현상에 주목한 것은 그의 정치이론의 또 다른 백미이다. 이 불균형을 극복하기 위해 공적 논의에 대한 참여의 중요성을 갈파한 것은 200여 년이 지난 오늘날 현실에 대한 해법으로도 여전한 생명력을 지닌다.

셋째, 국가와 자유의 관계에 대한 스미스의 이해이다. 흔히 알려진 바와는 달리 스미스가 보이지 않는 손의 신봉자임을 보여주는 증거는 뚜렷하지 않다. 그가 개인의 자유를 옹호한 것은 분명하나, 오히려 그러한 개인의 자유가 국가의 역할을 전제로 보장되고 실현될 수 있다는 그의 인식에 더욱 심오한 공법학적 통찰이 담겨 있다.

이는 분업문제에 대한 설명에서 잘 드러난다. 그는 분업의 발전이 경제적 진전을 가져오지만 동시에 인간의 정신적 무능과 덕성의 상실을 초래한다고 했다. 자유는 시장경제의 발전을 가져오지만, 시장경제의 발전은 자유에 유해할 수 있다는 역설이다. 스미스의 해법은 공공교육, 즉 국가의 개입이었다. 여기서 주목할 부분은 공공교육이라는 구체적 처방의 타당성 여부가 아니라, 자유와 국가의 관계에 대한 그의 기본적 시각이다. 자유를 보장하고 실현하기 위해서는 국가의 부작위만으로는 충분하지 않으며 국가의 적극적 역할도 필요하다는 것이다. 따라서 국가에 대하여 부당한 개입을 불허하는 것이 중요한 만큼 필요한 개입을 명하는 것도 중요하다. 자유를 보장하기 위한 국가의 역할, 이것을 이 책에서는 '자유의 인프라'라는 개념으로 다루어 보았다.

　이상의 내용에서 스미스와 헌법학은 멀리 떨어져 있지 않았다. 필자는 이러한 문제의식을 담아 법학박사 학위논문으로 제출했고, 이 학위논문을 토대로 이 책을 출간하게 되었다. 전체적인 틀과 기본논지는 그대로 유지했지만, 부족한 대목들이 눈에 들어와 잘못된 표현들을 바로잡고 일부는 다시 서술하는 등 전체적으로 손질하였다.

　이 책은, 필자에게 헌법학의 세계와 애덤 스미스의 가치를 알려주신 정종섭, 전종익 교수님, 깊고 넓은 학문적 시야로 필자를 이끌어 주신 송석윤, 이효원, 이헌환, 고학수 교수님, 그리고 필자가 헌법 연구자로 성장하도록 도와주신 성낙인, 이우영, 전상현 교수님의 가르침에 빚진 바가 크다. 진심으로 감사드린다. 그러나 감사함과는 별개로 이 책에 오류가 있다면 그것은 전적으로 필자의 책임임을 밝혀둔다.

　마지막으로 이 책을 준비하는 동안 격려와 응원을 아끼지 않고 물심양면으로 도와준 아내와 이제 애덤 스미스를 친근하게 여기는 아들에게도 진심어린 고마움을 전한다.

2019. 8.

이 황 희

〈목 차〉

## 5장 국가의 역할 _ 185

# 일러두기

1. 이 책에서 주로 인용하게 될 스미스의 저작은 『도덕감정론』(*The Theory of Moral Sentiments*), 『국부론』(*An Inquiry into the Nature and Causes of the Wealth of Nations*), 『법학강의』(*Lectures on Jurisprudence*)가 될 것이다. 인용은 원칙적으로, 『도덕감정론』은 박세일·민경국 공역, 『도덕감정론』(서울: 비봉출판사, 2009)을, 『국부론』은 김수행 역, 『국부론(상)』 및 『국부론(하)』(서울: 비봉출판사, 2009)를, 『법학강의』의 경우 LJ(A)라고 불리는 1762~1763년 강의 기록본은 서진수 역, 『법학강의(상)』(서울: 자유기업원, 2002)을, 1763~1764년 강의를 기록했을 것으로 추측되는 LJ(B)는 서진수 역, 『법학강의(하)』(서울: 자유기업원, 2002)를 기준으로 하되, 번역을 수정할 대목은 글래스고판 애덤 스미스 전집을 참조하여 수정해 인용하고 원문의 면수를 기재했다. 글래스고판 전집은, D. D. Raphael and A. L. Macfie(eds.), *The Theory of Moral Sentiments* (Indianapolis: Liberty Classics, 1982); R. H. Campbell and A. S. Skinner(eds.), *An Inquiry into the Nature and Causes of the Wealth of Nations*(Indianapolis: Liberty Classics, 1981); R. L. Meek, D. D. Raphael and P. G. Stein(eds.), *Lectures on Jurisprudence*(Indianapolis: Liberty Fund, 1982)를 가리키며, 이에 더하여 서한 등을 정리한 E. C. Mossner and I. S. Ross(eds.), *The Correspondence of Adam Smith* (Indianapolis: Liberty Classics, 1987)도 참조했다. 논문에서 『도덕감정론』, 『국부론』, 『법학강의』를 인용할 때에는 저자명을 생략하고 『도덕감정론』, 『국부론(상)』과 『국부론(하)』, 『법학강의(상)』과 『법학강의(하)』라는 저서명과 인용한 면수만으로 간략히 표기했다.

2. 문헌을 처음 인용할 때에는 통상적인 인용례에 따랐지만, 같은 문헌을 다시 인용할 때에는 저서의 경우는 저자와 저서명(원서는 원서, 번역본은 번역본)만을, 논문의 경우는 저자와 논문명(원어논문은 원어논문명, 번역논문은 번역논문명)만을 표시한 후 해당 면수를 기재했다. 다만, 저서명이나 논문명이 길 경우에는 처음 인용할 때 후속 인용 시 사용할 축약명칭을 병기했고, 후속 인용에서는 그 축약명칭을 사용했다. 별도로 축약명칭을 쓰지 않는 경우에는 원래의 저서명이나 논문명을 그대로 썼다.

3. 참고문헌을 인용할 때에는 그 면수를 표시함을 원칙으로 했으나, 플라톤, 아리스토텔레스, 폴리비오스, 키케로, 토마스 아퀴나스의 저서처럼 인용표기에 관한 고유한 전통이 있는 경우에는 그러한 전통을 따랐다.

4. 인용된 해외 문헌과 고대 그리스·로마의 어휘들은 이탤릭체로 표시했다.

# 제1장 서론

# 제1절 서설

국가가 작동하기 위해서는 그에 필요한 조직과 구성이 갖추어져야 하는데, 그러한 조직과 구조, 운영을 규율하는 것이 헌법이다. 이런 의미의 헌법은 '고유의 의미의 헌법', '본래의 의미의 헌법'이라고도 불리는데,[1] 그것이 성문이든 불문이든, 헌법 혹은 그에 상응하는 법명을 사용하든 아니든 간에, 국가가 존재하는 동안 함께 존재해 왔다. 이 점에서 국가의 역사는 헌법의 역사이기도 하다.

반면에 오늘날 헌법은 또 다른 차원의 의미를 갖는다. 현 시대의 헌법은 단순히 국가권력의 구성과 운영, 작동방식에 관한 기술 체계에 그치지 않고, 입법과 국가운영을 지도할 중요한 정치적 원리를 규정하는 국가의 최고규범을 뜻한다. 근대 이전의 헌법이 경험적 의미에 치중되었다면, 근대 헌법에서는 규범적 성격이 강화되었다.[2] 이로써 국가는 더 이상 자명한 현실 혹은 원래부터 있던 존재로 머물지 않고, 정치공동체 이전부터 존재했던 인간들이 본연의 인격으로서 정당하게 누릴 수 있는 것들을 더욱 확실하고 고양된 수준으로 향유하고 더 나은 삶을 영위하기 위해 인위적으로 고안한 제도적 장

---

1) 김철수, 『헌법학개론』 제19전정신판(서울: 박영사, 2007), 13면; 野中俊彦·中村睦男·高橋和之·高見勝利, 『憲法 I 』第4版(有斐閣, 2006), 3~5頁; 문홍주, 『제6공화국 한국헌법』(서울: 해암사, 1987), 34면.
2) 근대 이전 헌법과 근대 헌법의 구분에 관해서는 Dieter Grimm, *Die Zukunft der Verfassung*(Frankfurt am Main: Suhrkamp, 1991), S. 35~36, 101; Dieter Grimm, *Die Zukunft der Verfassung II*(Berlin: Suhrkamp, 2012), S. 204~205. 본 절의 앞부분은 이황희, "근대 입헌주의의 고전적 기원들: 근본법 사상과 규범통제제도를 중심으로", 『헌법학연구』 제21권 제3호(2015)(이하 "근대 입헌주의의 고전적 기원들"), 448~449면의 내용을 토대로 했다.

치로 여겨지게 되었다.

이러한 변화는 특히 중세 이후 인습과 종교적 속박에서 벗어난 개인의 등장에 의해 본격화되었다. 평등하게 자유로운 개인이라는 출발점은 사적·공적 측면에서 자율성의 보증이라는 규범적 내용을 산출했고, 헌법은 이를 토대로 구성된 국가의 청사진이라 할 수 있었다. 이제 헌법은 개인이 외부의 부당한 간섭 없이 각자의 삶을 개척할 수 있도록 하는 사적 자율성과, 사회구성원이 집단적으로 정치적 의사를 결정할 수 있도록 하는 공적 자율성을 향한 공동의 약속과 다짐, 즉 자유와 민주주의의 기획을 선언한 정치적 문서가 되었다. 근대 입헌주의는 이와 같은 개인과 국가에 대한 새로운 이해, 그리고 이에 기초한 규범적 헌법 관념의 등장에 힘입은 근대적 현상이다.

그런데 근대 입헌주의가 현재와 같은 모습을 띠게 만드는 데 기여했던 지난날의 논의들이 반드시 헌법과 관련된 학문적 표제를 가졌던 것은 아니다. 오늘날 학제상 헌법학과 무관해 보이는 분야의 논의 중에도 유의미한 역할을 한 것들이 적지 않다. 이 책이 애덤 스미스(Adam Smith, 1723~1790)라는 사상가에 주목한 이유가 바로 여기에 있다.

우선 이 책은 국가 통치라는[3] 관점에서 스미스의 저술을 독해함으로써 그의 논의를 지금까지와는 다른 측면에서 조명하고자 한다. 대체로 그는 우리에게 '보이지 않는 손'의 비유를 통해 시장경제의

---

3) 통치를 의미하는 영단어 government는 라틴어 *"guberno"*(지도하다, 다스리다)에서 나온 말이고, 이 말은 고대 그리스어 *kybernao*(배를 조종하다, 지도하다)에서 비롯되었다. 어원에서 짐작할 수 있듯이 통치라는 것은 국가가 사경제주체로서 국민과 대등한 지위에서 행하는 행위가 아니라 최고 권력체로서의 국가의 행위인 고권적 작용(Hoheitsakt)을 가리킨다. 이 책에서 통치란 정치적 권위에 기초한 입법권, 행정권, 사법권 같은 공권력의 행사로서, 공적 업무를 처리하고 국민의 권리·의무를 조정하여 그들의 삶에 영향을 주는 행위 전반을 의미한다.

탁월성을 주장한 경제학자로 익숙하다. "본능의 해방", "이기심 혹은 자애심(self-love)의 해방"에[4] 기초한 자유방임주의(laissez-faire)가 그의 사상을 대표해 왔다. "애덤 스미스는 현재 시카고에서 지내고 있다." 는 조지 스티글러(George Joseph Stigler)의 농언은[5] 현대 경제학에서 시카고가 상징하는 바를 떠올릴 때 비교적 그 의미가 명확하다.

그러나 이것만으로는 스미스를 이해하기에 충분하지 않다. 법학을 공부한 스미스는 법학박사학위(LL.D) 소지자였고, 교수 시절 탁월한 법학강의로 명성이 높았다. 그의 대표저술인 『국부론』은 원래 법학이라는 큰 틀의 일부로서 고찰되었다. 법학은 스미스 학문세계의 중심에 있었고, 그 핵심에는 국가와 통치에 관한 공법의 문제가 있었다. 이에 국가의 시장개입에 대한 거부나 보이지 않는 손 같은 단편적 관념들로 이해되고 있는 스미스를 법학, 그중에서도 헌법학의 관점에서 보다 체계적이고 포괄적으로 이해하기 위한 노력이 필요하다는 생각이 들었다. 이것이 이 책을 떠받치는 기본 토대이다. 그의 저서를 전체적으로 조망하고 시대적·사상사적 맥락을 고려해 헌법학의 문제의식으로 독해한다면 그의 진의가 보다 분명해질 것으로 보였다.

사실 그 무렵 유럽 사회의 여느 지식인들처럼 스미스 또한 매우 광범위한 사회과학의 주제들을 섭렵한 사상가였다. 글래스고 대학 교수 시절 그가 담당했던 과목은 도덕철학(moral philosophy)이었는데, 그 당시 도덕철학은 인간과 사회에 관한 이론 전반을 아우르는 방대

---

4) 박세일, "아담 스미스의 도덕철학 체계", in: Adam Smith, *The Theory of Moral Sentiments*, 박세일·민경국 옮김, 『도덕감정론』(서울: 비봉출판사, 2009), 666면. 그러나 박세일은 스미스가 자유방임정책이 성공할 수 있는 경쟁적 시장조건의 확립을 강조했다는 점에서 그를 "능동적이고 적극적인 자유방임론자"로 표현하기도 했다. 박세일, 『법경제학』(서울: 박영사, 2007), 547면.

5) Ronald L. Meek, *Smith, Marx, and After: Ten Essays in the Development of Economic Thought*(London: Chapman & Hall, 1977)(이하 *Smith, Marx, and After*), p. 3.

한 지식들로 구성되었다.[6] 실제로 그의 도덕철학 강의는 신학과 윤리학, 그리고 오늘날의 법학과 경제학에 해당하는 주제들로 이루어졌다.[7] 법학과 정치학은 스미스가 젊은 시절부터 정통한 과목이었다. 1751년 글래스고 대학의 도덕철학 교수였던 크레이기(Thomas Craigie)가 건강이 좋지 않아 강의를 맡을 수 없게 되었을 때, 대학 관계자는 당시 그 대학의 논리학 교수였던 스미스에게 크레이기의 강의 중 자연법론과 정치학 부분을 대신해 줄 것을 부탁했고, 스미스는 이들 강의에 자신감을 보이며 흔쾌히 수락했다.[8]

오늘날에는 거의 거론되지 않는 사실이지만, 법과 통치는 스미스가 필생에 걸친 연구주제로 공언해 왔던 분야이다. 그는 첫 공식 저술(1759)에서부터 법과 통치의 일반원칙들을 설명하는 것이 자신의 목표임을 선언했고, 노년에 이르러 더 이상 이 목표를 완수할 수 없음을 알았을 때에도 최후의 순간까지 자신이 이 목표를 포기하지 않았음을 외부에 알리고 싶어 했다(1790).[9] 그가 밝힌 대로『국부론』은

---

6) James Buchan, *The Authentic Adam Smith*(2007), 이경남 옮김,『애덤 스미스: 경제학의 탄생』(서울: 청림출판, 2008), 37면; John Rae, *Life of Adam Smith* (London: Macmillan, 1895), p. 43. 도덕철학에 관한 스미스 본인의 설명은 Adam Smith, *An Inquiry into the Nature and Causes of the Wealth of Nations*, 김수행 옮김,『국부론(하)』(서울: 비봉출판사, 2009)(이하 인용되는『국부론』의 국역본은 저자명 없이『국부론(상)』및『국부론(하)』), 944면.

7) Dugald Stewart, *Account of the Life and Writings of Adam Smith, LL.D.*, in: Adam Smith, *Essays on Philosophical Subjects*, I. S. Ross(ed.)(Indianapolis: Liberty Classics, 1982)(이하 *Life and Writings of Adam Smith*), pp. 274~275.

8) John Rae, *Life of Adam Smith*, pp. 43~44.

9) Adam Smith, *The Theory of Moral Sentiments*, 박세일·민경국 옮김,『도덕감정론』(서울: 비봉출판사, 2009)(이하 저자명 없이『도덕감정론』), XXIV면, 660면. 한편 말년의 스미스는 라 로슈푸코 공작에게 보낸 편지(1785. 11. 1.자)에서 자신이 현재 두 가지의 대작을 계획 중인데, 그중 하나는 철학, 시, 웅변 같은 모든 문학 분야를 포괄하는 철학적 역사에 관한 것이고, 다른 하나는 법과 통치에 관한 것이라고 말했다. Adam Smith, *The Correspondence of Adam Smith*, Ernest Campbell Mossner and Ian Simpson Ross(eds.)(Indianapolis: Liberty

이러한 큰 기획의 일부로서 저술된 것이었다.

그의 강의가 기록된 『법학강의』를[10] 통해 국가와 통치에 관한 그의 생각이 일정한 체계를 갖춘 모습으로 전해지고, 그의 주저라 할 『국부론』과 『도덕감정론』에도 상당한 공법적인 문제의식들이 녹아들어 있다는 측면 또한 이 책의 시도를 뒷받침하는 토대가 되었다. 특히 『국부론』은 국부증진에 관한 기술적 분석뿐 아니라, 그에 필요한 국가의 역할을 둘러싼 규범적 요구들까지 담고 있다. 이러한 국가의 역할은 국가권력의 작동과 그 한계에 관한 논의와 긴밀한 관계가 있으므로, 『국부론』은 국부에 관한 책이자 동시에 통치에 관한 책이기도 했다. 이는 『국부론』의 기본줄기가 원래 통치에 관한 전반적 설명을 담고 있는 『법학강의』의 하부주제인 내치(police)에 관한 논의에서 시작된 사실에서도 기인한다.[11] 그는 정치경제학(political economy)을 처

---

Classics, 1987), pp. 286~287.

10) 『법학강의』는 스미스가 글래스고 대학에서 행한 도덕철학 강의를 수강한 학생의 노트를 정리한 것이다. 이 노트는 현재 두 권이 전해진다. 1762~1763년 강의를 기록한 노트는 1958년에 세상에 알려졌고, 1763~1764년에 이루어진 강의를 기록한 것으로 추측되는 노트(1766년 필사본)는 그보다 앞선 1895년 세상에 모습을 드러내었다. 통상 전자는 LJ(A)로 후자는 LJ(B)로 표시하며, 양자는 구성에서 약간의 차이가 있지만 내용상으로는 대동소이하다. 후자의 표지에는 1766년이라고 쓰여 있었으나 스미스가 1764년 이미 글래스고 대학을 떠난 사실에 비추어 볼 때 아마도 1763~1764년에 정리한 강의노트를 1766년에 다시금 옮겨 적은 것일 가능성이 크다. R. L. Meek, D. D. Raphael and P. G. Stein, "Introduction", in: Adam Smith, *Lectures on Jurisprudence* (Indianapolis: Liberty Fund, 1982), pp. 5~7.

11) Adam Smith, *Lectures on Jurisprudence, Report of 1762-3*, 서진수 옮김, 『법학강의(상)』(서울: 자유기업원, 2002)(이하 저자명 없이 『법학강의(상)』), 89~90면, 607면 이하; Adam Smith, *Lectures on Jurisprudence, Report dated 1766*, 서진수 옮김, 『법학강의(하)』(서울: 자유기업원, 2002)(이하 저자명 없이 『법학강의(하)』), 5면, 7면, 185면 이하. 한편 박세일·민경국의 『도덕감정론』 국역본에서 police는 '치안'으로 번역되었다. 『도덕감정론』, 349면, 660면. 그러나 치안으로 번역하는 것은 통치론과의 연관성을 표현하기에 다소 부족하다고

음부터 통치의 관점에서 사고했다. 부와 풍요의 문제 또한 국가의 통치작용을 지도하는 법이론의 대상이라는 것이다.[12] 그가 정치경제학을 정치가나 입법자의 학문으로 규정한 것도 같은 맥락이다.[13] 그의 정치경제학 강의는 이익추구 원리에 기초한 정치적 규율(political regulations)을 다루는 것이었고, 이 관점으로 상업과 금융, 교회와 군대 등에 관한 여러 정치적 제도들을 검토했다.[14] 그리고 중상주의(重商主義, Mercantilism) 비판으로 유명한 『국부론』은 정치적 의사결정상의 문제를 중상주의의 주요 원인으로 폭로한 저술이기도

보아 이 책에서는 통치성을 고려한 기존의 국역례를 존중해 '내치'(內治)로 옮겼다. Michel Foucault, *Naissance de la biopolitique: Cours au Collège de France, 1978-1979*(Paris: Gallimard, 2004), 심세광, 전혜리, 조성은 옮김, 『생명관리정치의 탄생』(서울: 난장, 2012), 68면 이하; Graham Burchell, "독특한 이해관계들: 시민사회, 그리고 '자연적 자유의 체제'를 통치하기", in: *The Foucault Effect: Studies in Governmentality,* Graham Burchell, Colin Gordon and Peter Miller (eds.)(1991), 심성보 외 5인 옮김, 『푸코 효과: 통치성에 관한 연구』(난장: 서울, 2014), 179면 이하. 정치경제학의 통치론적 맥락에 관하여는 위 문헌 외에도, 지주형, "정치경제학의 방법론적 토대들", 『인문논총』 제32집(2013), 136면 이하; J. G. A. Pocock, *The Machiavellian Moment: Florentine Political Thought and the Atlantic Republican Tradition*(Princeton, N.J.: Princeton University Press, 1975), 곽차섭 옮김, 『마키아벨리언 모멘트 2』(파주: 나남, 2011), 158면 이하도 참조. 푸코와 포칵의 해석은 이 책의 착상에 큰 도움을 주었다.

12) 『법학강의(상)』, 89~90면; 『법학강의(하)』, 5~7면. 스미스는 법학의 목적을 "재판관과 중재자의 판단을 위한 규칙을 제정하는 것"으로 정의했다. 『도덕감정론』, 636면. 그에게 법학의 초점은 법관의 법해석이 아니라 입법자의 법제정에 맞추어져 있었다.

13) 『국부론(상)』, 517면. 공법의 문제가 『국부론』의 분석 전체를 관통하고 있다고 한 푸코의 논평, 스미스에게 경제학은 통치술(statesmanship)의 보조분야였다는 월린의 설명 또한 같은 취지를 담고 있다. Michel Foucault, 『생명관리정치의 탄생』, 69~70면; Sheldon Wolin, *Politics and Vision: Continuity and Innovation in Western Political Thought*(Princeton: Princeton University Press, 2004), 강정인·공진성·이지윤 옮김, 『정치와 비전 2』(서울: 후마니타스, 2009), 177면.

14) Dugald Stewart, *Life and Writings of Adam Smith*, p. 275.

했다.

이상의 측면들은 국가와 법, 통치의 문제가 스미스의 학문적 여정에서 큰 비중을 차지했음을 보여준다. 바로 뒤에서 보듯이, 20세기 중반 이후 스미스의 정치(철)학을 규명하려는 연구들이 등장한 일련의 흐름들은 이와 무관하지 않다.

스미스 통치론을 정립해 헌법이론의 관점에서 독해하고 평가하는 시도는 지금까지 거의 존재하지 않았다. 유원한 인류의 지성사에서 애덤 스미스가 점하는 각별한 지위를 고려한다면, 그의 사상을 지금까지와는 다른 새로운 관점에서 해명하는 일, 혹은 더 나아가 그가 법학자로서 생전에 행했던 학문적 실천을 해당 분야의 보다 현대적인 관점으로 재검토하는 일은 전체 학문공동체를 위해 유의미한 일이라고 믿는다. 국가와 통치의 본질과 역할에 관한 고찰 속에서 스미스를 자유방임주의자로 여겼던 전통적 해석의 타당성이 다시금 검토될 것이다.15)

또한 근대 입헌주의의 형성과 발전에 기여한 초기 논의들에 대한 이해를 넓히는 것도 이 책의 목표이다. 흔히 근대 입헌주의는 근대 초기 형성된 자유주의 사상에 힘입은 것이라고 알려져 있다.16) 개인의 자유를 강조하고 이를 보장하는 법치와 권력분립을 중시하는 주류적 자유주의는 시장법칙을 사회적 가치분배의 기본원리로 삼고 이를 방해하는 국가개입에 반대하는 것을 골자로 했다. 홉스(Thomas Hobbes)와 로크(John Locke)의 이론은 근대 초기 자유주의 사상의 대

---

15) 필자는 그가 인간 이기심의 신봉자였다는 그간의 인식을 대표적인 오해 중 하나로 본다. 센의 말을 빌리면, "이기적 행위의 신봉자나 옹호자가 애덤 스미스에게서 찾으려고 했던 증거는 스미스를 편향되지 않고 폭넓게 읽는다면 실제로는 찾아내기 힘들다." Amartya Sen, *On Ethics and Economics*(Blackwell, 1987), 박순성·강신욱 옮김, 『윤리학과 경제학』(서울: 한울, 1999), 49면.

16) András Sajó, *Limiting Government: An Introduction to Constitutionalism*(Budapest: Central European University Press, 1999), p. xiv.

표적 산물이다. 이러한 흐름 속에서 20세기 초까지는 방임주의 모델
이 지배적이었으나, 이 모델의 폐해를 반성적으로 성찰함으로써 사
회국가(Sozialstaat) 혹은 복지국가(welfare state) 모델로 전환되었다는
것이 오늘날 헌법학계의 설명이다.[17]

　그러나 같은 자유주의에 속한다 해도 세부적인 차이는 있었다.
정치체제에 관해서도 홉스는 절대주의 체제를 지지한 반면, 로크는
제한적 체제를 옹호했다. 스미스 역시 홉스와 로크처럼 근대 자연법
론의 자장 안에서 통치의 본질과 정당성, 그 한계를 숙고한 사상가
였다. 다만 그는 이 같은 공통의 사상적 기반 위에서도 그들과는 다
른 방식으로 자신의 기획에 임하여, 계약론적 설명법을 거부하고 고
유한 덕성론에 기초해 서구의 전통적 사유를 계승, 쇄신하고자 했다.

　특히 스미스의 이론은 당시 근대적 상업문화의 표상이었던 사익
추구를 정치적 사유의 중심에 두었다는 점에서 특징적이다. 중세 이
후 유럽 사회는 급격한 변화를 맞이했다. 농업과 상업의 전례 없는 발
달은 인간 삶의 조건에 큰 변화를 가져왔고, 사회 환경의 변화는 사리
추구와 이익극대화를 중심으로 하는 경제문화의 확산으로 이어졌
다.[18] 문제는, 전통적 사고에서는 자신의 이익추구에 매몰되는 사람을
바람직하게 여기지 않았다는 점이다. 일각에서는 공익을 등한시하고
사익에만 매몰되는 현상을 부패(corruption)로 일컫기도 했다.[19] 부패에

---

17) 김철수, 『헌법학개론』, 289면 이하; 허영, 『한국헌법론』(서울: 박영사, 2017),
　　170면 이하; 한수웅, 『헌법학』(파주: 법문사, 2018), 303면 이하 등.
18) 당시에는 아직 자본주의(capitalism)라는 표현이 등장하지 않았기 때문에 스
　　미스는 이 새로운 사회를 '상업사회'(commercial society)라고 명명했다. 그가
　　말하는 상업사회는 모든 사람이 교환을 통해 생활함으로써 모두가 어느
　　정도 상인이 되는 사회이다. 『국부론(상)』, 28면. 이 책에서는 자본주의라
　　는 표현을 사용하면서도 스미스 주장을 전달하는 데 중점을 둘 때에는 상
　　업사회라는 표현을 그대로 썼다.
19) Donald Winch, *Adam Smith's Politics: An Essay in Historiographic Revision*(New
　　York: Cambridge University Press, 1978)(이하 *Adam Smith's Politics*), p. 30; Shelley

대한 경계심은 18세기 유럽에서 가장 중요한 가치 중 하나였고,[20] 사리추구를 장려하는 문화는 부패에 가까운 현상으로 비칠 수 있었다는 점에서 사익과 덕성의 문제는 첨예한 논쟁을 불러왔다.

스미스는 사리추구에 기초한 상업사회 문화에서 새로운 문명사적 잠재력을 직관하고 그 본질과 역사적 의미를 밝혀 인간과 사회, 국가의 의미를 재인식하려 했다. 그런데 상업사회 문화로부터 개인과 국가를 둘러싼 여러 새로운 문제들이 제기되었다. 개인이 정당하게 누릴 수 있는 자유의 범위는 어디까지인지, 그리고 한층 더 복잡해져 가는 이해관계 속에서 국가가 해야 할 일과 하지 않아야 할 일은 무엇인지와 같은 문제들이 고찰되어야 했고, 그간에 수용되어 온 정치적 논의들이 이 같은 시대적 조건에 맞게 다시 구성되어야 했다.

이처럼 스미스 통치론의 근간에는 경제문제에 대한 정치적 사유라는 맥락이 존재했는데, 이 책은 이러한 스미스의 특징적 논의를 살펴보고 그 실천적 함의를 파악하는 것을 또 하나의 목적으로 둔다.

## 제2절 기존 연구의 흐름

### Ⅰ. 스미스와 경제학

#### 1. 자유방임주의적 해석

지금까지 스미스에 대한 연구는 경제학이 중심이었다. 스미스에 대한 전기를 남겼던 스튜어트(Dugald Stewart)와 레이(John Rae)는 거래

---

Burtt, *Virtue Transformed: Political Argument in England, 1688-1740*(New York: Cambridge University Press, 1992), p. 67.

20) J. G. A. Pocock, 『마키아벨리언 모멘트 2』, 220면.

의 자유야말로 스미스의 이론에서 중시된 가치라고 평가했고,[21] 대표적인 고전학파 경제학자인 맬서스(Thomas Robert Malthus)는 자신의 주저 『인구론』(An Essay on the Principle of Population)에서 『국부론』 출간 이후에도 국가의 개입으로 경제를 이끌어 갈 수 있으리라는 믿음이 여전한 상황을 쉽게 납득하기 어렵다고 말했다.[22]

거래의 자유에 대한 신봉자라는 이미지는 19세기 영국인들을 매료시킨 자유방임주의 이념과 쉽게 결합되었다. 당시 유럽 경제상황을 보면, 선발주자인 영국과 후발주자인 다른 국가들 간에 입장차가 있었다. 규모와 기술력, 시장 확보에서 우위에 있던 영국은 자유방임주의가 유리했지만 후발주자의 대표격인 독일은 그렇지 않았다. 그 때문에 독일의 이른바 역사학파(historische Schule)는 스미스에 대한 거부감을 보였다. 스미스를 개인의 이기심을 변호하고 자유방임주의를 설파한 이론가로 간주한 그들은 스미스의 이론을 영국적 조건이라는 특정 산업국면을 설명하기 위한 시도로 이해했다. 그들은 경제이론서인 『국부론』이 가정하는 이기적 개인과 윤리학을 다룬 『도덕감정론』이 전제로 하는 공감적 개인 간에는 서로 조화되기 힘든 근본적인 불일치가 존재한다고 보았다. 이것이 이른바 '애덤 스미스 문제'의 연원이다.[23]

---

21) Dugald Stewart, *Life and Writings of Adam Smith,* p. 318; John Rae, *Life of Adam Smith,* pp. 60~61. 스튜어트는 스미스가 젊은 시절 남긴 어느 원고에서 자유방임주의를 암시하는 다음 내용을 전달해 주었다(p. 322). "국가가 가장 미개한 상태로부터 최고 수준의 부에 이르기 위해서는 평화, 부담이 크지 않은 세금, 준수한 사법제도의 운영 외에 더 필요한 것이 없다. 나머지 모든 것은 사물의 자연적 진행에 의해 달성된다."

22) Thomas Robert Malthus, *An Essay on the Principle of Population, or a View of its Past and Present Effects on Human Happiness,* 6th edition, with an Inquiry into our Prospects respecting the Future Removal or Mitigation of the Evils which it Occasions(London: John Murray 1826), p. 78.

23) Leonidas Montes, "Das Adam Smith Problem: Its Origins, the Stages of the Current

한편 거래의 자유에 대한 옹호는 실인즉 중상주의적 개입에 대한 반박이라는 의미가 컸지만, 이는 자유방임주의 일반론으로 등치되었고 20세기 후반에 이르러 신자유주의의 이론적 기초로 활용되기도 했다. 하이에크(Friedrich A. Hayek)를 위시한 오스트리아 학파나 스티글러 등 시카고 학파가 대표적이다. 하이에크는 자생적 질서(spontaneous order)라는 관념을[24] 구성해 사회주의나 복지국가 이념에 대항하는 무기로 삼았다. 제한된 지식이라는 인간의 불완전성을 의식한 그는 질서를 인위적으로 구축하는 인간의 능력에 회의를 품었다. 그에 따르면, 인류가 만들어 낸 유익한 질서들은 대부분 인간들 사이에서 의도치 않게 형성된 자생적 질서였고, 시장을 포함하여 언어, 법, 도덕 등이 이러한 질서에 해당했다. 그리고 그는 자생적 질서의 이념적 기초를 스미스가 속했던 스코틀랜드 계몽주의로부터 발견했다.

최근에는 자생적 질서 관념을 토대로 스미스의 정치철학을 재해석한 연구도 있었다. 크레이그 스미스(Craig Smith)는 자생적 질서론을 앵글로 아메리카적인 고전적 자유주의 전통, 즉 자유주의에 대한 경험주의적 접근을 보인 사상적 전통에 속하는 이론으로 분류하면서, 이를 대륙의 합리주의나 권리중심적인 계약론적 접근법과 구분되는 영국적이고 휘그적인 진화론적 자유주의라고 규정했다. 스미스가 보여준 보이지 않는 손의 논증이 자생적 질서론의 핵심을 담고 있다고도 했다.[25]

---

Debate, and One Implication for Our Understanding of Sympathy", *Journal of the History of Economic Thought*, Vol. 25, No. 1(2003)(이하 "Das Adam Smith Problem"), pp. 66ff. 애덤 스미스 문제에 관하여는 이 책 제2장을 보기 바람.

24) Friedrich A. Hayek, *Law, Legislation and Liberty, Vol. 1*(1973), 양승두·정승훈 옮김, 『신자유주의와 법』(서울: 연세대학교 출판부, 1991), 31면 이하, 70면 이하 참조.

25) Craig Smith, *Adam Smith's Political Philosophy: The Invisible Hand and Spontaneous Order*(New York: Routledge, 2013).

## 2. 비자유방임주의적 해석

이러한 해석에 대립되는 입장도 오랜 역사를 가진다. 가장 고전
적인 시도는 1927년 "애덤 스미스와 자유방임주의"("Adam Smith and
Laissez Faire")를 발표한 바이너(Jacob Viner)의 것이다. 그는 스미스가
교조적 자유방임주의자라는 주류적 해석을 비판하면서, 스미스는 정
부의 폭넓고 가변적인 활동을 인정하므로 그 속에서 필요에 따라 정
부의 활동이 확장될 수 있음을 주장했다.[26] 그의 해석 이후 스미스
에 대한 자유방임주의적 해석과 거리를 두는 여러 논자들이 등장해
스미스의 주장에 내재된 평등주의와 노동자·빈민 문제에 관한 전향
적 시선 등을 조명하기 시작했다. 이 흐름 속에서 그의 사상이 오늘
날의 시장규제 이념과 충돌하지 않는다거나 현대 복지국가 이념과
어울릴 수 있다는 해석들,[27] 더 급진적으로는 마르크스주의적 시각

---

[26] Jacob Viner, "Adam Smith and Laissez Faire", *Journal of Political Economy*, Vol. 35, No. 2(1927), pp. 206, 231.

[27] Gertrude Himmelfarb, *The Idea of Poverty*(New York: Vintage Books, 1985), pp. 46, 51~52; Samuel Fleischacker, *On Adam Smith's Wealth of Nations: A Philosophical Companion*(Princeton, N.J.: Princeton University Press, 2004)(이하 *On Adam Smith's Wealth of Nations*), pp. 145, 207f, 214f, 236, 265 등; Samuel Fleischacker, *A Short History of Distributive Justice*(Harvard University Press, 2004), 강준호 옮김, 『분배적 정의의 소사(小史)』(파주: 서광사, 2007), 74~77면; Emma Rothschild, *Economic Sentiments: Adam Smith, Condorcet, and the Enlightenment*(Cambridge, Mass.: Harvard University Press, 2002)(이하 *Economic Sentiments*), pp. 52ff; Karl Polanyi, *The Great Transformation: The Political and Economic Origins of Our Time*(1944), 홍기빈 옮김, 『거대한 전환』(서울: 길, 2009), 360면; Iain McLean, *Adam Smith, Radical and Egalitarian: An Interpretation for the 21st Century* (Edinburgh: Edinburgh University Press, 2006)(이하 *Adam Smith, Radical and Egalitarian*), pp. 138~148; Gavin Kennedy, *Adam Smith: A Moral Philosopher and His Political Economy*(New York: Palgrave Macmillan, 2008)(이하 *Adam Smith*), pp. 250ff; Dennis C. Rasmussen, *Problems and Promise of Commercial Society: Adam Smith's Response to Rousseau*(University Park: Pennsylvania State University Press,

에서 스미스를 독해하는 시도들이 있었다.[28]

　스미스를 인간의 이기적 동기만을 중시한 자유방임주의자라는 혐의에서 벗어나게 만든 데에는,『국부론』에 대한 재해석뿐 아니라 『도덕감정론』에 대한 재인식도 있었다. 스미스 사상에서 『도덕감정론』은 『국부론』에 묻혀 오랜 기간 빛을 보지 못했지만, 오늘날 스미스에 대한 연구물들은 『국부론』의 경제학적 사고와 더불어 『도덕감정론』의 윤리학적 사고를 스미스 사상의 중심축으로 삼고 있다. 두 저작을 아우르는 관점에 선다면 인간은 이기적인 측면뿐만 아니라 윤리적이고 사회적인 측면을 함께 가지므로, 전자만을 강조하는 것은 그의 이론을 전체적으로 조망하지 못하게 만든다. 『도덕감정론』의 토대 위에서 『국부론』을 독해하는 작업은 『국부론』에 대한 그간의 해석을 비판적으로 바라볼 수 있게 했다.

## II. 스미스와 정치학

　스미스를 자유방임주의의 설파자로 이해할 것인지 아니면 달리 볼 것인지는 첨예한 대립지점이나, 경제학적 논의를 중심으로 한다는 점에서는 찬반양론의 입장이 공통된다. 이와 달리 최근에는 그의 사상에 내재된 다른 측면들이 조명되고 있다. 스미스의 정치이론이 대표적이다.

　스미스의 정치이론을 다룬 고전적 저술은 정치철학자 크랍시(Joseph Cropsey)의 1957년 저작 『정치체와 경제』(Polity and Economy)이다. 그는

---

2008), pp. 103ff; Spencer J. Pack, *Capitalism As a Moral System: Adam Smith's Critique of The Free Market Economy*(Cheltenham: Edward Elgar, 2010)(이하 *Capitalism As a Moral System*), pp. 69, 167.

28) 간략한 소개로는 Iain McLean, *Adam Smith, Radical and Egalitarian*, pp. 132ff; Donald Winch, *Adam Smith's Politics*, pp. 18ff.

이 책을 통해 스미스에게 정치이론이 부차적이었다는 세간의 인식을 비판적으로 검토하여[29] 그간의 경제이론 중심적 연구편향을 비판하고 스미스의 정치이론에 대한 관심을 환기했다. 스미스가 그저 자유주의적인 자본주의 경제를 옹호한 것에 그치지 않고, 그 같은 경제질서를 구현할 수 있는 정치체제까지 함께 구상했다는 것이 그의 주장이다.

그의 방식은 스미스로부터 당대의 공화주의적 성향을 읽어내는 것이었다. 크랍시가 말하는 공화주의는 군주정에 대한 반대로서의 정치적 이념을 일컫는 것으로 보인다. 그는 스미스의 공화주의를 상업사회의 존속과 작동을 위해 필수적인 정치적 조건이라는 맥락으로 이해하면서, 당시 스미스가 구상한 정치체제는 권력분립원리에 입각한, 특히 '행정권으로부터 사법권을 분립시킨 입헌군주제'일 것으로 추론했다.[30] 이것은 아래의 고전적 공화주의와 구분하는 차원에서 자유주의적 공화주의로 표현되기도 한다.[31]

그의 시도는 스미스의 정치이론에 대한 관심을 불러왔다는 점에서 의미가 있으나, 『법학강의』와 18세기 정치이론에 대한 고려가 부족하다는 약점도 있었다. 이후 그러한 약점을 보완한 새로운 진전들이 나타나기 시작했다. 스미스에 대한 고전적 공화주의(혹은 시민적 인문주의)의 영향력을 보여주는 연구들이 결실을 거두었고, 그가 근대 자연법론의 기초 위에서 법과 통치, 국가의 문제를 사고했음을 드러내는 학술적 성과들 또한 축적되었다.

---

29) Joseph Cropsey, *Polity and Economy: With Further Thoughts on the Principles of Adam Smith*(South Bend, Ind.: St. Augustine's Press, 2001)(이하 *Polity and Economy*), pp. 67~68, 119~120.

30) 위의 책, pp. 75~77.

31) Murray Milgate & Shannon C. Stimson, *After Adam Smith: A Century of Transformation in Politics and Political Economy*(Princeton: Princeton University Press, 2011), p. 19.

## 1. 고전적 공화주의

공화주의는 "어떤 것을 혹은 모든 것을 의미할 수도 있고, 아무 것도 의미하지 않을 수도 있다."는 존 애덤스(John Adams)의 말처럼[32] 공화주의의 의미를 명확히 정의하기란 쉽지 않다. 전술한 대로 크랍시는 공화주의를 중심으로 스미스 정치이론을 설명했지만, 20세기 중반 미국 역사학계에 등장한 공화주의적 수정론은 그와는 다른 차원에서 스미스와 공화주의의 관계를 밝히는 데 기여했다.[33] 이것은 반(反)군주정이라는 구도를 넘어, 공적 가치를 실현하는 개인의 덕성과 신념, 행위를 독려하는 일련의 이념적, 제도적 체계를 추구하는 논의였다.

종래 미국 혁명의 이념적 기원은 근대 자유주의 전통 속에서 탐색되었는데, 당시 미국 사회에 끼친 로크의 지배적 영향력을 강조한 하츠(Louis Hartz)는 이런 입장에 서 있는 대표적인 학자였다.[34] 그러나 20세기 중엽 이후, 혁명기 미국의 정치담론이 로크가 아니라 17~18세기 영국 정치에서 지방파(country party)로 불리기도 했던 이른바 야당의 이념에 크게 의지했다는 주장이 유력하게 제시되었다. 그리고 더 거슬러 올라가, 이 지방파 이념의 기원이 르네상스 시대 피렌체에서 꽃피웠던 소위 시민적 인문주의(civic humanism)에[35] 있다는

---

32) Gordon S. Wood, *The Creation of the American Republic, 1776-1787*(Chapel Hill: University of North Carolina Press, 1998), p. 48. 같은 취지로, Daniel Rodgers, "Republicanism: A Career of a Concept", *The Journal of American History,* Vol. 79, No. 1(1992), p. 38.

33) 공화주의적 수정론에 관해서는 정경희, "혁명기 및 건국 초기 미국의 정치사상: 공화주의적 수정론과 그 비판을 중심으로", 『미국사학회』 제1집 (1993)(이하 "혁명기 및 건국 초기 미국의 정치사상"), 47~68면 참조.

34) Louis Hartz, *The Liberal Tradition in America: An Interpretation of American Political Thought Since The Revolution*(Harcourt, 1983), 백창재·정하용 옮김, 『미국의 자유주의 전통』(파주: 나남, 2012), 특히 27면 이하 참조.

연구도 이어졌다.[36] 수정론은 이처럼 미국 혁명의 이념적 기원을 로크의 자유주의가 아니라 마키아벨리에 의해 부활한 고전적 공화주의에서 찾았고, 그 이론적 성과는 새로운 근대적 패러다임의 원동력이 되었다.

이러한 배경에서 포칵(J. G. A. Pocock)은 시민적 인문주의의 계보 속에서 스미스의 지위를 재발견했다.[37] 스미스적인 문제의식의 핵심은 시민적 인문주의의 틀 안으로 포획된다는 것이다. 그리고 윈치(David Winch)는 이 논의를 이어받아 고전적 공화주의의 관점에서 스미스의 정치학을 정립하여 스미스 정치이론 연구의 새로운 전기를 마련했다.[38] 그에 따르면 스미스의 정치이론은 18세기 당시의 정치사상을 배경으로 형성된 고유한 철학적 차원을 가진다.[39] 윈치는 상

---

35) 시민적 인문주의는 고전적 공화주의(classical republicanism)와 공히 쓰이는 말인데, 이들은 큰 틀에서 공화주의 이념을 표현한다. 독일 역사학자 한스 바론(Hans Baron)에 의해 제시된 시민적 인문주의는, 르네상스 당시 피렌체 등지의 인문주의자들이 보여준 흐름, 즉 고전 고대의 문헌에 대한 관심을 넘어 그 속에 담긴 시민의 정치적 삶을 지향했던 사조를 가리켰다. 이 책에서는 양자를 동일한 것으로 보았지만, 그 의미를 구분하는 학자도 있다. 가령 John Rawls, *Political liberalism*(Columbia University Press, 2005), 장동진 옮김, 『정치적 자유주의』(파주: 동명사, 2016), 336면.

36) Bernard Bailyn, *The Ideological Origins of the American Revolution*(Cambridge: Harvard University Press, 1992)(국역본은 배영수 옮김, 『미국 혁명의 이데올로기적 기원』(서울: 새물결, 1999)); J. G. A. Pocock, *The Machiavellian Moment: Florentine Political Thought and the Atlantic Republican Tradition*(Princeton N.J.: Princeton University Press, 1975)(국역본은 곽차섭 옮김, 『마키아벨리언 모멘트 1』, 『마키아벨리언 모멘트 2』(파주: 나남, 2011)); Gordon S. Wood, *The Creation of the American Republic, 1776-1787*은 미국 혁명의 지적 기원으로서 공화주의에 주목했던 대표적인 연구들이다. Donald Winch, *Adam Smith's Politics*, pp. 31~32; 정경희, "혁명기 및 건국 초기 미국의 정치사상", 50~52면 등도 참조.

37) J. G. A. Pocock, 『마키아벨리언 모멘트 2』, 제14장, 특히 277~279면 이하.

38) Donald Winch, *Adam Smith's Politics*, pp. 28ff, 특히 34~35.

39) 위의 책, pp. 26, 165.

업과 덕성의 관계, 노동 분업의 폐해 등을 중심으로 스미스 사상에 담긴 공화주의 정치이론의 실체를 규명했다.

그뿐 아니라 스미스의 스승으로서 그의 학문에 누구보다도 큰 영향을 끼쳤던 허치슨의 이론과 그 무렵 스코틀랜드 학풍 속에 스며들어 있던 공화주의 색채 또한 논의되고 있다. 이제는 스미스 이론의 공화주의적인 배경을 언급하는 연구물들을 드물지 않게 찾아볼 수 있다.[40]

---

40) 고전적 공화주의 혹은 시민적 인문주의의 관점에서 바라보는 스미스 정치철학에 대해서는 J. G. A. Pocock, 『마키아벨리언 모멘트 2』, 제14장(특히 265~281면); Donald Winch, *Adam Smith's Politics*, 특히 제2장; Alasdair MacIntyre, *After Virtue*(1984), 이진우 옮김, 『덕의 상실』(서울: 문예출판사, 1997), 347~348면; Jerry Evensky, *Adam Smith's Moral Philosophy*(New York: Cambridge University Press, 2005), pp. 204~212; Leonidas Montes, *Adam Smith in Context: A Critical Reassessment of Some Central Components of His Thought*(New York: Palgrave Macmillan, 2004)(이하 *Adam Smith in Context*), pp. 57~96; John Dwyer, "Ethics and Economics: Bridging Adam Smith's Theory of Moral Sentiments and Wealth of Nations", *Journal of British Studies*, Vol. 44, No. 4(2005), p. 674, n. 59; Albert O. Hirschman, *The Passions and the Interest: Political Arguments for Capitalism before Its Triumph*(Princeton: Princeton University Press, 1977), 김승현 역, 『열정과 이해관계』(서울: 나남출판, 1994), 106면; Christopher J. Berry, "Adam Smith and the Virtues of Commerce", *Nomos*, Vol. 34(1992), pp. 71~77; David McNally, *Political Economy and the Rise of Capitalism: A Reinterpretation* (Berkeley: University of California Press, 1988), 제4장(특히 pp. 191ff); Samuel Fleischacker, *On Adam Smith's Wealth of Nations*, pp. 246ff; Charles L. Griswold, *Adam Smith and The Virtues of Enlightenment*(New York: Cambridge University Press, 1999), pp. 293ff; 조승래, "스코틀랜드 계몽주의와 자생질서론", 『사림』 제29호(2008), 310면, 320~323면, 327면. 이와 달리 스미스의 논의를 이해하는 관점으로서 고전적 공화주의는 적합하지 않다는 입장도 있다. 예컨대, Edward J. Harpham, "Liberalism, Civic Humanism, and the Case of Adam Smith", *The American Political Science Review*, Vol. 78, No. 3(1984), pp. 764~774.

## 2. 자연법론

다른 한편, 법이론을 중심으로 스미스의 정치이론을 해명하려는 연구들도 최근 시도되어 왔다. 1981년에 발표된 하콘센(Knud Haakonssen)의 저작 『입법자의 학문: 데이비드 흄과 애덤 스미스의 자연법론』(*The Science of A Legislator: The Natural Jurisprudence of David Hume & Adam Smith*)은 『법학강의』를 중심으로 스미스의 법이론을 분석했던 대표적 사례이다. 그는 특히 스미스의 법학이론을 그로티우스 이래 17~18세기 유럽 대륙을 풍미했던 자연법론의 계보 속에 위치시켜 이로부터 스미스 정치이론의 토대를 발견했다.

스미스는 그로티우스나 푸펜도르프 같은 대륙적 자연법론과 그 전통을 스코틀랜드적 배경으로 옮겨왔던 허치슨의 자연법론으로부터 큰 영향을 받았다.[41] 당대 자연법론자들처럼 스미스 역시 인간의 본성과 권리체계, 국가의 등장과 역할, 그 본질에 관한 해명 등을 주요 문제로 삼았기 때문에, 근대 자연법론 전통에서 법이론을 토대로 한 정치이론의 축조가능성이 확보되었다.

이처럼 고전적 공화주의 전통과 자연법론 전통이 스미스 정치이

---

41) Knud Haakonssen, *The Science of A Legislator: The Natural Jurisprudence of David Hume & Adam Smith*(New York: Cambridge University Press, 1989)(이하 *The Science of A Legislator*), p. 2. 스미스에 대한 근대 자연법론의 지적 영향을 지적한 글로는, 위 하콘센의 책 이외에도 Knud Haakonssen, "Hugo Grotius and the History of Political Thought", *Political Theory*, Vol. 13, No. 2(1986), pp. 239~265; Knud Haakonssen, "Natural Law and the Scottish Enlightenment", *Man and Nature*, Vol. 4(1985), pp. 47~80; James Moore, "Natural rights in the Scottish Enlightenment", Mark Goldie and Robert Wokler(eds.), *The Cambridge History of Eighteenth-Century Political Thought*(Cambridge: Cambridge University Press, 2016), pp. 291~316, 특히 pp. 307~314; Ernst Bloch, *Naturrecht und menschliche Würde*(Frankfurt am Main: Suhrkamp Verlag, 1972), 박설호 옮김, 『자연법과 인간의 존엄성』(파주: 열린책들, 2011), 353면.

론을 분석하는 두 축으로 대두되자 어느 요소가 더 큰 비중을 갖는 지가 또한 문제로 제기되었다.[42] 향후 더욱 심도깊은 논의가 필요한 부분이나, 국가와 통치에 관한 논의를 다루는 이 책에서는 자연법론의 측면에 더 큰 무게를 두었다. 스미스 저작 전체를 놓고 보면 자연법론의 영향이 더욱 짙다고 보이고, 특히 통치의 성립과 역할에 관한 그의 설명은 자연법론의 논법에 더욱 크게 의존하기 때문이다. 고전적 공화주의 전통의 흔적은 주로 덕성론과 그에 관련된 논의(분업의 폐해 등)를 중심으로 포진해 있고, 역사적으로도 근대 국가의 탄생과정은 자연법론에 상당부분 빚지고 있는 측면 역시 자연법론의 영향을 더욱 비중 있게 받아들이는 이유가 되었다.

## III. 그 밖의 해석

스미스에 대한 해석이 다양해지면서 『국부론』을 중심으로 스미스 사상을 이해했던 종래 해석은 비판에 직면하게 되었다. 스미스가 생전에 심혈을 기울였던 『도덕감정론』이 『국부론』과 더불어 그의 사상을 구성하는 중요한 저술로 인식되면서 덕성론도 관심을 받았다. 이 중에는 스미스의 덕성론을 자유주의적으로 해석한 핸리(Ryan Patrick Hanley)의 주장이 주목을 끈다. 일반적으로 덕성론은 공화주의와 친근하며 자유주의에 대한 대안으로서 논의되지만, 그는 스미스의 덕성론이 자유주의적 개인주의를 대체하는 것이 아니라 그것과 조화를 이룬다고 주장했다. 스미스는 상업사회의 경제적 혜택을 긍정했지만 동시에 상업문화가 초래할 문제에도 경계심을 잃지 않았기 때문에 이를 위한 해법으로 덕성론이 필요했다는 것이다.[43]

---

42) Ian Simpson Ross, *The Life of Adam Smith*, 2nd ed.(New York: Oxford University Press, 2010), p. 447.

43) Ryan Patrick Hanley, *Adam Smith and the Character of Virtue*(New York: Cambridge

　스미스가 공식적으로 남긴 저술은 아니지만 국가론과 법이론에 관한 그의 기본적 생각을 담고 있는『법학강의』의 중요성도 점차 부각되는 중이다. 이러한 흐름 속에서 윤리학, 법학, 정치경제학을 중심으로 한 그의 도덕철학을 하나의 완결된 사회이론 체계로서 통합적으로 이해하려는 시도들이 나타났다. 앤드류 스키너(Andrew S. Skinner)가 대표적인 인물이다. 그에 따르면, 스미스가 개별 주제로 다루었던 윤리학, 법학, 경제학은 그 자체로도 하나의 이론체계에 해당하나, 이것들은 동시에 스미스 이론의 더 광범위한 체계, 즉 사회과학체계(system of social science)의 일부이기도 하다는 것이다.[44]

　스미스에 대한 국내 연구도 지금까지 살펴본 흐름과 크게 다르지 않았다. 그간 스미스 연구의 중심지는 경제학 분야였고, 전반적으로『국부론』의 보이지 않는 손에 기초한 자유방임주의를 열쇠말로 스미스를 이해했다.[45] 법이론과 관련하여 하이에크의 자생적 질서론을 토대로 스미스를 설명하려는 논의가 국내에서도 있었다.[46]『국부론』의 정부론 혹은『도덕감정론』의 윤리적 인간관을 바탕으로 스미스로부터 인간의 이기심에 대한 경계와 이를 교정하기 위한 노력을 발견했던 연구도 있었다.[47] 경제적 자유주의를 넘어 경제민주화의 기

University Press, 2009), pp. 3, 24f, 36ff, 56, 67. 자유주의적 덕성(liberal virtues)에 관한 갤스턴의 논의로는 William A. Galston, *Liberal Purposes: Goods, Virtues, and Diversity in the Liberal State*(New York: Cambridge University Press, 1991), pp. 213~237.

44) Andrew S. Skinner, *A System of Social Science: Papers Relating to Adam Smith*(New York: Oxford University Press, 1979), p. 12. 같은 시각을 보여준 국내 문헌으로는 김광수,『애덤 스미스: 정의가 번영을 이끈다』(파주: 한길사, 2016).

45) 이근식,『애덤 스미스의 고전적 자유주의』(서울: 기파랑, 2006) 등. 이러한 인식은 경제학 이외의 영역에서도 흔하게 발견된다. 가령 노명식,『자유주의의 역사』(서울: 책과 함께, 2011), 52면, 95~96면, 144면 등.

46) 민경국,『자유주의의 도덕관과 법사상』(성남: 북코리아, 2016).

47) 박순성,『아담 스미스와 자유주의』(서울: 풀빛, 2003), 106~111면, 123~141면; 신중섭, "도덕 감정과 이기심: 아담 스미스를 중심으로",『철학논총』제73집

초적 관념을 스미스로부터 확인할 수 있다는 입장도 제시되었다.[48] 『도덕감정론』의 윤리학 논의를 중심으로 한 연구들도 등장하고 있다.[49]

한편, 국가와 통치에 관한 스미스의 입장을 『국부론』의 경제이론과 『도덕감정론』의 윤리이론에 기초해 설명한 연구도 있었는데,[50] 이것은 스미스의 통치론을 다루는 이 책과 어느 정도 방향성이 겹친다. 그러나 스미스 통치론의 사상사적 맥락을 특별히 고려하지 않았던 위 연구와 달리, 이 책은 그러한 맥락을 배경으로 스미스의 통치론을 이해하고 그것을 헌법이론의 화법으로 풀이한다는 점에서 차이가 있다.

최근 국내에서도 스미스의 정치이론 혹은 그의 사상의 철학적 배경에 관한 연구들이 진행되었다. 『도덕감정론』의 덕성론을 중심으로 그의 정치철학의 특징을 잡아낸 연구도 있었고,[51] 하콘센 등의 선행연구를 이어받아 근대 자연법론을 배경으로 스미스 이론의 철학적 기초를 규명한 연구도 있었다.[52] 또한 빈민에 관한 스미스의 전향적

제3권(2013), 110~130면; 조현수, "『도덕감정론』과 『국부론』에서 나타난 아담 스미드(Adam Smith)의 정치이론적 의미에 관한 소고", 『국제정치논총』 제38권 제2호(1998), 23~42면.

48) 박순성, "고전적 자유주의와 경제민주화", 『황해문화』 제76호(2012), 12면 이하.

49) 김옥경, "아담 스미스의 『도덕감정론』에 나타난 정의 개념", 『사회와 철학』 제5호(2003), 219~249면; 이영재, "스코틀랜드 도덕철학의 전통에서 본 Adam Smith 도덕감정론의 함의", 『시민사회와 NGO』 제13권 제2호(2015), 232면 이하; 양선이, "허치슨, 흄, 아담 스미스의 도덕감정론에 나타난 공감의 역할과 도덕의 규범성", 『철학연구』 제114집(2016), 323면 이하.

50) 김영수, 『아담 스미스 체계에서 정부론에 관한 연구』, 성균관대학교 박사학위논문(1994).

51) 김병곤, "Adam Smith의 도덕과 정의", 『평화연구』 제19권 제2호(2011), 225~254면.

52) 이상헌, "아담 스미스(Adam Smith) 경제학의 철학적 기원: 경제적 사회적 질서 개념을 중심으로", 『경제학연구』 제57집 제1호(2009), 157~179면; 이상헌,

시각이 근대의 분배적 정의나 복지 개념의 형성에 기여했음을 주장한 연구도 있었다.[53]

## 제3절 이 책의 개요

이 책은 20세기 중반 이후 본격화되기 시작한 정치이론 연구의 필요성과 타당성을 긍정하는 전제 위에서, 국가와 통치에 관한 스미스의 이론이라고 부를 수 있는 내용들을 헌법학의 틀로 재구성해 살펴보려 한다. 물론 그가 행한 학문적 활동이 오늘날 헌법학이라는 이름으로 구현되는 학문영역 속에 온전히 포섭되는 것은 아니다. 그러나 개인의 자유와 행복을 위한 통치의 기원과 역할에서 그의 학문적 성취들이 근대 입헌주의의 문제의식과 맥이 닿아 있는 것도 분명하다.

그간의 연구가 스미스의 정치경제학을 중심에 두고 국가와 통치를 정치경제학 논의에 종속된 범위에서 다루었다면, 이 책은 이 구도를 돌려 오히려 그의 정치경제학 논의가 그 근저에 놓인 통치론의 소산임을 확인하려 한다. 스미스의 이론에는 국가질서의 형성, 권력의 행사와 그 한계, 개인적 자유의 보장과 제한 같은 문제에 대한 통찰이 존재하고, 그의 정치경제학은 이러한 국가권력 문제에 대한 고찰과 분리될 수 없기 때문이다.

이에 이 책에서 필자는 스미스가 남긴 두 권의 저술과, 그가 공식

---

"푸펜도르프의 사회성과 아담 스미스의 공감: 홉스의 자연법사상에 대한 비판적 대응", 『사회경제평론』 제51권(2016), 52~88면; 권기철·김규, "아담 스미스의 자본주의론과 자본주의의 정당화", 『경제학논집』 제11권 제2호 (2002), 8~10면.

53) 김영례, "애덤 스미스에 있어서 빈민 그리고 복지", 『범한철학』 제79집(2015), 289면 이하.

적으로 남긴 것은 아니지만 오늘날까지 전해져 내려와 우리에게 단편적으로나마 그의 생각들을 전달해 주는 텍스트들을 종합해, 그 속에 녹아 있는 통치에 관한 논의들을 하나의 체계화된 입론으로 구성해 보고자 한다. 그리고 그 입론의 시대적 전후맥락과 사상사적 좌표를 검토하고 그것이 오늘날 가질 수 있는 함의에 관해서도 짚어본다. 따라서 이 책은 스미스 통치론의 배경과 토대에 대한 해명, 통치론의 체계화 그리고 그것이 갖는 이론적 생명력의 고찰이라는 구조를 가지는데, 여기에는 이 작업에 필요한 각종 논의와 관련 문헌의 검토 및 재구성 작업이 수반될 것이다.

우선 스미스의 통치론으로 들어가기에 앞서 그의 문제의식과 학문적 세계관을 형성한 사상적 토대를 살펴본다. 일반적으로 스미스는 고전적 자유주의의 대표적 사상가로 알려져 있지만, 사실 그는 자유주의(liberalism)라는 이념을 명시적으로 표방한 적이 없었다. 자유주의라는 용어는 19세기에 와서 비로소 주조되었기 때문이다.[54] 자유주의라는 사조가 존재하는 상황에서 스미스가 그것을 자신이 추구하는 이념으로 받아들인 것이 아니라, 오히려 스미스가 행한 일련의 이론적 작업이 훗날 자유주의가 정식화되는 데 기여했다. 따라서 후세에 등장한 자유주의라는 관념을 18세기로 소급하여 스미스를 이해하는 태도가 반드시 잘못된 것이라고 할 수는 없으나, 스미스 사상의 바탕이 된 당시의 배경과 맥락을 정확히 이해하기 어렵게 할 위험이 있다. 이에 제2장에서는 스미스의 삶과 그 시대적 배경을 알아보고, 특히 그의 이론의 법학적 배경으로서 근대 자연법론의 내용

---

54) 자유주의라는 용어는 19세기 초에 등장했다. 이 용어는 1812년 스페인에서 처음으로 등장했다. 프랑스에서는 1819년, 영국에서는 1822년 각각 이 용어를 사용하기 시작했다. Klaus von Beyme, *Liberalismus: Theorien des Liberalismus und Radikalismus im Zeitalter der Ideologien 1789-1945*(Wiesbaden: Springer VS, 2013), S. 319; John Gray, *Liberalism*, 2nd edition(1986), 김용직·서명구 공역, 『자유주의』(서울: 성신여대 출판부, 2007), 13면.

과 양상을 살펴본다. 개인을 이론의 기초단위로 삼고 인간의 본성을 논의의 출발점으로 둔 근대 자연법론은 훗날 자유주의적이라고 평가될 스미스의 성향을 형성한 주요한 토대가 되었다.

이어서 제3장은 스미스 사상의 핵심이 되는 개인, 특히 그의 자유와 권리에 관한 논의를 살펴본다. 개인은 스미스 통치론의 기초이다. 스미스는 권리를 막연히 태생적으로 주어지는 천부적인 것으로 보지 않았고, 대신 그것의 기원을 본성에 기초한 인간의 공감적 상호작용에서 찾았다. 따라서 그의 권리론을 살펴보기 위해서는 공감을 기초로 한 그의 특유한 도덕론을 먼저 확인할 필요가 있다. 스미스는 본성과 공감 등을 토대로 도덕규범의 형성원리와 덕성을 다루었고, 기본덕성의 하나인 정의를 윤리학과 법학의 매개로 활용했다.

제4장에서는 국가의 성립과 통치제도에 관한 스미스의 주장을 살펴본다. 스미스는 홉스와 달리 정치공동체의 등장 이전부터 자연적으로 형성되는 질서의 존재를 긍정했지만, 그럼에도 사회의 발전과정에서 야기되는 여러 문제에 효과적으로 대처하기 위해 정치의 작동을 필요로 하게 되었다고 설명한다. 그의 이론은 당대의 사회계약론에 의지하지 않고 국가의 발생을 설명했다는 데에 특색이 있었다. 그는 국가를 개인의 행복, 특히 자유와 권리 보장이라는 목적을 위한 장치로 이해하므로, 통치제도에 관한 그의 주장 역시 이러한 관점에서 제대로 조명될 수 있다. 그는 자유와 권리 보호에 효과적인 권력분립의 원리, 그중에서도 특히 법원의 독립을 강조했고, 전체 국민의 이익을 동등하게 대우하는 대의제의 원리를 중시했으며, 전체적으로 통치의 토대를 이성적 토론을 바탕으로 한 공적 논의 혹은 여론에서 찾음으로써 시민의 참여에 높은 가치를 인정했다. 특히 경제적 불평등이 초래한 자본가와 노동자 간의 정치적 불균형을 중상주의의 주요 원인으로 지목하며 노동자·서민의 정치참여를 옹호한 대목에서 스미스 통치론의 여전한 생명력을 엿볼 수 있다.

제5장에서는 이처럼 고안되고 조직된 국가가 구체적으로 어떤 역할을 하고, 그 역할의 한계는 무엇인지에 관한 스미스의 생각을 유형화하고 평가한다. 보이지 않는 손이 표상하는 자율적 조정기제가 스미스 이론의 중핵으로 간주되면서 그는 국가의 역할에 매우 부정적이었던 인물로 알려져 있지만, 이 책에서는 그러한 이해가 적절하지 않으며 실상 스미스는 자유의 실현에 필요한 역할을 비교적 적극적으로 국가에 기대했음을 살펴볼 것이다. 국가의 부당한 침해로부터 자유를 보호해야 한다는 것이 스미스의 신념임이 분명하나, 궁극적으로 스미스에게 자유는 국가의 부재가 아니라 국가의 존재에 의해 보장되는 것이었다.

제6장에서는 이상의 검토를 바탕으로 스미스로부터 오늘날 헌법학이 음미해 볼만한 지점들을 살핀다. 국가의 자유보장적인 본질과 역할에 관한 측면을 자유의 인프라라는 관념으로 설명하고, 이것이 오늘날 경제적 자유와 정치적 자유에 관한 논의에서 가질 수 있는 함의들을 짚어본다.

# 제2장 사상적 배경

한 사람의 사상은 그 시대와 무관할 수 없다. 따라서 스미스 사상의 전후맥락과 그 이론적 좌표를 명확히 하기 위해서는 그가 속했던 시대의 정치적, 경제적 상황을 먼저 확인할 필요가 있다. 같은 맥락에서 그의 생애와 저작, 그리고 그의 이론에 큰 영향을 끼쳤던 당대의 철학적 논의를 살펴보는 것도 유용하다. 이에 본장은 국가와 통치에 관한 스미스의 이론으로 들어가기 전에, 그의 이론이 잉태된 배경, 즉 스미스의 삶과 저작(제1절), 그리고 그 시대적 배경(제2절)과 이론적 배경(제3절)을 확인해 보는 것을 목표로 한다.

특히 본장에서는 17~18세기 유럽 지성사회를 지배했던 세속적 의미의 근대적 자연법론에 주목한다. 『법학강의』는 근대 자연법론의 기본적 문법을 따르고 있고, 『도덕감정론』이 논의의 전제로 삼았던 인간의 자기보존성과 사회성 등의 관념들, 『국부론』의 유명한 표현인 자연적 자유나 완전한 자유 등은 모두 18세기의 지적 흐름을 주도했던 근대 자연법론의 소산이었다.

## 제1절 스미스의 생애와 저술

### Ⅰ. 스미스의 생애

#### 1. 탄생에서 옥스퍼드 유학까지

애덤 스미스는 1723년 스코틀랜드 커콜디(Kirkcaldy)에서 태어나 1790년 생애를 마감했다.[1] 출생일이 정확히 언제인지는 잘 알려져 있지 않지만, 그 해 6월 5일 세례를 받았다는 기록이 있다.[2] 그는 자신이 태어나기 전에 사망한 아버지의 이름을 물려받아, 아버지와 같은 애덤 스미스라는 이름을 갖게 되었다. 그의 부친은 변호사였다. 스미스 가족은 종교적으로는 개신교, 정치적으로는 휘그파에 속했으며, 입헌군주제 혹은 제한군주제를 지지했다고 전해진다.[3] 스미스가 이 시기 스코틀랜드에서 태어난 것은 큰 행운이었다. 이 시기 스코틀랜드는 프란시스 허치슨(Francis Hutcheson, 1694~1746), 헨리 홈(Henry Home, 1696~1782),[4] 토마스 레이드(Thomas Reid, 1710~1796), 데이비드

---

1) 현재까지 나온 스미스의 전기들 중 대표적인 것들은 다음과 같다. 첫 번째는 스미스의 삶을 기록한 최초의 글인 스튜어트의 『법학박사 애덤 스미스의 생애와 저작들』(Account of the Life and Writings of Adam Smith, LL.D.)이다. 스튜어트의 이 글은 스미스 사후인 1793년 1월 21일과 같은 해 3월 18일에 든버러 왕립학회 모임에서 스튜어트에 의해 낭독되었다. 두 번째는 스튜어트의 저술로부터 거의 100년 후인 1895년 레이(John Rae)가 저술한 『애덤 스미스의 생애』(Life of Adam Smith)이다. 이 책은 통상적인 전기의 구조를 갖춘 최초의 책이었다. 세 번째는 스콧(W. R. Scott)이 에든버러 대학에서의 강의나 『국부론』의 초고, 글래스고 대학에서의 회의록 같은 미간행 자료들을 찾아 1937년에 출간했던 『학생과 교수로서 애덤 스미스』(Adam Smith as Student and Professor(Glasgow: Jackson, Son & Company, 1937))이다. 네 번째는 『국부론』 출간 200주년을 기념하는 글래스고판 스미스 전집 중 『서한집』의 편집자였던 로스(I. S. Ross)가 1995년에 출간하고 2010년에 개정한 『애덤 스미스의 생애』(The Life of Adam Smith)이고, 마지막은 필립슨(Nicholas Phillipson)이 스미스 삶의 지적 궤적에 초점을 두고 2010년에 펴낸 『애덤 스미스: 계몽된 삶』(Adam Smith: An Enlightened Life(London: Allen Lane, 2010))이다.

2) 세례를 받은 날이 출생일이었을 것이라는 추측도 있다. Ian Simpson Ross, The Life of Adam Smith, p. 1.

3) James Buchan, "The Biography of Adam Smith", Ryan Patrick Hanley(ed.), Adam Smith: His Life, Thought, and Legacy(Princeton: Princeton University Press, 2016), p. 4 참조.

4) 훗날 케임즈 경(Lord Kames)으로 불린 Home은 당시 스코틀랜드에서 흄으로 발음되었던 것 같다. 데이비드 흄(David Hume) 역시 원래 이름은 David Home이었는데(부친의 이름이 Joseph Home), 당시 영국인들이 Home을 스코틀랜드식으로 정확히 발음하지 못한 까닭에 Hume으로 이름을 바꾸었다고 알려져 있다. 이영석, 『지식인과 사회: 스코틀랜드 계몽운동의 역사』(서울:

흄(David Hume, 1711~1776), 애덤 퍼거슨(Adam Ferguson, 1723~1816), 존
밀러(John Millar, 1735~1801) 등 유럽의 지적 계보에서 빼놓을 수 없는
여러 탁월한 인물들이 집중적으로 활약했던 곳이기 때문이다.

스미스는 14세가 되던 1737년 글래스고 대학에 입학했다. 여기서
그는 당시 저명한 도덕철학자였던 허치슨을 만났다. 허치슨은 훗날
스미스가 "결코 잊을 수 없는"(never to be forgotten)[5] 스승이었다고 인
정했을 만큼 그의 삶에 큰 영향을 끼쳤던 학자였다. 스미스의 전기
작가 레이는, 흔히 사람들은 스미스를 흄이나 케네의 신봉자로 여기
지만 스미스가 진정으로 신봉했던 사람이 있었다면 그것은 허치슨
이었다고 평했다.[6] 스미스는 허치슨으로부터 도덕철학을 배웠는데,
레이에 따르면 경제적 자유와 노동가치론 등 훗날 『국부론』의 정치
경제학을 구성할 주요 관념들이 이미 허치슨의 도덕철학 강의에서
다루어졌다.[7]

또한 이 시절 스미스는 뉴턴의 물리학에도 심취했는데, 이는 보
편법칙과 인간 행동의 규칙성을 해명하려는 스미스의 학문적 방향
성에 상당한 영향을 끼쳤다.[8] 자연철학, 특히 뉴턴 물리학의 특징인
보편성과 규칙성을 인간 사회로부터 추출하려는 기획은 자연법론에
기초한 도덕철학에서 시도되었다. 도덕철학에 천착한 그는 훗날 허
치슨의 길을 따라 글래스고 대학의 도덕철학 교수직에 오르게 된다.

스미스는 글래스고 대학을 졸업한 다음 1740년 장학금을 받고 옥

---

아카넷, 2014)(이하 『지식인과 사회』), 183면.

5) Adam Smith, *Correspondence of Adam Smith*, p. 309.

6) John Rae, *Life of Adam Smith*, p. 11. 허치슨은 글래스고 대학에서 라틴어로
강의하지 않았던 최초의 교수였다. 그의 강의는 자유로웠고, 생기가 넘쳤
으며, 유려했고, 독창적이었다. "최대다수의 최대행복"이라는 유명한 표현
도 그가 처음으로 사용했다. 같은 책, pp. 11~13.

7) 위의 책, pp. 10ff, 특히 14~15.

8) Ian Simpson Ross, *The Life of Adam Smith*, p. 52; Dugald Stewart, *Life and Writings
of Adam Smith*, p. 270.

스퍼드 대학으로 유학을 떠나 그곳에서 공부를 이어갔다. 옥스퍼드
에서 그는 훌륭한 도서관을 이용하면서 고대 그리스와 로마의 고전
들에 대한 기초를 다졌는데, 이 공부는 그가 평생에 걸쳐 보여준 그
리스·로마 고전에 관한 해박한 지식의 원천이 되었다.[9] 그러나 그곳
에서의 생활은 그에게 그리 행복하지 않았던 것 같다. 거기에서 그
는 건강상태가 좋지 못했고, 변방의 스코틀랜드 출신으로서 소외와
차별을 받기도 했다.[10] 그뿐 아니라 그곳에서의 공부 분위기 역시
매력적으로 느껴지지 않았던 모양이다.[11] 그는 소기의 공부를 끝마
치지 못한 채 1746년 다시 커콜디로 돌아왔다.

## 2. 흄과의 우정과 교류

그는 1748년 케임즈 경의 후원으로 에든버러 대학에서 수사학과
법학 등에 관한 강의를 맡게 되었다. 강의는 호평을 받았고, 그에 힘
입어 그는 그 후에도 두 해 더 강의를 이어갔다. 이 시기에 스미스는
일생의 지적 동반자라 할 데이비드 흄을 처음으로 만나게 된다.[12]
흄은 스미스보다 12년 연상이었으나, 이 둘은 이 무렵부터 흄이 사망
한 날까지 깊은 우정과 지적 교감을 나누었다. 그들이 교류했던 기
간 동안, 스미스가 쓰거나 받은 편지는 약 170통 정도였는데, 이 중
흄과 주고받은 것이 56통이었고, 이는 타인들과 비교해 압도적인 비

---

9) John Rae, *Life of Adam Smith*, p. 23.
10) 위의 책, pp. 24ff.
11) 이 유학의 경험이 직접적으로 관련이 있는지는 모르겠으나, 스미스는 『국
　부론』에서 옥스퍼드 대학에 관하여 악평을 남겼다. 『국부론(하)』, 935면.
12) Ian Simpson Ross, *The Life of Adam Smith*, p. xxiii; Dennis C. Rasmussen, *The
　Infidel and the Professor: David Hume, Adam Smith, and the Friendship That Shaped
　Modern Thought*(Princeton: Princeton University Press, 2017), 조미현 옮김, 『무신
　론자와 교수』(서울: 에코리브르, 2018), 73면.

율이었다.[13)

흄과 스미스는 서로 간에 영향을 주고받았지만, 흄에 대한 스미스의 영향보다 스미스에 대한 흄의 영향이 훨씬 컸다. 이는 흄의 저서에는 스미스가 거의 등장하지 않지만, 스미스의 저서에는 흄이 빈번히, 중요한 맥락으로 등장하는 것만 보아도 쉽게 짐작가능하다. 스미스의 옥스퍼드 유학 시절 흄은 무신론자로 간주되어 그의 저작을 읽는 것이 금기시되었지만, 스미스는 위험을 무릅쓰고 흄의 『인간본성론』(*A Treatise of Human Nature*)을 몰래 읽었고, 그것이 학교 측에 발각되어 심한 질책을 받은 후 그 책을 빼앗긴 적도 있었다.[14)

스미스가 "현대의 가장 저명한 철학자이자 역사가"라고 상찬했던 흄은[15) 여러 분야에서 스미스에게 영향을 끼쳤는데, 스튜어트도 인정한 대로 그중에서도 흄이 1752년 출간한 『정치담론』(*Political Discourses*)의 영향이 각별했다.[16) 이 책에는 사회계약에 대한 비판론 같은 정치적 논의뿐만 아니라 상업의 긍정적 기능이나 과세원리 같은 정치경제학적 논의들이 담겨 있었는데, 이는 스미스 통치론의 핵심적인 자양분이 되었다. 그 외에도 공감을 도덕이론의 기초로 삼은 점, 당대 주류적 논자들과 달리 정의를 소극적 덕성으로 이해한 점 등에도 흄의 영향이 배어 있다. 이는 '스미스의 도덕철학은 흄의 도덕철학을 다듬은 것'이라는 일각의 평가를[17) 가져온 배경이 되었다.

---

13) Dennis C. Rasmussen, 『무신론자와 교수』, 17면.

14) John Rae, *Life of Adam Smith*, p. 24; Dennis C. Rasmussen, 『무신론자와 교수』, 65~67면 참조.

15) 『국부론(하)』, 968면.

16) Dugald Stewart, *Life and Writings of Adam Smith*, pp. 320~321. 흄은 그 해 가을에 이 책의 개정판을 준비하면서, 스미스에게 교정작업을 부탁하기도 했다. John Rae, *Life of Adam Smith*, p. 95.

17) Joseph Cropsey, *Polity and Economy*, p. 120. 한편, 도덕이론에서 스미스와 흄의 이견에 관하여는 Dennis C. Rasmussen, 『무신론자와 교수』, 130~148면; Adam Smith, *The Correspondence of Adam Smith*, pp. 43, 49; 『도덕감정론』, 82~83

### 3. 글래스고 대학 교수 시절

1751년 1월 스미스는 글래스고 대학의 논리학 교수로 임용되기로 정해졌는데 그의 나이 불과 27세였다. 그러나 논리학 교수로서 스미스의 경력은 길지 않았다. 그 대학의 도덕철학 교수로 재직 중이던 크레이기가 1751년 말 급작스럽게 세상을 떠난 탓에 스미스가 1752년 4월 그의 도덕철학 교수직을 이어받았기 때문이다.

글래스고 대학의 도덕철학 교수 시절, 스미스가 도덕철학 강의를 통해 자연신학, 윤리학, 그리고 법학과 경제학을 다루었다는 사실은 앞서 말한 대로이다. 자연신학 강의에 대한 자료는 부족한 편이나, 이 강의에서 스미스는 "신의 존재와 속성에 대한 증거, 그리고 종교가 기초로 하는 인간 정신의 원리들을 숙고했다"는 밀러의 전언, 신은 자연의 모든 운동을 지도하는 존재라는 스미스의 인식, 범신론적 세계관에 입각한 스토아 철학의 영향을 고려해 볼 때, 그의 자연신학은 당대의 정통 신학과는 달리 이신론적 성격이 컸던 것으로 추측된다.[18] 그의 강의는 신학의 진실이 특별한 계시가 아니라 자연의 빛에 의해 드러날 것이라는 생각을 학생들에게 심어주었다.[19]

이는 평소 그의 종교적 성향이 그리 강하지 않았음을 보여준다. 실제로 그는 글래스고 대학의 이사회에 수업을 시작하기 전에 기도를 해야 할 의무를 없애달라고 청원했고, 강제적인 종교적 의무에 대한 반감을 표하기도 했다.[20] 또 스미스가 『도덕감정론』에 풍부한

---

면과 그곳의 각주 참조.

18) Ian Simpson Ross, *The Life of Adam Smith*, pp. 115~116; 『도덕감정론』, 447면; 박세일, "아담 스미스의 도덕철학 체계", 668면 이하.

19) Ian Simpson Ross, *The Life of Adam Smith*, p. 116.

20) Gavin Kennedy, "Adam Smith on Religion", Christopher J. Berry et al.,(eds.), *The Oxford Handbook of Adam Smith*(Oxford: Oxford University Press, 2013), pp. 473~474; Ian Simpson Ross, *The Life of Adam Smith*, pp. 116~117.

신학적 표현들을 가미한 것은 사실이나, 다른 한편 그의 저술에는 수많은 고대 그리스·로마 이야기들이 나옴에도 불구하고 성경의 이야기는 거의 등장하지 않는다. 스코틀랜드의 정통 캘비니즘에서 벗어나 있었던 그의 이신론적 신념은 오히려 자연법에 기초해 만물의 운행 질서를 규명하려는 도덕철학 속에 일정부분 녹아들었다.[21]

그는 사회이론 전반의 밑바탕이 될 기초 작업으로서 1759년 『도덕감정론』(The Theory of Moral Sentiments)을 발표해 학계의 주목을 받았는데,[22] 이 책은 스미스가 공식적으로 세상에 내놓은 두 권의 책 중 한 권이다. 그는 이 책에서 인간본성론을 토대로 도덕규범과 사회질서의 기원을 추적했다. 흥미로운 해석을 담고 있는 이 책의 말미에서 스미스는 "나는 추후 별도의 논문에서 법과 통치의 일반원칙들 및 사회의 상이한 연대와 상이한 시기에 이 일반원칙들이 겪어온 다양한 변혁들에 대해 전체적으로 설명하기 위해 노력할 것이다."는 말을 통해[23] 자신이 향후 수행할 법학적 과제, 특히 공법학적인 관심을 예고했다.

이 무렵 그는 글래스고 대학에서 도덕철학의 한 분야로서 정의, 내치, 세입, 국방을 아우르는 법학을 강의했고, 이 강의의 성과에 힘입어 1762년 대학으로부터 법학박사학위(LL.D)를 받았다. 학위를 받은 후에도 '박사'라는 호칭 없이 그저 애덤 스미스로 불리기를 원한다는 뜻을 내비친 적이 있으나, 이후 모든 저서들에서 '법학박사 애덤 스미스'(Adam Smith, LL.D)로 표기되었다.[24]

스미스의 법학강의는 수강자의 노트 형식으로 전해져 훗날 『법학

---

21) Ian Simpson Ross, *The Life of Adam Smith*, p. xxiv.
22) Robert L. Heilbroner, *Worldly Philosophers*, 7th ed.(2000), 장상환 옮김, 『세속의 철학자들』(서울: 이마고, 2008), 61면.
23) 『도덕감정론』, 660면(일부 수정하여 인용함, p. 342).
24) Ian Simpson Ross, *The Life of Adam Smith*, pp. 157, 235~236.

강의』라는 이름의 책으로 출간되었다.『법학강의』는 법이론, 국가에 관한 규범적·경험적 이론뿐만 아니라 내치 분야의 경제이론도 담고 있는데, 특히 생산증대의 비결로서의 분업, 가치의 근원으로서의 노동, 자유로운 교역에 대한 지지와 불필요한 규제에 대한 반대 같이 훗날『국부론』에서 주요한 주장으로 등장할 내용들이 이 강의에서 이미 다루어졌다.

### 4. 그랜드 투어 교사

『도덕감정론』의 성공으로 큰 명성을 얻게 된 스미스에게 타운센드 공작(Charles Townshend)은 자신의 의붓아들인 버클루 공작(Duke of Buccleuch)을 위한 개인교사가 되어 줄 것을 요청하며 평생에 걸쳐 넉넉한 연봉을 지급해 주겠다고 제안했다.[25] 스미스는 이 요청을 수락하여 1764년 교수직을 사임했다. 개인교사로서 그가 해야 할 일은 이 어린 귀족과 유럽 일대를 함께 여행하면서 그를 지도하는 일이었다. 17세기 중엽 이후 영국의 상류층에서는 자식들이 사회에 진출하기 전에 그들을 프랑스, 이탈리아 등 여러 유럽 문화의 중심지들로 여행을 보내어 지식과 견문을 키우도록 하는 여행 문화, 즉 그랜드 투어(grand tour)가 유행했다. 이 여행을 통해 당시 영국의 젊은 귀족들은 그 시대의 국제적인 흐름을 익혔을 뿐 아니라, 유럽 문명의 모태가 되었던 고전 고대의 문화적 중심지와 르네상스 문화의 발원지를 직접 보고 느낄 수 있었다.

이 여행에는 학식이 출중한 교사가 동행하곤 했는데, 홉스와 로크, 애덤 퍼거슨 같은 석학들이 그러한 교사 역할을 담당한 적이 있었다. 스미스가 요청받은 것도 이 역할이었다. 이에 스미스는 그 귀

---

25) Robert L. Heilbroner,『세속의 철학자들』, 62면.

족 청년과 함께 2년 동안 유럽대륙을 여행했는데, 그 과정에서 유럽 국가의 제도를 확인하고 빼어난 이론가들과 교류할 기회를 가졌다.[26] 특히 그는 프랑스에서 저명한 중농주의자인 케네(François Quesnay)를 만나 그로부터 큰 영향을 받은 것으로 전해진다.

## 5. 『국부론』 출간과 그 이후의 삶

스미스는 1766년 예상치 못한 사정으로 인해 2년간의 여행을 끝으로 예정보다 일찍 영국으로 돌아왔고, 그 후 런던에 머물면서 『도덕감정론』의 제3판 개정작업을 마쳤다. 다시 커콜디로 돌아온 그는 국부의 본질과 원인, 가격형성, 국가의 경제적 역할 등에 관한 연구에 몰입했고, 이 연구의 성과로 1776년 그의 또 다른 역작 『국부론』(An Inquiry into the Nature and Causes of the Wealth of Nations)을 출간했다. 그 후 스미스는 1778년 스코틀랜드 세관위원으로 임명되어 활동했고, 1787년에는 글래스고 대학의 총장으로 추대되기도 했다.

한편 스미스는 꾸준히 『도덕감정론』의 개정작업에 임하고 있었다. 제6판의 도입부 '일러두기'(advertisement)에 설명한 바와 같이, 그는 법과 통치에 대한 일반원리 및 이 원리가 각 시대 별로 겪었던 변혁에 대한 종합적인 저술 역시 포기하지 않고 있었다.[27] 그러나 1790년 『도덕감정론』 제6판이 출간되고 얼마 지나지 않은 그 해 여름 7월 17일, 스미스는 자신의 계획을 완결하지 못한 채 생을 마감했다. 케넌게이

---

26) 흥미롭게도 스미스는 이러한 교육관행에 대하여 비판적인 입장을 취했다. 『국부론(하)』, 948~949면.

27) 스미스가 이를 끝마치지 못한 것에 대하여는 여러 추측이 있다. Charles L. Griswold, *Adam Smith and The Virtues of Enlightenment*, p. 258; P. J. O'Rourke, *Adam Smith's The Wealth of Nations: A Biography*(London: Atlantic Books, 2007), 이종인 옮김, 『국부론 이펙트』(서울: 세종서적, 2013), 209~210면; Gavin Kennedy, *Adam Smith*, pp. 92ff.

트 교회 묘지에 놓인 그의 비석에는 "『도덕감정론』과 『국부론』의 저자 애덤 스미스의 유해, 여기에 잠들다."는 문구가 새겨져 있다.

그는 죽음을 앞두고 있던 시기에 가까운 친구들에게 '발표하지 않은 자신의 원고들을 없애 달라'고 요청했다. 평생 두 권의 저서만 · 출간했으며 죽기 전까지 끊임없는 개정작업으로 이들의 완성도를 높이고자 애써 왔다는 점에서, 그는 아직 덜 다듬어진 자신의 생각들이 세상에 공개되는 것을 원하지 않았던 것 같다.[28] 친구들은 그 요청대로 할 것을 약속했지만, 이 약속을 온전히 신뢰하지 않았던 스미스의 계속된 재촉으로 인해 적지 않은 문서들이 스미스 생전에 불태워졌다. 소실된 원고들에 어떤 내용이 담겨 있었을 것인지에 관하여 많은 추측들이 있었다. 아마도 그가 젊은 시절부터 완성하겠다고 공언했던 법과 통치의 일반원리에 관한 원고가 포함되어 있었을 것이라는 주장도 있었다. 이 우여곡절로부터 살아남게 된 몇몇 원고들은 스미스 사후에 출간되어 세상의 빛을 보게 되었다.

## II. 스미스의 주요 저술

### 1. 두 권의 저서

스미스는 생전에 단 두 권의 저서만 남겼고, 평생 이 저서들의 개정 작업을 중단하지 않았다. 첫 번째 저서인 『도덕감정론』은 1759년 그가 글래스고 대학에서 교수로 있던 시절 출간한 책이다. 이 책은 인간의 본성에 기초해 도덕규범의 기원을 밝히고 사회적 질서의 자연적 형성과정을 논증한 저작이다. 스미스 생전에 제6판까지 나왔

---

28) 이러한 연유로 스미스에 대한 최초의 전기를 저술한 스튜어트는 "그는 자신의 전기를 위해 필요한 어떠한 자료도 남기기를 원치 않았던 것 같다."고 말했다. Dugald Stewart, *Life and Writings of Adam Smith*, p. 303.

고, 독일어 등 여러 외국어로도 번역되어 각 국에 소개되었다. 그는 수차례 개정작업을 통해 이 저서를 가다듬었는데, 개정판 중에서도 제6판(1790년)이 큰 의미를 갖는다. 스미스는 자신의 마지막 1년을 이 제6판 개정에 바쳤는데, 특히 새로 추가된 덕성론에 관한 제6부가 주목을 받았다. 그가 생애 최초로 저술한 것도, 죽기 직전까지 마지막으로 손질했던 것도 바로 이 책이었다는 사실은 이 책이 그의 학문적 여정에서 어떤 의미를 가지는지를 잘 보여준다.

『국부론』은 『도덕감정론』보다 훨씬 늦은 1776년에 출간한 책이다. 그러나 이 두 책의 관계를 시간상 선후관계로 파악하기는 어렵다. 『국부론』의 관점이 『도덕감정론』의 그것보다 시간상으로 늦게 잉태되었다고 단언하기 어려운 까닭이다. 『국부론』의 기본적 통찰이나 그 줄기가 되는 아이디어는 이미 그의 글래스고 대학 강의에 포함되어 있었다. 『도덕감정론』의 줄거리가 형성되었을 무렵에 『국부론』의 기본적 내용들이 이미 구상되어 있었을 가능성도 적지 않다. 스미스는 버클루 공작의 가정교사로서 유럽대륙을 여행하던 1764년 여름경 시간을 때울 겸 해서 책 한권을 쓰고 있다는 취지로 흄에게 편지를 보내었는데, 아마도 이때 쓴 원고가 『국부론』의 초고가 아니었을까라는 관측에 힘이 실리는 것도29) 그 때문이다. 『국부론』의 개정작업도 꾸준히 이루어져 제5판까지 나왔다.

『국부론』은 인간의 이기적 동기에서 비롯된 사리추구 행위가 비의도적으로 공익의 증진을 가져온다는 통찰을 담고 있다. 경제적 자유에 대한 옹호는 당대의 지배적 경제정책이었던 중상주의 비판으로 이어졌는데, 『국부론』이 출간 직후부터 현실 정치에서 위력을 발휘했는지 여부에 대해서는 논란이 있다. 가령 이를 긍정하는 사람들은 『국부론』 출간 후 얼마 되지 않아 『국부론』의 제안들이 현실 정책

---

29) Adam Smith, *The Correspondence of Adam Smith*, p. 102. 『국부론』에 관한 최초의 언급이라는 평으로, 같은 면의 n. 6.

속에 받아들여졌다고 평가한다.30) 윌리엄 피트(William Pitt) 수상이
항상 자신을 스미스의 확고한 신도 중 1인이라고 말하고 다닌 일화
역시 잘 알려져 있다.31) 그러나 반론들도 만만치 않다.32) 시점의 차
이는 있지만, 분명한 것은 어쨌든 『국부론』이 현실에서 위력적인 책
이 되었다는 사실이며, 이는 오늘날 이 책을 스미스의 대표적 저술
로 인식되도록 했다. 『국부론』도 스미스 생전에 이미 프랑스어, 독일
어, 덴마크어, 이탈리아어로 번역되어 각 국에 소개되었다.

　『법학강의』는 스미스가 정식으로 출간한 책은 아니지만, 『도덕감
정론』, 『국부론』과 더불어 스미스 사상의 중추를 담고 있는 중요한
텍스트이다. 강의연도가 각기 다른 두 권의 노트가 내용면에서 대동
소이하고, 그 내용의 상당부분이 『도덕감정론』과 『국부론』에서 다시
확인된다는 측면은 『법학강의』의 내용에 큰 신뢰성을 부여한다. 앞
서 본 바와 같이, 스미스는 법학의 여러 영역에서 법과 통치에 관한
일반원리 및 그것이 시대와 사회별로 적용되는 모습들을 연구하려
던 자신의 오랜 목표를 완수하지 못했고, 『국부론』을 통해 그중 일부
만을 수행했다고 고백했는데, 만약 나머지 부분의 연구를 종결하여
출간했다면 거기에는 『법학강의』 중 정의에 관한 내용들이 기본이

---

30) John Rae, *Life of Adam Smith,* p. 294.
31) 위의 책, p. 404.
32) Richard F. Teichgraeber III, "'Less Abused Than I Had Reason to Expect': The
　　Reception of the Wealth of Nations in Britain, 1776-90", *The Historical Journal,* Vol.
　　30, No. 2(1987), p. 364; K. Willis, "The Role in Parliament of the Economic Idea
　　of Adam Smith", John Cunningham Wood(ed.), *Adam Smith: Critical Assessments,*
　　Vol. 1(London: Croom Helm, 1984), pp. 772~796. 반면에 『도덕감정론』은 초기
　　의 인기에도 불구하고 시간이 갈수록 사람들의 관심에서 멀어져 갔다는
　　점에 대체로 평가가 일치한다. Geoff Cockfield, Ann Firth, John Laurent,
　　"Introduction", Geoff Cockfield, Ann Firth, John Laurent(ed.), *New Perspectives on
　　Adam Smith's The Theory of Moral Sentiments*(Cheltenham, UK: Edward Elgar, 2007),
　　p. 1; Leonidas Montes, "Das Adam Smith Problem", p. 66, n. 6.

되었을 것으로 추측된다.

스미스는 도덕철학의 범주하에서 국가와 사회 전반에 관한 이론을 포괄적으로 전개했는데,『법학강의』는 그러한 도덕철학의 일부였으며,『국부론』의 기본 아이디어들은『법학강의』에서부터 시작된 것들이었다. 이 점에서 스미스는 애초 정치경제학을 법과 통치를 둘러싼 국가론 전반의 일부로서 사고했다고 볼 수 있다.


## 2. 애덤 스미스 문제

『도덕감정론』에서는 인간의 사회성과 공감적인 측면이,『국부론』에서는 인간의 자기애와 이기적 측면이 강조되었기 때문에 두 저서 간의 관계에 관한 의문이 19세기 독일 학자들을 중심으로 제기되었다. 이 문제를 이른바 '애덤 스미스 문제'(Das Adam Smith Problem)라고 부른다. 이것은『도덕감정론』과『국부론』사이에 존재하는 조화될 수 없어 보이는 모순을 어떻게 이해할 것인가라는 의문이었다. 그들은 양 저작 사이에 근본적인 단절의 벽이 존재한다고 의심했다.

한때 치열한 논쟁을 불러온 쟁점이었으나, 오늘날에는 이 문제에 대한 관심이 크지 않다. 전반적으로는 이 문제가 이미 해결되었다고 여기는 분위기이다.[33] 1976년『국부론』발간 200주년을 기념하여 글

33)『도덕감정론』과『국부론』간에 불일치가 발생하지 않는다는 입장으로, D. D. Raphael and A. L. Macfie, "Introduction", in: Adam Smith, *The Theory of Moral Sentiments*(Indianapolis: Liberty Fund, 1982), p. 20; Leonidas Montes, "Das Adam Smith Problem", pp. 63~87; Athol Fitzgibbons, *Adam Smith's System of Liberty, Wealth, and Virtue: The Moral and Political Foundations of The Wealth of Nations*(New York: Oxford University Press, 1995)(이하 *Adam Smith's System*), pp. 3~4; Henry J. Bittermann, "Adam Smith's Empiricism and the Law of Nature: I", *Journal of Political Economy*, Vol. 48, No. 4(1940), pp. 507ff; Glenn R. Morrow, "Adam Smith: Moralist and Philosopher", *Journal of Political Economy*, Vol. 35, No. 3(1927)(이하 "Adam Smith"), pp. 329ff; Y. B. Choi, "Smith's View on Human

래스고 대학교에서 펴낸 애덤 스미스 전집(Glasgow Edition)에서 『도덕감정론』의 편집과 해설을 맡았던 라파엘(D. D. Raphael)과 맥파이 (A. L. Macfie)는 애덤 스미스 문제는 더 이상 문제가 아니며 단지 무지와 오해에서 비롯된 가짜문제(pseudo-problem)일 뿐이라고 했다.[34] 이것이 오늘날 지배적인 인식이라고 보인다.[35]

스미스의 주장들을 전체적으로 살펴본다면, 『도덕감정론』과 『국부론』은 서로 충돌하는 저작이 아니다. 그는 인간 본성의 이기적 측면과 사회적 측면을 모두 고려하고 있기 때문이다. 그는 자기보존성에서 나오는 이기적 성향으로부터 재산과 명성의 추구라는 현세적 욕망을 인정했지만, 그와 동시에 인간은 타인에 공감하고 타인으로부터 공감받기를 원하는 본성에 따라 이기적 행위를 타인이 공감할수 있는 적정한 수준으로 제어하는 반성적 능력을 가진다고 하면서, 이를 도덕과 질서의 토대로 파악했다. 『국부론』은 전자에 관한 책이나, 이는 전자와 후자를 아우르는 『도덕감정론』을 배경으로 해서만 정확히 이해할 수 있다. 『국부론』은 『도덕감정론』을 전제로 하고, 『도덕감정론』은 『국부론』의 토대이다. 『도덕감정론』이 총론이라면, 『국

---

Nature: A Problem in the Interpretation of *The Wealth of Nations* and *The Theory of Moral Sentiments*", John Cunningham Wood(ed.), *Adam Smith: Critical Assessments*, Vol. 7(New York: Routledge, 1994)(이하 "Smith's View on Human Nature"), p. 139; Iain McLean, *Adam Smith, Radical and Egalitarian*, pp. 82ff; Gertrude Himmelfarb, *The Idea of Poverty*, pp. 47~48; Spencer J. Pack, *Capitalism As a Moral System*, pp. 170~171; 이근식, 『애덤 스미스의 고전적 자유주의』, 82~84면 등. 반면 둘 간의 불일치에 보다 무게를 두는 입장으로 Jacob Viner, "Adam Smith and Laissez Faire", p. 201; 박순성, 『아담 스미스와 자유주의』, 215~220면. 조순은 양 저서가 기본시각상 큰 차이는 없지만 역점(力點)상 차이는 적지 않다고 평했다. 조순, "아담 스미스의 사상과 한국의 경제사회", 조순 외, 『아담 스미스 연구』(서울: 민음사, 1989), 15면.

34) D. D. Raphael and A. L. Macfie, "Introduction", p. 20.
35) Y. B. Choi, "Smith's View on Human Nature", p. 139.

부론』은 그중 특정한 논지를 구체화하고 심화, 발전시켜 나갔던 각
론으로 비유할 수 있다.[36]

스미스가 『국부론』에서 인간의 자기보존성에 따른 사리추구를 강
조하고 사회의 이익에 공헌하는 사익의 역할을 주장한 것은 사실이
다. 그러나 그는 사익과 공익이 일치하는 현상은 특정한 조건들이
갖추어졌을 때에만 가능하고, 사익의 단순 집적만으로 사회에서 필
요로 하는 모든 공익들이 충족되는 것은 아니며, 사익과 공익이 불
일치하는 다양한 경우가 현실적으로 존재한다는 사실을 알고 있었
다. 이 문제를 해결하기 위한 실마리는 스미스의 더 상위의, 총론적
논의로부터 발견되어야 한다.

한편 『도덕감정론』은 1759년에, 『국부론』은 1776년에 각각 초판이
출간되었다. 각 저술의 초판 출간 연도만을 비교한다면 『도덕감정론』
을 스미스의 초기 사상을 정립한 저술로, 『국부론』을 스미스의 후기
사상을 정립한 저술로 해석하는 것도 가능할지 모른다. 이렇게 본다
면 애덤 스미스 문제는 스미스의 사상적 변화로 발생한 문제가 된
다. 그러나 『도덕감정론』은 1790년 마지막 제6판이 출간될 때까지 계
속하여 개정되었는데, 이는 1776년 『국부론』이 발간된 이후에도 『도
덕감정론』의 개정이 계속되었음을 의미한다. 이처럼 거듭된 개정작
업 속에서도 『도덕감정론』이 내용적으로 거의 동일하게 유지되었다
는 점에서 위의 해석은 수용하기 어렵다.

스미스가 그랜드 투어를 통해 『국부론』의 기본적 시각을 획득했
다는 해석도 있다.[37] 이 해석은 특히 프랑스 체류 중 케네를 비롯한

---

36) 같은 취지로 Joseph A. Schumpeter, *History of Economic Analysis*(New York:
   Oxford University Press, 1954), 김균 외 4인 옮김, 『경제분석의 역사 1』(파주:
   한길사, 2013), 341면; Gertrude Himmelfarb, *The Idea of Poverty*, p. 48; Spencer J.
   Pack, *Capitalism As a Moral System*, pp. 170ff; A. L. Macfie, "Adam Smith's *Moral
   Sentiments* as Foundation for His *Wealth of Nations*", *Oxford Economic Papers*, New
   Series, Vol. 11, No. 3(1959), pp. 219~228.

프랑스 중농주의자들과의 만남에 각별한 의미를 둔다. 이는 자연의 흐름을 거스르는 인위적 행위에 반대했던 중농주의자들의 노선이 스미스의 경제사상에 큰 영향을 끼쳤다는 주장이다. 그러나 이 해석은 『법학강의』의 존재에 의해 힘을 잃었다. 그랜드 투어를 떠나기 전에 글래스고 대학에서 행한 그의 도덕철학 강의, 특히 정부의 운영에 관한 주제를 다루었던 『법학강의』에는 이미 『국부론』의 근간이 되는 경제학적 고찰들이 담겨 있었다. 다시 말해, 『국부론』의 핵심을 이루는 생각들은 그랜드 투어를 계기로 비로소 형성된 것이 아니라 그 전에 이미 스미스의 머릿속에 들어 있었다는 것이다. 그랜드 투어의 영향에 따른 사상적 변화라는 추측도 따라서 온당하지 않다.

인간에 대한 스미스의 풍부한 통찰에는 인간 본성의 두 측면에 대한 고려가 모두 포함되어 있었다. 『도덕감정론』과 『국부론』은 모두 동일한 토대 위에 서 있는 저작들이다. 다만 두 저작은 관심사가 다소 달라서, 전자에서는 사회성을 바탕으로 한 규범과 질서의 형성이, 후자에서는 자기보존성에 따른 사리추구와 그로부터 비의도적으로 달성되는 공익이 더욱 강조되었다. 전자에서도 인간의 자기보존성은 고려되었고, 후자에서도 사리추구에 대한 규범적 제한의 필요성이 역설되었다. 이렇게 본다면 애덤 스미스 문제는 더 이상 문제가 되기 어려울 것이다.

## 제2절 시대적 배경

### I. 정치적 배경

스미스의 통치론은 영국 사회의 정치적 배경과 무관하지 않다.[38]

---

37) Glenn R. Morrow, "Adam Smith", pp. 329~330에서 소개된 견해이다.

영국은 유럽의 다른 국가들에 비해 일찍부터 왕권견제의 이념에 따라 제한적 군주제를 운용했던 국가였고, 프랑스 같은 대륙 국가들의 절대왕정 체제를 온전히 겪지 않았다. 오늘날 1215년의 대헌장(magna carta)은 왕권견제에 관한 고전적 표상으로 간주된다. 나아가 중세 후기에는 아리스토텔레스주의 정치사상의 혼합정 이념과 그 속에 담긴 정치적 균형의 관념이 논의되었고, 대륙과는 달리 관습법이라는 게르만족의 법관념을 보존하여 왕권에 대한 법의 우위 관념을 유지했으며, 근대 초기에는 대륙의 인문주의 전통과 시민적 전통이 전수되었다.[39] 이러한 측면들은 제한적 군주제에 관한 영국인들의 이상을 이론적으로 뒷받침하는 데 기여했다.

특히 인문주의의 영향으로 고대 그리스와 로마의 문헌들이 표준적인 교육과정으로 포함되었고, 당시 새로운 사회계급으로 대두되던 젠트리 계급은 인문주의 교육을 통해 정치적 각성을 거친 후 의회로, 관청으로, 대학으로 진출하여 통치권자에게 조언하고 공무에 봉사하며 다음 세대 지성인들을 키워 내면서 영국 사회에 큰 영향을 미쳤다.[40] 이러한 배경 속에서 제한적 군주제 이념은 더욱 공고화되

---

38) 당시 영국과 스코틀랜드의 정치적 상황에 관한 이하의 내용은 Kenneth O. Morgan(ed.), *The Oxford History of Britain*(Oxford: Oxford University Press, 1988), 영국사학회 옮김, 『옥스포드 영국사』(파주: 한울 아카데미, 2016); 박지향, 『클래식 영국사』(파주: 김영사, 2012); J. G. A. Pocock, 『마키아벨리언 모멘트 2』; 이영석, 『지식인과 사회』; 나종일·송규범, 『영국의 역사(상)』(파주: 한울, 2012) 및 『영국의 역사(하)』(파주: 한울, 2009)를 참조해 정리했다.

39) 영국 헌정의 본질을 혼합정 이념에 기초해서 파악하려던 중세 말 스콜라 철학자로는, 예컨대 월터 벌리(Walter Burley)가 있다. James M. Blythe, *Ideal government and the mixed constitution in the Middle Ages*(Princeton, N.J.: Princeton University Press, 1992), pp. 185~186. 게르만족의 법관념에 관해서는 이황희, "선거의 정치적 의미에 관한 사상사적 고찰 ─ 고대에서 중세로의 의미변화를 중심으로 ─", 『헌법학연구』 제23권 제1호(2017)(이하 "선거의 정치적 의미"), 181~183면 및 각주 65에 소개된 문헌 참조.

40) J. G. A. Pocock, 『마키아벨리언 모멘트 2』, 23면 참조.

어 갔다. 1642년 6월 18일 작성된 『의회 양원의 19개 제안에 대한 왕의 답변』(The King's Answer to the Nineteen Propositions)에서는 이에 대한 국왕 측의 공식적인 승인이 표현되었다.[41]

제한적 군주제 이념은 이후 권리청원, 청교도 혁명, 인신보호법 등을 거쳐 1688년 명예혁명에 의해 영국정치의 현실에서 확고히 자리를 잡았고, 왕과 의회 간의 기나긴 대립의 역사는 입헌군주제와 의회민주주의의 승리로 서서히 막을 내렸다. 이에 제임스 2세의 왕위계승 문제로 등장한 휘그파와 토리파의 대립구도는 휘그 진영의 우세로 흘러갔다.

그런데 휘그파의 도움으로 왕위에 오른 조지 1세에 의해 1714년 하노버 왕조가 출범하면서 이 구도에는 다소간의 변화가 생겼다. 조지 1세하에서는 월폴(Robert Walpole)의 주도로 휘그들의 정치가 본격화되었는데, 월폴은 조지 1세와 2세하에서 1721년부터 1742년까지 영국의 정치를 주도했던 수완이 좋은 정치가였다. 그는 종래 관례와 달리 왕의 대신이면서도 정부의 돈줄을 거머쥔 하원에 남아 의원직을 유지했고,[42] 관직과 이권의 분배를 방편으로 한 후원제도를 통해 의원들을 포섭하고 자기 세력을 등용함으로써 정치적 주도권을 유지해 나갔다.[43] 조지 1세는 토리파를 반기지 않았지만, 월폴은 토리들에게도 관직을 개방해 오히려 자신의 영향력을 확장했다. 이제 휘그파와 토리파라는 전통적 구도는 월폴의 진영에 가담한 궁정파

---

41) "이 왕국에서 법은 왕과 상원, 인민들이 선출한 하원이 함께 제정한다. … 양원에 법적으로 주어진 권한은 참주의 등장을 억제하고 그 권한을 제한하기에 충분하다." J. P. Kenyon(ed.), *The Stuart Constitution, 1603-1688: Documents and Commentary*, 2<sup>nd</sup> ed.(New York: Cambridge University Press, 1986), pp. 18~19.
42) 박지향, 『클래식 영국사』, 466면.
43) Kenneth O. Morgan(ed.), 『옥스포드 영국사』, 427면. 후원제도에 대한 당시의 논쟁에 관하여는 J. G. A. Pocock, 『마키아벨리언 모멘트 2』, 130면 이하, 245면 이하 참조.

(Court party)와 그에 대립각을 세웠던 지방파 간의 구도로 재편되었다. 지방파는 후원제도가 부패를 조장하고 덕성을 위협한다고 비판했지만, 궁정파의 이데올로기 속에서는 왕이 지지자를 확보하여 왕권의 영향력을 강화함으로써 양원을 견제해 헌정의 균형을 회복하게 만드는 계기로 간주되었다.[44]

이 과정에서 정치적 후원제도와 금전적 이해관계에 따른 통치를 어떻게 이해할 것인가라는 문제가 새로운 화두로 등장했다. 상업에 기초한 사익중심 문화에 대하여 우려의 시선과 진보적인 기대가 공존했던 까닭에, 당시 새로운 자본주의 문화를 배경으로 상업과 사익, 그리고 정치공동체의 관계를 새롭게 정립하는 일이 새로운 논의사항으로 떠올랐다.

한편, 스미스를 이해하기 위해서는 그가 태어난 스코틀랜드의 역사와 정치상황도 짚고 넘어갈 필요가 있다. 영국은 남부의 잉글랜드와 북부의 스코틀랜드로 구성되는데, 양국은 많은 면에서 서로 달랐다. 인종의 면에서도 잉글랜드는 5세기 무렵 독일 북부로부터 건너온 앵글족과 색슨족이 중심이었고, 스코틀랜드는 스코트족을 주축으로 했다. 서로 인접해 있던 양 국가는 오랜 다툼의 역사를 만들어 왔는데, 특히 13세기 잉글랜드의 스코틀랜드 정복에 뒤이어 전개된 스코틀랜드인들의 치열한 독립전쟁이 그 중심에 있었다. 서로를 의식하면서 대립해 온 과정 속에서 잉글랜드인들과 스코틀랜드인들은 각각 민족적 정체성을 공고히 했다.

그러나 튜더 왕조의 마지막 왕인 엘리자베스 1세가 독신으로 직

---

44) J. G. A. Pocock, 『마키아벨리언 모멘트 2』, 245면. 데이비드 흄은 후원제도를 긍정적으로 평가했던 대표적인 논자였는데, 그는 이 제도가 왕의 정치적 열세를 만회하기 위한 수단이므로 오히려 이를 통해 균형체제를 달성할 수 있다고 이해했다. 이에 관하여는 Donald W. Livingston, "Hume's Historical Conception of Liberty", Nicholas Capaldi, Donald W. Livingston(eds.), *Liberty in Hume's History of England*(Dordrecht: Kluwer Akademic Publisher, 1990), p. 126.

계비속 없이 사망하면서, 스코틀랜드 왕 제임스 6세가 그 왕위를 계
승하여 양국 모두에서 스튜어트 왕가의 시대가 시작되었다. 이로써
잉글랜드와 스코틀랜드는 독자적인 정치체제를 유지하는 속에서도
공통의 왕으로부터 지배를 받았는데, 이로 인해 그간의 적대감과 이
질감이 차츰 누그러졌다. 그러던 차에 스코틀랜드가 대규모 해외 식
민지 사업에 실패하면서 심각한 경제침체 상황을 맞이하게 되었고,
그와 맞물려 잉글랜드와의 통합을 통해 이 위기를 극복할 수 있다는
기대감이 유포되었다. 이에 1707년 1월 16일 에든버러 소재 스코틀랜
드 왕국의 의회가 잉글랜드와의 통합을 선언함으로써(Acts of Union
1707) 두 국가가 하나의 통합왕국으로 전환되었다. 현실에서는 스코
틀랜드 의회가 해산되고, 통합왕국의 의회가 된 잉글랜드 의회에 스
코틀랜드 대표 45인이 합류하는 모습이 되었다.

　스코틀랜드인들은 통합왕국의 건설을 통해 즉각적인 경제적 혜
택을 기대했지만, 실상은 그러한 기대와 거리가 있었다. 또한 스미
스가 옥스퍼드 유학 당시 경험했던 바와 같이 스코틀랜드인들에 대
한 잉글랜드인들의 소외와 차별도 있었다. 그러나 가톨릭 국가였던
프랑스와의 오랜 대립과 싸움은 잉글랜드와 스코틀랜드가 통합왕국
으로서 하나의 정체성을 가지는 과정에 일조했다. 시간이 경과함에
따라 스코틀랜드인들은 서서히 스스로를 통합왕국의 시민으로 이해
해 갔다. 그들은 제국의 시민으로서 영국 식민지 경영에 참여할 기
회를 얻어 식민지 또는 동인도회사의 관리로 상당수가 진출할 수 있
었는데, 가령 1775년 벵골에 파견된 전체 249명의 관료 중 스코틀랜
드인들의 비율이 47%에 이르렀다.[45]

　양국의 통합은 정치이념의 구도에도 영향을 주었다. 스코틀랜드
가 잉글랜드와 통합하기로 결의한 1707년은 명예혁명으로부터 20년

---

45) 이영석, "잉글랜드와 스코틀랜드: 국민 정체성의 변화를 중심으로", 『사회
　연구』 창간호(2000), 127면.

이 경과한 시기였다. 원래 스튜어트가는 14세기 이래 스코틀랜드의 왕실이었지만 17세기부터는 그와 동시에 영국의 왕실이기도 했는데, 많은 스코틀랜드인들은 명예혁명을 자신들의 국왕이기도 했던 제임스 2세를 잉글랜드 의회가 일방적으로 내쫓은 사건으로 받아들였다. 제임스 2세와 그 후손의 복위를 도모하는 자코바이트(Jacobite)[46] 운동에 상당한 스코틀랜드인들이 동조하고 가담했던 것에는 그러한 이유가 있었다. 이들은 주로 로마 가톨릭을 믿었고, 절대적 군주제를 지지했다.

반면에 그 무렵은 명예혁명의 정통성을 차지한 휘그적 관점이 지배적이던 시기였기 때문에, 통합왕국의 탄생은 스코틀랜드인들이 휘그적 정치이념에 더욱 가까워질 기회가 되기도 했다. 스미스가 태어난 가정이 바로 이러한 경우였다. 스미스의 부친은 1707년 스코틀랜드와 잉글랜드의 의회가 내린 통합결의를 지지했고, 휘그파가 집권 중이던 1714년 커콜디의 세관 검사관으로 임명되었다. 이에 그의 가정은 휘그파와 이해관계를 같이했으며, 그로 인해 프로테스탄트적 신앙을 따르면서 입헌적 체제로서의 제한적 군주제를 옹호했다. 이러한 가정 내의 지적 분위기는 자유를 중시하고 권력의 제한성을 강조한 스미스의 기본적 입장에도 상당한 영향을 끼쳤을 것으로 보인다.

## Ⅱ. 경제적 배경

스미스의 학문적 활동은 당시 유럽의 경제적 상황과도 밀접한 관련이 있었다.[47] 11세기 이후 유럽은 급격한 인구증가 현상을 겪었고,

---

46) 자코바이트는 제임스(James)의 라틴어 이름인 야코부스(Jacobus)를 어원으로 한다. 자코바이트 운동은 1688년 영국 명예혁명에 대한 반동적 흐름의 대표적 사례였다.
47) 당시 유럽과 영국의 경제적 상황에 관한 이하의 내용은 송병건, 『경제사:

이는 흑사병의 유행이 있었던 14세기 중반까지 지속되었다. 바이킹의 침입 같은 대규모의 외침이 10세기경 종료되어 이를 계기로 상대적으로 평온한 시기가 찾아왔다. 또한 11세기 이후 중세인들이 이포제 대신 삼포제 운작방식을 취함에 따라 농산물의 생산량이 비약적으로 증대했으며, 이로 인해 더 많은 인구를 부양할 수 있게 되었다. 더불어, 삼포제를 통해 귀리 같은 사료용 작물의 증산이 이루어져 종전보다 더 많은 수의 말을 사육할 수 있게 되었는데, 이는 중세 사회에 수송력 향상과 수용비용 감소를 가져와 교역에 유리한 여건을 조성했다.[48]

이러한 과정 속에서 자급자족적 장원제도를 중심으로 했던 중세 유럽 사회에 변화의 조짐이 생겨나기 시작했다. 예컨대 경제가 발전하고 시장에서 거래되는 상품이 확대됨에 따라 귀족들은 지대를 현물이 아니라 화폐로 받기를 원했다. 화폐를 선호하는 현상이 심화되면서 화폐를 많이 소유한 상인계급의 지위가 상승한 것은 자연스러운 현상이었다.[49] 이처럼 상업문화의 발달과 상인계급의 지위 상승, 도시의 성장 등을 통해 장원제도에 기초한 중세적 질서와 봉건귀족들의 지위가 흔들리게 되었다. 상인의 영향력은 장인을 중심으로 한 중세적 생산방식에도 변화를 가져왔는데, 16세기 이후에는 상인들이 장인을 확보하여 그들에게 원자재를 제공하고 그들이 가공한 제품

---

세계화와 세계 경제의 역사』 제2판(서울: 해남, 2018); E. K. Hunt, *Property and Prophets: The Evolution of Economic Institutions and Ideologies,* Fourth Edition(New York: Harper & Row Publishers, 1981), 정연주 옮김, 『자본주의의 발전과 이데올로기』(서울: 비봉출판사, 1986); Kenneth O. Morgan(ed.), 『옥스포드 영국사』; Robert L. Heilbroner and William Milberg, *The Making of Economic Society,* 12th Edition(Pearson, 2007), 홍기빈 옮김, 『자본주의: 어디서 와서 어디로 가는가』(서울: 미지북스, 2010)(이하 『자본주의』); 이근식, 『애덤 스미스의 고전적 자유주의』; 박지향, 『클래식 영국사』를 참조했다.
48) E. K. Hunt, 『자본주의의 발전과 이데올로기』, 18면 이하.
49) Robert L. Heilbroner and William Milberg, 『자본주의』, 128면.

을 가져가 판매하는 선대제 방식(putting-out system)이 발달했다. 그러나 시간이 경과함에 따라 상인들이 생산수단을 소유하기 시작했는데, 이를 통해 이제 이들이 노동자들을 직접 생산과정에 투입하는 공장제 수공업 방식(manufacture)으로 변모해 갔다. 이러한 일련의 과정 속에서 상인·제조업자라는 새로운 계급이 점차 부상했다.

특히 영국은 앞서 본대로 제한적 군주제의 이념이 뿌리내려 국왕의 전횡에 대한 견제가능성이 일찍이 확립되었고, 섬나라로서 1066년 이후 한 번도 심각한 외침을 받지 않아 체제질서와 사회 인프라가 잘 보존되었으며, 다른 유럽 국가들에 비해 봉건적 질서가 일찍 붕괴되어 상업문화에 빠르게 적응해 갔다. 또한 영국 사회는 장자상속제로 인해 귀족 지주층의 차남 이하가 지주의 지위를 상속받을 수 없었기 때문에 이들은 상업이나 전문직으로 진출하게 되었다. 이 과정에서 지주와 상인이 사회구조적으로 긴밀한 관계를 형성했고, 이들 간의 동맹이 오랫동안 영국 경제를 주도해 나갔다.[50]

한편 1648년 베스트팔렌 조약 체결 이후 유럽은 본격적으로 근대국가체제로 재편되었는데, 이는 세력균형에 입각한 개별 국가들 간의 경쟁을 가속화했다. 개별 국가들은 다른 국가들과의 군사적, 경제적 경쟁질서 속에서 살아남기 위해 각별히 노력하지 않으면 안 되었다. 군주들은 안으로는 봉건질서를 혁파하고 봉건귀족들을 제압해야 했으며, 밖으로는 다른 국가들과의 경쟁에서 앞서가야 했다. 강력한 군사력과 풍부한 재정을 확보하는 것이 급선무였는데, 특히 국가가 부국이 되기 위해서는 돈이 많아야 하므로 여러 국가들은 돈을 더 많이 확보하는 정책을 경쟁적으로 펼쳐나갔다. 중상주의라는 특수한 경제현상이 생겨나게 된 것에는 이러한 배경이 있었다.

중상주의는 이 당시 유행한 일련의 경제정책 흐름을 스미스가 그

---

50) 박지향, 『클래식 영국사』, 217면.

렇게 이름을 붙여서 유명해진 말이다. 당시의 부는 화폐 혹은 금은
과 동일시되었으므로, 중상주의 정책은 수출 장려와 수입 억제라는
기조를 근간으로 했다. 국가는 외국으로부터 화폐를 유입하고, 국내
화폐가 외국으로 유출되는 것을 막는 정책을 취했는데, 이는 주로
국가가 주요 상공업자의 활동을 지원하거나 그들에게 독점권을 줌
으로써 그들의 이익을 증진하는 방식으로 구현되었다. 이 정책은 경
쟁을 억압함으로써 일부 상공업자들의 이익을 우선시하고, 그로써
그 외의 사람들의 이익을 희생하는 결과를 낳았다. 이 과정에서 특
권화된 소수의 상공업자들과 국가권력 간의 결탁이 발생했고, 국가
개입으로 야기된 인위적인 경제구조는 독과점과 같은 여러 폐단들
을 가져왔다.

　이러한 중상주의는 당시 유럽의 여러 국가에서 실천되었다. 영국
의 경우는 튜더 왕조 시기에 윤곽이 형성되기 시작해 스튜어트 왕조
시기를 거치면서 더욱 다양한 모습으로 실시되었다. 스페인, 포르투
갈, 프랑스가 절대왕권에 의해 왕의 이익에 부합하는 형태의 중상주
의를 취했다면, 영국은 시민혁명을 거쳐 공고화된 입헌군주제하에서
의회를 주도하게 된 시민계급에 의해 중상주의가 가속화되었다.[51]

　영국은 특히 공업에 집중했다. 공업을 육성하고 발전시키기 위해
기술공의 해외 유출을 막았고, 자국 원료의 수출을 억제했으며, 완제
품에 대해서는 보조금을 지급해 수출을 장려하는 정책을 펼쳐 무역
흑자를 극대화하고자 노력했다. 이러한 정책들은 주요 제조업자들
의 이익에 부합하는 것으로서 뒤에서 보듯이 『국부론』에서 스미스의
거센 비판을 받았다. 영국 중상주의의 대표적 산물로는, 해외로부터
들어오는 곡물에 높은 관세를 부과하고 자국 곡물에 대해서는 보조
금을 지급하도록 한 곡물법(Corn Law)과 당시 해상강국이었던 네덜

---

51) 이근식, 『애덤 스미스의 고전적 자유주의』, 50면 이하.

란드를 견제해 자국 선박업을 보호하기 위한 항해법(Navigation Act)이
있었다. 곡물법과 항해법은 각각 자국의 지주들과 해운업자들을 보
호하기 위한 것이었다. 후술할 내용을 미리 당겨 말하자면, 스미스
는 곡물법에 대해서는 부정적이었으나 항해법에 대해서는 적극적인
지지를 보였다.


## 제3절 이론적 배경

### Ⅰ. 자연법론의 형성과 전개

#### 1. 자연법의 의의

자연법(natural law, *jus naturale* 혹은 *lex naturalis*)이란 자연적으로 존
재하는 보편타당한 법 혹은 자연에 부합하는 타당한 법을 의미한다.
이것은 인간이 인위적으로 제정한 법에 대립된다. 자연법론은 언제
나 옳고 타당한 법에 이르려는 서구의 오랜 사상적 전통이었고 법철
학사의 중요한 흐름을 차지했다.[52] 특히 17~18세기 자연법론은 서구
의 정치철학을 지배했고 근대 입헌주의 형성에도 크게 기여했다. 18
세기 서구 지성사회의 일원이었던 스미스 역시 이 이론으로부터 큰
영향을 받았다.

자연법의 의미는 시대와 사회, 그리고 학자에 따라 다양했다.[53]
그러나 자연법론은 법의 본질을 옳음으로 이해하고, 실정법의 정당성

---

52) 박은정, 『자연법의 문제들』(서울: 세창출판사, 2007), 1~2면.
53) 독일의 법철학자 에릭 볼프는 22가지 의미에 걸친 자연법의 개념을 분류
했다. Eric Wolf, *Das Problem der Naturrechtslehre*(Karlsruhe, 1964/1955), 27면 이
하(박은정, 『자연법의 문제들』, 7면에서 재인용).

을 검토할 수 있는 윤리적 척도를 제공하며, 거기에 위배되는 실정법의 효력을 비판적으로 성찰하게 만든다는 공통적인 특성이 있다.

## 2. 고대와 중세의 자연법론

자연법론은 서구의 사상적 모태라 할 고대 그리스에 그 기원을 둔다. 그리스인들은 보편타당한 실체를 가지는 '변하지 않는 것'과 인간에 의해 만들어 진 '변하는 것' 사이의 대립을 인식했고, 자연(혹은 자연의 질서)을 의미하는 퓌시스(*physis*)와 인간사회의 규범인 노모스(*nomos*)를 구분했다.

이러한 개념적 분화는 고대 그리스의 문학 속에서도 확인된다. 아테네의 비극작가 소포클레스는 『안티고네』에서 인간이 제정한 법과 신이 제정한 법을 대비시키며, 실정법과 자연법 간의 갈등문제를 후자의 우위로써 해결하려 했다.[54] 또한 아리스토파네스의 희극 『구름』에는 자식이 아버지를 폭행하는 장면이 있는데, 여기서 이 희극작가는 자식이 아버지를 폭행하지 못하게 하는 것은 시공을 초월해 보편적인 것이라는 아버지 측 주장과 그러한 금지는 인간이 만든 것이므로 자식이 아버지를 매질할 수 있는 새로운 법을 만들면 된다는 아들 측 주장의 충돌을 보여준다.[55] 이 이야기들은 모두 형식적으로는 정당하지만 내용적으로는 부당한 법이라는 법학의 오래된 난제와 관련된다.

이데아와 현상세계를 구분했던 플라톤(Platon), 보편타당한 내용을 갖는 자연적 정의와 인간이 만든 법적 정의를 구분했던 아리스토텔레스(Aristoteles)가 자연법 이념의 형성에 기여한 것은 사실이다. 그러

---

54) Sophokles, 천병희 옮김, 『소포클레스 비극 전집』(서울: 숲, 2012), 특히 113면.
55) Aristophanes, 천병희 옮김, 『아리스토파네스 희극 전집』(고양: 숲, 2010), 93~94면.

나 자연법론의 고전적 정식화는 스토아주의 철학자들의 업적이었다.[56] 스토아주의는 세계를 구성하는 자연을 이성적 질서로 파악하고 신과 동일시하는 범신론적 태도에 입각해 있었다. 자연에서 발생하는 모든 일은 이성적 법칙에 의한 것이고 이는 신적 질서라는 완벽함 속에서 조화를 이룬다는 것이다. 말하자면 스토아주의는 우주의 질서와 조화에 관한 신념, 우주를 지배하는 보편타당한 법칙이라는 관념에 기초했다. 자연법은 인간 이성이 이러한 영구불변의 지배원리로부터 도출한 인간 사회의 규범이었다. 따라서 자연법은 민족, 인종, 지역, 국가를 뛰어넘어 존재하는 보편법칙이고, 개별 사회의 실정법은 이를 기초로 하므로 스토아의 자연법론은 인간의 평등성에 대한 믿음과 노예제 비판으로 이어질 수 있었다. 또한 인간이 본성적으로 지니는 사회성을 포착해 인간이 개체적 고립성을 뛰어넘어 공동체의 일원이 되는 철학적 토대를 강화했다. 훗날 근대 자연법론의 기틀이 된 것도 바로 이러한 스토아적 관념이었다.

중세 자연법론은 신학과 결합해 그 사상적 특징을 더욱 선명히 했다. 신을 인간의 우위에 두는 중세적 관념하에서 사람들은 세계를 단계적 차원으로 이해했고, 법 또한 마찬가지였다. 중세 철학의 대표적 성취라 할 스콜라 철학은 신학과 아리스토텔레스주의의 결합에 기초했는데, 이 철학의 비조라 할 토마스 아퀴나스(Thomas Aquinas)는 법을 네 가지로 구분했다. 종교적 영역의 윤리기준에 해당하는 신법(*lex divina*)을 논외로 할 때, 법은 세계창조의 법칙이자 창조된 질서에 내재된 신의 섭리를 가리키는 영원법(*lex aeterna*), 이 영원법으로부터 도출되는 것으로서 인간 이성에 의해 인식되는 보편법칙이자 인간이

---

56) Patrick D. Hopkins, "Natural Law", Donald M. Borchert(Ed. in Chief), *Encyclopedia of Philosophy*, 2nd Ed.(Thompson Gale, 2006), p. 506; Hans Welzel, *Naturrecht und Materiale Gerechtigkeit*(Göttingen: Vandenhoeck & Ruprecht, 1990), 박은정 옮김, 『자연법과 실질적 정의』(서울: 삼영사, 2001), 61면.

라는 이성적 피조물 내에 영원법이 관계하는 것을 의미하는 자연법(*lex naturalis*), 그리고 인간이 자연법의 보편원리를 구체적 상황에 적용하기 위해 인위적으로 만든 인정법(*lex humana*), 즉 실정법(*lex positiva*)으로 구성된다는 것이다. 여기서 자연법은 실정법과 대립되면서도 실정법에 의해 보완되는 법이었다.

## II. 근대 자연법론의 전개

### 1. 근대 자연법론의 등장

#### 가. 자연법과 계몽주의

중세의 자연법론이 신학적인 자연법이었다면, 중세 이후는 이성적 자연법이 대두되었다. 이성적 자연법의 유행에는 여러 시대적·사상적 배경이 있지만, 17~18세기 유럽의 계몽주의 운동이 중요한 역할을 했다. 자연법은 고대에도 있었던 개념이지만 계몽주의와 결합하여 이성적 사유의 전통을 확고히 하게 되었다.

계몽주의는 17~18세기 유럽 사회를 휩쓸었던 지적 운동이었다. 이는 이성을 통해 세상의 질서를 조직하는 이치를 파악하고 세상을 개선할 수 있다는 믿음에 기초한 일련의 논의체계였다. 계몽주의는 이성의 빛으로 낡은 인습과 미신의 어둠을 걷어내고, 전통적 속박과 지적 미성숙성을 극복해 문명의 진보를 이룩한다는 낙관적 세계관을 바탕으로 했다. 계몽(enlightenment, Aufklärung)은 '(어둠을) 밝히다', '(불명확한 것을) 명확하게 하다'는 의미로서 어의적으로 인간의 무지함을 일깨운다는 뜻이다. 그러나 계몽주의의 기획은 단순히 모르는 것을 알게 만든다는 차원에 그치지 않았다. 그것은 이성의 자율적 사용을 신뢰하고 이성의 사용범위를 삶의 전반으로 확대함으로

써 자신의 삶을 통제하고 주도적으로 운영하는 근대적 개인의 모색
으로까지 확장되었다.

흔히 18세기 계몽주의는 프랑스의 문화적 산물로 이해되곤 하지만
실제로 프랑스는 계몽주의 운동에 다소 늦게 합류했기 때문에 영국
을 모범으로 삼았던 국가였고, 영국은 또 스코틀랜드 계몽주의로부터
큰 영향을 받았다. 다시 말해, 스미스가 속했던 스코틀랜드 계몽주의
그룹이야말로 당대 유럽의 가장 선진적인 사유 집단이었다.[57]

자연법론은 이러한 기획이 사회철학으로 전유된 대표적인 영역
이었다. 근대 자연법론자들은 중세 이후 종교적 권위로부터 이탈한
세속의 혼란들을 극복하기 위해 보편타당한 사회질서의 기초를 마
련하려 했다. 그들은 만물의 운행을 지배했던 신의 존재를 지우고,
신이 세상의 자연(nature) 혹은 인간의 본성(nature)에 부여한 법칙을
발견하는 이성의 힘에 의해 보편타당한 이론과 확고한 질서의 토대
를 구축하고자 했다. 인격을 갖춘 신이 후퇴하고 이성에 따른 법칙
이 전면으로 등장한 것이다. '자연이라는 책은 수학의 언어로 쓰여
있다'는 갈릴레이(Galileo Galilei)의 말에는 인간 이성을 통해 만물의
이치를 섭렵할 수 있다는 자신감이 배어있는데, 이러한 자신감이 인
간과 사회 영역에서 통용되지 못할 이유가 없었다. 토마스 홉스의 『리
바이어던』은 자연철학의 기하학적 방법론을 사회이론에 적용한 전

---

57) 당시 스코틀랜드의 수도 에든버러는 '북구의 아테네'라 불렸을 정도였다.
미국의 제퍼슨(Thomas Jefferson)은 "세상 그 어느 곳도 에든버러와 경쟁할
수 없을 것이다. 영국과 미국의 대학들은 그 다음 자리에 있다."고 말했고,
프랭클린(Benjamin Franklin)은 "에든버러 대학은 그 어떤 시대나 국가에서도
보기 어려웠던, 일군의 진실로 위대한 인물들로 주요 학과의 교수들을 보
유하고 있다."는 극찬을 남겼다. Letter From Thomas Jefferson to Dugald Stewart,
21 June 1789, in: *Papers of Thomas Jefferson*, Vol. 15, J. P. Boyd(ed.)(Princeton
University Press, 1958); Michael Atiyah, "Benjamin Franklin and the Edinburgh
Enlightenment", *Proceedings of the American Philosophical Society*, Vol. 150, No.
4(2006), pp. 591~593.

형적인 시도였다.[58]

　이후 자연법론은 근대 서양 윤리학의 대표적인 논변이 되었다.[59] 이는 실천이성 개념에 기초한 칸트의 윤리학이 보편화되기까지 유럽 사회를 지배한 흐름이었다.[60] 자연법론의 유행이 막을 내린 후에도 자연법론의 여러 개념들이 학계에서 지속적으로 사용된 것을 보면 그 학문적 위력을 익히 짐작할 수 있다.[61] 나아가 자연법론은 홉스나 로크, 루소(J. J. Rousseau) 같은 탁월한 근대 정치철학자들의 사상적 배경이 되었고, 18세기 미국과 프랑스의 정치적 격변을 주도했던 이념으로서 근대 입헌주의의 토대가 되기도 했다.

　이러한 근대 자연법론은 이성을 자연법의 식별원리로 제시함으로써 신학으로부터 법을 분리했다는 점, 이론의 중점을 의무에서 권리로 이전했다는 점에서 그 이전 시대의 자연법론과 구별되는 특징을 가진다.[62]


## 나. 그로티우스

근대 자연법론의 등장시점을 정확히 특정하기는 힘들다. 근대 자

---

58) 이에 대한 비판은 Hans Welzel, 『자연법과 실질적 정의』, 190~191면.
59) 당시 자연법론을 중심으로 도덕철학을 전개해 나갔던 흐름은 특히 개신교 국가들에서 두드러졌다. 이들은 자연법론을 종래의 전통적인 스콜라 철학에 대한 대안으로 여겼다. Knud Haakonssen, *Natural Law and Moral Philosophy: From Grotius to the Scottish Enlightenment*(New York: Cambridge University Press, 1996)(이하 *Natural Law and Moral Philosophy*), p. 15; James Moore, "Natural rights in the Scottish Enlightenment", p. 292.
60) Knud Haakonssen, *Natural Law and Moral Philosophy*, p. 15. 칸트의 윤리학에 대한 스미스 도덕철학의 영향에 관하여는 같은 책, pp. 148ff 참조.
61) Knud Haakonssen, "Natural Law and the Scottish Enlightenment", p. 50.
62) Edgar Bodenheimer, *Jurisprudence: The Philosophy and Method of the Law*(Cambridge: Harvard University Press, 1981), 이상면 옮김, 『법철학개론』(서울: 법문사, 1996), 50~51면.

연법론 역시 그 이전 시대로부터 전수받은 내용들을 토대로 발전해 나갔기 때문이다.[63] 전통적 사상의 세속화라는 흐름에서 근대 자연 법론의 도약을 이끈 사상가로는 통상 그로티우스(Hugo Grotius)의 이 름이 언급된다.[64] 1648년 베스트팔렌 체제가 성립하기까지 유럽인들 은 종교 분쟁, 30년 전쟁과 같은 극심한 혼란을 겪었는데, 자연법은 이 혼란을 극복하고 질서의 가능성을 모색했던 그로티우스의 발판 이었다. 중세는 신학의 후원을 통해 권위적 질서를 보증할 수 있었 으나, 중세가 막을 내린 이후에는 질서의 새로운 근거를 창출해야 했는데, 이를 위해 그로티우스가 천착한 것이 바로 인간이라는 자연, 즉 인간의 본성이었다. 고대 자연법론으로 시선을 돌렸던 그는 특히 이성적 자연법을 제시했던 스토아주의로부터 큰 영감을 얻었다.[65]

근대 자연법론에 대한 그로티우스의 기여는 크게 세 가지 측면에 서 살펴볼 수 있다. 첫째, 그는 인간의 본성적 측면을 논의의 출발점 으로 삼았다. 그는 인간의 보편적 특성으로 자기보존성과 사회성을 설명했고, 이로부터 자신의 논의를 축조했다. 인간의 자기보존은 고 대 스토아주의자들에 의해서도 언급되었으나, 그들에게 이것은 인간 의 미성숙함으로부터 기인한 문제이므로 교정되어야 할 대상이었 다.[66] 반면에 그로티우스를 포함한 근대 자연법론자들에게 자기보

---

63) 근대 자연법론과 중세 스콜라적 자연법론 간의 연속성에 대해서는 Knud Haakonssen, *Natural Law and Moral Philosophy*, p. 15; Alexander Passerin D'Entrèves, *Natural Law: An Introduction to Legal Philosophy*(New Brunswick: Transaction Publishers, 2009), pp. 53ff.

64) 스미스 역시 그로티우스를 근대 자연법론의 개척자로 설명했다. 『법학강 의(하)』, 5면; 『도덕감정론』, 659~660면.

65) 오병선, "휴고 그로티우스의 법의 개념", 『서강법학』 제5권(2003), 13면; James K. Cameron, "Humanism in the Low Countries", *The Impact of Humanism on Western Europe During the Renaissance*(New York: Routledge, 2013), p. 159; Hans Welzel, 『자연법과 실질적 정의』, 180~184면.

66) Robert L. Arrington, *Western Ethics: An Historical Introduction*(Blackwell Publishers,

존성은 인간의 보편적 본성이었고 더 이상 극복되어야 할 약점이 아니었다. 이와 관련하여 물질 획득을 위한 세속적 욕망이 긍정되었다. 또 이는 사익추구에 대한 종래의 비판에 맞서 세속적 경제활동과 상업문화를 정당화하는 데 기여했고, 나아가 고전 정치경제학과 경제적 자유주의의 기초를 제공했다.

동시에 그는 타인의 운명에 관심을 갖고 그들과 교류하려는 인간의 사회성을 강조했다. 자연법의 기초를 신의 의지에서 찾았던 그로티우스는 이러한 신의 의지가 세계, 즉 그의 피조물들로부터 발견된다고 했다. 그리고 그는 인간의 자기애를 긍정하면서도 그것만으로 신의 의도가 완결되지 않는다고 하면서, 신은 애초부터 타인의 복지에 대한 관심을 인간에게 심어주었다고 설명했다. 자기애와 더불어 타인에 대한 사랑도 인간에게 필수적이며, 이는 본성적으로 타인과 사교하려는 사회적 성향으로 나타난다고 했다.[67]

둘째, 그는 자연법의 존재를 이성적으로 정당화했다. 그로티우스에게 인간 이성의 정당성은 신의 권위를 통해 보증되었다. 자연법은 따라서 인간의 질서가 신의 질서와 부합하는지를 결정하는 기준이 되었다.[68] 그러나 신의 권위를 빌렸다 해서 그가 다시 중세적 세계관으로 회귀한 것은 아니다. 그는 자연법의 이성적 정당성을 신적 권위보다 우위에 둠으로써 기존의 중세적 세계관을 일정부분 극복해 나갔다. 자연법을 신이라 해도 마음대로 할 수 없는 이성적 질서로 규정하면서 이 질서는 신이 존재하지 않는다고 가정하더라도 타당할 것이라고 주장했기 때문이다.[69] 적어도 그는 이 대목에서 신의

---

1998), 김성호 옮김, 『서양 윤리학사』(파주: 서광사, 2003), 186~187면.

67) Hugo Grotius, *Commentary on the Law of Prize and Booty*(Indianapolis: Liberty Fund, 2006)(이하 *Commentary*), pp. 19~27; Hugo Grotius, *The Rights of War and Peace, Book I*(Indianapolis: Liberty Fund, 2005)(이하 *Book I*), pp. 76~81.

68) Hugo Grotius, *Commentary*, p. 25; Hugo Grotius, *Book I*, pp. 150~151.

69) Hugo Grotius, *Book I*, p. 155; Hugo Grotius, *The Rights of War and Peace, Book*

전지전능함을 제한하는 데 성공했다.

셋째, 그는 개인의 권리를 본격적으로 탐구했다. 주관적 권리라는 관념은 중세 말부터 형성되었지만, 그로티우스는 이 논의를 신학으로부터 떼어내 정의의 중심으로 가져옴으로써 권리의 법학적 지위를 확립했다.[70]

그는 이우스(*ius*)를 세 가지 차원으로 분석했다. 첫 번째는 정당한 것 혹은 정의로운 것이라는 속성, 두 번째는 개인에게 귀속되는 주관적인 도덕적 성질로서 개인이 어떤 것을 정당하게 가지거나 행할 수 있도록 하는 것, 그리고 세 번째는 법, 즉 구속력을 가지는 객관적 규칙이라고 했다.[71] 권리는 두 번째에서 말한 주관적 차원에 해당하는데, 이후 자연법론자들의 논의에서 중심이 되어 근대 자연법론의 주요 특징을 이루었다.

권리는 국가 성립에 관한 그로티우스의 설명에서도 핵심적 역할을 했다. 그에 따르면 개인의 자기보존을 위해서는 무엇보다도 공공의 안전을 확보할 국가가 필요한데, 개인이 자신에 대한 완전한 권리를 소유한다면 그 권리를 통치자에게 양도하여 그에게 지배받을 자유도 가진다. 이 과정에서 개인들은 자신이 원하는 모습의 정부를 만들 수 있으며,[72] 이에 의해 통치자에 복종하게 된다.

흥미로운 것은, 이로써 더 이상 통치자에 대한 저항이 허용되지 않는다는 그로티우스의 설명이다.[73] 그는 무분별한 저항이 허용된다면 그것은 더 이상 국가가 아니며 단지 결합되지 않은 군집일 뿐

---

*III*(Indianapolis: Liberty Fund, 2005), p. 1748.

70) Knud Haakonssen, *Natural Law and Moral Philosophy*, pp. 23~24; William A. Edmundson, *An Introduction to Rights*, 2nd ed.(New York: Cambridge University Press, 2012), pp. 13~18.

71) Hugo Grotius, *Book I*, pp. 136~150.

72) 위의 책, pp. 261~262.

73) 위의 책, pp. 262ff, 338~339.

이라고 주장했다. 그는 저항권에 인색했다. 개인의 완전한 권리에서 출발해 절대적 지배체제를 옹호한 대목은 훗날 루소로부터 신랄한 비판을 받았다.[74]

요컨대 그로티우스의 권리 관념은 인간의 개인성과 자율성을 공고히 해 근대 개인주의의 발전에 기여했다.[75] 그러나 개인적 자유가 전면으로 나옴과 동시에 공동선과 의무의 관념은 상대적으로 미약해졌다.

### 다. 홉스와 푸펜도르프

스미스가 "그로티우스 이후 가장 저명한 저술가"로 표현한 토마스 홉스는[76] 바로 이 지점을 파고들었다. 홉스는 논쟁적 인물이었다. 인간의 본성에 관한 그로티우스의 이론을 받아들이면서도 사회성을 제거하고 자기보존성만을 남겨두었기 때문이다.[77] 그는 그로티우스처럼 객관적 법과 주관적 권리를 구분하여, 자연권을 외부적 방해의 부재, 어떤 일을 하거나 하지 않을 자유로, 자연법을 인간의 이성이 찾아낸 계율 또는 일반적 원칙, 어떤 일을 하도록 지시하거나 하지 못하도록 금지하는 것으로 설명했다.[78]

---

74) J. J. Rousseau, *Du Contrat social*(Paris: Gallimard, 1964), 이환(옮김), 『사회계약론』 (서울: 서울대학교출판부, 1999), 38~39면.

75) Knud Haakonssen, "Natural Law and the Scottish Enlightenment", p. 54 참조.

76) 『법학강의(하)』, 5면.

77) Richard Tuck, *Natural Rights Theories: Their Origin and Development*(Cambridge: Cambridge University Press, 1981), p. 81.

78) Thomas Hobbes, *Leviathan, or The Matter, Form, and Power of A Commonwealth, Ecclesiastical and Civil*, William Molesworth(ed.), *The English Works of Thomas Hobbes*(London: John Bohn, 1839~1845), 진석용 옮김, 『리바이어던 1』(파주: 나남, 2008), 176~177면. 스키너는 이러한 홉스의 이해가 자유주의적 의미의 자유에 관한 표준이 되었다고 한다. Quentin Skinner, *Liberty Before Liberalism*

그 다음 그는 주관적 권리 관념을 극단적으로 사고해 질서를 모색했던 이들에게 당혹감을 안겨 줄 주장을 제시했다. 자연상태에서 만인은 육체적으로나 정신적으로 평등하고 능력의 평등으로부터 희망의 평등이 발생하므로, 누구든지 자신의 원에 따라 목적을 설정하고 추구할 자유를 가진다.[79] 그러나 이러한 설명은 자원의 희소성과 결합함으로써 필연적으로 개인들 간의 경쟁과 대립, 투쟁 및 그에 따른 파괴와 정복의 위험성을 낳는데, 이 과정에서 사람들은 타인을 잠재적인 침략자로 간주하므로 타인에 대한 불신을 가질 수밖에 없다. 특히 그는 "만인은 만물에 대한 권리를 가지며, 심지어는 다른 사람의 신체에 대해서까지도 권리를 갖는다."고 주장하여 자연상태에 무질서와 혼란의 속성을 주입했다. 홉스의 유명한 표현에 따르면, 그래서 자연상태는 "만인의 만인에 대한 투쟁"이었다.[80] 국가를 설립해 이 같은 자연상태를 극복하는 일에 압도적인 정당성이 부여되는 것은 당연한 귀결이었다.

그는 오직 인간의 자기보존성에만 의지하여 정치공동체의 등장을 정당화하는 데 성공했다. 여기서 그가 정치공동체에 대한 엄격한 복종을 요구하고 저항권에 소극적인 것 또한 당연한 귀결이었다. 정부의 해체는 전쟁상태의 복원을 의미하기 때문이다. 다만 자기보존의 권리만은 계약으로 양도할 수 없다고 여겼으므로, 적어도 개인의 자기보존을 침해하는 행위에 대해서만은 저항권의 여지를 배제하지 않았던 것 같다.[81]

그러나 사회성을 배제하고 자기보존의 욕구만을 남겨놓은 인간

---

(Cambridge: Cambridge University Press, 1998), 조승래 옮김, 『퀜틴 스키너의 자유주의 이전의 자유』(서울: 푸른역사, 2007), 16면(한국어판 서문), 64면 이하 참조.

79) Thomas Hobbes, 『리바이어던 1』, 168~169면.
80) 위의 책, 169~171면, 177면.
81) 위의 책, 232면, 235면 이하, 294면; Edgar Bodenheimer, 『법철학개론』, 63면.

들로부터 사회계약의 이행과 정치적 복종을 어떻게 담보할 것인가
라는 문제가 주어졌다. 도덕적 의무의 진공상태에서 이익추구의 논
리만으로는 계약의 이행과 그에 기초한 정치적 복종을 설명하기에
는 어려움이 있었기 때문이다.[82]

　푸펜도르프는 이 문제를 해결하고 공공선과 의무의 관념 위에서
질서의 토대를 구축한 대표적 인물이었다. 그는 홉스가 부정한 인간
의 사회성과 그에 따른 의무를 다시금 자연법의 영역으로 끌어들였
다.[83] 홉스는 오직 공포감에 의존해 자연상태에서 사회계약을 이끌
어냈지만, 푸펜도르프가 볼 때 사회성과 의무 관념이 없다면 개인들
이 사회를 구성한 다음에도 만인에 대한 투쟁의식은 완전히 제거되
지 못한 채 잠재되어 있을 수밖에 없다.[84] 사회계약에도 불구하고
여전히 '변형된 자연상태'일 뿐이라는 것이다.

　푸펜도르프는 인간이 사회에서 유용한 구성원이 되기 위해 필요
한 사항을 명하는 규범을 자연법이라고 불렀으며, 그중에서도 "모든

---

82) 계약을 통해 복종의무가 발생하기 위해서는 계약 이전에 약속은 준수되어
　야 한다는 모종의 사회적 계율이 먼저 존재해야 한다는 지적은, David
　Hume, *A Treatise of Human Nature, Book 3*, edited with an analytical index by L.
　A. Selby-Bigge(Oxford: Oxford University Press, 1980), 이준호 옮김, 『인간 본성에
　관한 논고 3: 도덕에 관하여』(파주: 서광사, 1998)(이하 『인간 본성에 관한
　논고 3』), 102면 이하.

83) Samuel von Pufendorf, *The Whole Duty of Man According to the Law of Nature*,
　Andrew Tooke(tr.), Ian Hunter and David Saunders(eds.)(Indianapolis: Liberty Fund,
　2003)(이하 *The Whole Duty of Man*), pp. 53~56. 푸펜도르프가 스토아주의로
　회귀함으로써 홉스의 관점에서 탈피할 수 있었다는 평가도 있다. 여기서
　말하는 스토아적 요소는 사회성의 회복을 가리킨다. Bo Lindberg, "Stoicism
　in Political Humanism and Natural Law", Erik Bom, Marijke Janssens, Toon van
　Houdt(eds.), *(Un)masking The Realities of Power: Justus Lipsius and the Dynamics
　of Political Writing in Early Modern Europe*(Leiden: Brill, 2011), p. 89.

84) Michael Nutkiewicz, "Samuel Pufendorf: Obligation as the Basis of the State", *Journal
　of the History of Philosophy*, Vol. 21(1983), pp. 193~194.

사람은 사회성, 즉 인류의 복지를 보존하고 발전시켜야 한다."는 것을 근본계율로 규정하고, 나머지 계율들은 모두 이 근본계율 아래로 포섭된다고 했다.[85] 그는 인간 이성을 통해 자연법의 내용을 인식하는 문제와 자연법에 대한 인간의 의무를 근거지우는 문제를 별개로 다루었다. 전자는 자연법에 관한 인식의 근거를 묻는 문제로, 그것을 인식하는 이성의 능력을 가정함으로써 해소될 수 있었다. 그러나 계율의 인식만으로 그에 대한 당위적 구속까지 보증할 수는 없었다. 그는 자연법을 신의 명령으로 이해함으로써 그에 대한 의무를 도출했다.[86] 의무는 따라서 그의 자연법론의 중심에 있었다.

한편 푸펜도르프에 따르면 인간은 충분한 안전을 확보하기 위해 국가를 설립했는데, 이 과정은 두 번의 협약(covenants)과 하나의 결정(decree)으로 이루어졌다.[87] 첫 번째 협약은 사람들이 시민사회를 구성하기로 하는 합의로서 사람들 상호간에 성립된다. 이어서 사람들은 공적 결정을 통해 어떤 형태의 정치체제를 도입할 것인지를 정하는데, 이는 곧 헌법을 제정하는 일이다. 그 후 두 번째 협약을 통해 통치를 맡을 자를 정하는데 이를 통해 통치자는 공동의 안전을 위해 노력할 의무를, 피치자는 그에게 복종할 의무를 지게 된다. 이 복종은 매우 엄격한 것이므로 설사 통치자가 가혹한 침해를 가한다 하더라도 그에게 칼을 들어 저항하기보다는 견뎌낼 것을 요구했으나, 다만 자기보존의 본성에 비추어 적이 되어버린 통치자의 극단적인 폭력으로부터 스스로를 보호할 권리까지는 부정하지 않았다.[88]

---

85) Samuel von Pufendorf, *The Whole Duty of Man*, pp. 56, 95ff, 100ff, 104ff.

86) 위의 책, pp. 57~58 참조.

87) 위의 책, pp. 195~196; 정일영, 『푸펜도르프의 자연법적 국가론-De Officio를 중심으로-』, 서울대학교 석사학위논문(2013), 69면 이하.

88) Samuel von Pufendorf, *The Whole Duty of Man*, p. 209; Samuel von Pufendorf, *Of the Law of Nature and Nations*, Basil Kennett(tr.), 4th ed.(1729), p. 722.

## 2. 자연법론과 스코틀랜드 계몽주의

스코틀랜드 계몽주의자들은 근대 자연법론, 그중에서도 특히 푸 펜도르프의 이론으로부터 큰 영향을 받았다. 그 무렵 북구의 개신교 대학들은 푸펜도르프의 자연법론을 윤리학 수업의 표준적인 교육내 용으로 다루었고, 그의 이론이 압축된 『인간과 시민의 의무에 관하 여』(On the Duty of Man and Citizen)는 그 시기에 가장 권위 있는 교재 로 이용되었다.[89]

당시 스코틀랜드의 학계에서 자연법론의 전통을 세운 대표적 인 물이었던 카마이클(Gershom Carmichael)은 특히 푸펜도르프의 이론에 매료되어 1690년 무렵 글래스고 대학의 커리큘럼에 푸펜도르프의 저 작들을 도입하는 교육과정 개편을 주도했다. 카마이클이 자연법론 을 개척했다면, 이를 이어받아 스코틀랜드 특유의 도덕철학 기틀을 마련한 것은 허치슨이었다. 그는 카마이클로부터 전수받은 자연법 론을 샤프츠베리(Anthony Ashley Cooper, 3rd Earl of Shaftesbury)의 도덕 감각론을 토대로 재구성했다. 인간의 도덕적 능력의 원천을 도덕감 각(moral sense)에서 찾았던 샤프츠베리의 입론은 허치슨의 도덕철학 으로 녹아들어,[90] 도덕의 원천을 이성이 아니라 감각 혹은 감정에서 찾는 스코틀랜드적인 도덕철학의 특징을 이루었다. 허치슨은 감각 론에 기초한 도덕철학 속에서, 인간은 어떤 행위나 대상으로부터 즐 거움과 고통을 느끼는 감각을 가진다고 전제했고, 특히 유덕하다고 여겨지는 이성적 인간의 감정, 행위, 성격을 보며 즐거움을 느끼는

---

89) David Lieberman, "Adam Smith on Justice, Rights, and Law", Knud Haakonssen(ed.), *The Cambridge Companion to Adam Smith*(Cambridge: Cambridge University Press, 2006), p. 220.

90) 허치슨의 도덕철학에는 자연법론과 샤프츠베리의 공화주의적인 사고가 공존했다. Knud Haakonssen, *Natural Law and Moral Philosophy*, pp. 63~85; James Moore, "Natural rights in the Scottish Enlightenment", pp. 299~302.

것을 도덕감각이라고 정의했다.[91]

샤프츠베리로부터 물려받은 덕성론은 허치슨 도덕철학의 또 다른
기초가 되었다. 덕성론은 대륙의 자연법론과 구분되는 스코틀랜드적
인 자연법론의 고유한 특색이었는데, 허치슨은 덕성의 판단대상을 행
위의 기초가 되는 감정(affection)으로 설정하고, 자비(benevolence)를 그
것의 핵심으로 이해했다. 이 자비는 타인에 대한 사랑과 애정을 뜻
했다.[92] 그는 타인에 대한 사심 없는 사랑에 기초한 자애로운 행위
에 덕성의 자격을 부여했는데,[93] 여기서 자비는 공익을 우선시하는
공화주의 덕성의 새로운 표현으로 해석된다. 자비, 즉 타인에 대한
애정과 선한 마음은 그것을 가지려는 인간에게 특별한 자질을 요구
하지 않는다는 점에 주목할 필요가 있다. 자비는 노력의 여하에 따
라서 누구나 쉽게 득할 수 있는 덕성이므로, 영웅적인 덕성(heroic
virtue)에 해당하지 않는다. 예컨대 그는 "군주, 정치인, 장군"뿐만 아
니라 "정직한 상인, 친절한 친구, 충직하고 신중한 조언자, 자비롭고
호의적인 이웃, 상냥한 남편, 다정한 부모, 침착하나 유쾌한 동료, 공
로에 대한 너그러운 조력자, 논쟁의 열기를 낮추는 사려 깊은 사람,
지인들 사이에서 사랑과 좋은 생각을 장려하는 사람"으로부터도 덕
성을 발견할 수 있다고 주장했다.[94]

---

91) Francis Hutcheson, *An Inquiry into the Original of Our Ideas of Beauty and Virtue
in two Treatises*, in: *The Collected Works and Correspondence of Francis Hutcheson*,
Wolfgang Leidhold(ed.)(Indianapolis: Liberty Fund, 2004), pp. 8~9.
92) 김병곤, "Adam Smith의 도덕과 정의", 240면의 주 4; Francis Hutcheson, *An
Inquiry Concerning the Original of our Ideas of Virtue or Moral Good*, in: *The
Collected Works and Correspondence of Francis Hutcheson*, Wolfgang Leidhold
(ed.)(Indianapolis: Liberty Fund, 2004)(이하 *Virtue or Moral Good*), pp. 101~103. 허
치슨의 자애 개념은 기독교적 관점에서 설명되고 있다. J. B. Schneewind,
"Classical Republicanism and the History of Ethics", *Utilitas*, Vol. 5, No. 2(1993), pp.
197~198, 201.
93) Francis Hutcheson, *Virtue or Moral Good*, p. 108.

허치슨은 전통적 공화주의의 색채를 반영한 자비 개념을 매개로
하여 자연법론의 논의들을 포섭했다. 인간성의 본질로 상정된 타인
에 대한 사랑은 그로티우스와 푸펜도르프가 인간의 본성으로 여겼
던 사회성에 대응하는 것이었다.[95] 그는 당시 자연법론의 핵심 주제
였던 권리, 의무, 정의 등을 자비 개념을 토대로 재구성했다. 그에 따
르면 법의 제재는 공익추구를 향한 의무감을 부여하기 위하여 필요
했다.[96] 법은 자비를 관철하기 위한 수단이므로, 자비가 자연적으로
발휘되는 곳이라면 법이 개입할 여지가 없기 때문이다. 이기적 열정
이나 타산적 동기에 휩싸여 그러한 덕성을 실천하지 못하고 있을 때
그 실천을 강제하는 것이 바로 법이며, 따라서 자연법에 대한 의무
의 법적 관철은 자비의 덕성이 작동하지 않는 범위에서 보충적으로
필요하다는 것이었다. 이는 허치슨에게 공화주의의 기획이 우선적
인 의미를 가지고, 자연법론은 그것을 보완하기 위한 보충적인 것임
을 뜻한다.

한편 푸펜도르프와 유사하게 허치슨도 국가의 성립을 위해 두 번
의 협약과 하나의 결정이 필요하다고 했다.[97] 그리고 정부는 공익을
추구해야 한다는 암묵적 전제가 존재하므로, 권한을 전적으로 양도
한다 하더라도 이러한 전제를 공공연히 부정하는 정부라면 권한 양
도는 무효가 된다고 했다. 또한 불가양적인 권리에 대한 침해가 발
생할 때에는 언제든지 저항권이라는 완전한 권리의 행사가 가능하
다고 보았다. 다만 그는 저항권에는 그 행사로써 얻을 수 있는 이익

---

94) 위의 책, pp. 134~135; J. B. Schneewind, *The Invention of Autonomy: A History of Modern Moral Philosophy*(New York: Cambridge University Press, 1998), p. 335. 정직한 상인에 관한 언급은 훗날 『국부론』에 등장할 '푸줏간 주인'에 관한 유명한 설명을 연상시킨다. 『국부론(상)』, 19면 참조.

95) Knud Haakonssen, "Natural Law and the Scottish Enlightenment", p. 62.

96) Francis Hutcheson, *Virtue or Moral Good*, pp. 178~179.

97) Francis Hutcheson, *A System of Moral Philosophy*, Vol. 2(London, 1755), p. 227.

이 그로부터 초래되는 해악을 능가할 때에만 정당화된다는 한계를 인정했다.[98] 다시 말해, 비록 통치자가 덕성이 부족하고 잘못이 있다 해도 공익을 위해서는 통치자의 존재가 필요하고 급격한 변화는 많은 위험과 해악을 초래하므로 복종의무가 사라지지 않지만, 만약 통치의 문제점이 그러한 해악을 뛰어넘을 정도라면 통치자로부터 권력을 빼앗아야 한다는 것이다.[99] 뒤에서 보듯이 저항권에 대한 이같은 논법은 스미스에서도 유사하게 발견된다.

## III. 자연법론과 근대 입헌주의

근대 자연법론은 사변적 철학에 머물지 않고 현실의 지도이념으로서 강력한 힘을 발휘했다.[100] 정치적으로 이 이론은 18세기 미국과 프랑스의 혁명적 사건들을 이끌어 낸 사상적 배경이었다. 이 무렵 미국에서 나온 정치적 선언문들과 프랑스의 '인간과 시민의 권리 선언'이 추구한 핵심 가치가 바로 자연권이었다. 이 이론은 특히 근대 입헌주의의 형성과 발전에 상당한 영향을 끼쳤는데, 그 주요한 특징들은 스미스의 통치론에서도 크게 다르지 않으므로 몇몇 중요한 측면들을 다음과 같이 추려 본다.

첫째, 이 이론은 인간의 본래적 평등을 논의의 전제로 삼았다.[101] 고대와 중세는 신분제적 질서를 바탕으로 했기 때문에 인간은 개인이기 이전에 그가 속했던 신분제적 질서 속에서 부여된 정체성으로

98) Francis Hutcheson, *Virtue or Moral Good*, p. 193.

99) Francis Hutcheson, *A System of Moral Philosophy*, Vol. 2, pp. 269~270.

100) 박은정, 『자연법의 문제들』, 156면 이하 참조.

101) 계급이나 지위에 관한 고전적 관념으로부터 근대적 평등 관념으로의 전환이 근대 입헌주의에 큰 영향을 주었다는 지적은 Richard Bellamy, Political *Constitutionalism: A Republican Defence of the Constitutionality of Democracy* (Cambridge: Cambridge University Press, 2007), pp. 198ff.

식별되었다. 국가와 통치에 관한 고대와 중세의 이론에서 신분제적 질서는 논의의 전제이자 동시에 목적이기도 했다. 반면 근대 자연법론은 인간의 평등성을 논의의 출발점 혹은 일종의 공리로 받아들였다. 신분제적 기초와 단절하고 개인의 평등성을 새로운 토대로 둔다면 국가와 통치를 둘러싼 그간의 논의들도 그에 맞추어 다시 구성되어야 하는데, 근대 자연법론은 이러한 단절의 산물이었다.

둘째, 이 이론은 인간이 자연적으로 갖는 권리를 상정했다. 종래 국가가 일종의 주어진 현실이었다면, 근대 자연법론에서 국가는 개인이 갖는 자연권을 보장하기 위해 인위적으로 고안된 제도적 수단이었다. 개인은 자신의 삶을 자기가 원하는 대로 영위한다는 사적 자율성과 집합적 차원에서 공통의 문제를 협력적으로 다루어 가는 데 필요한 공적 자율성을 공히 향유하는 존재로 상정되며, 이로써 개인 각자는 세계의 고유한 중심이 되었다.

이에 국가는 권리에 기초한 자율성을 보장한다는 특정한 목적과 청사진을 가지는 규범적 존재로 자리매김했다. 근대 국가는 이런 목적과 청사진에 따라 의식적으로 만들어진 현실로서 이해되기 시작한 것이다.[102] 이로부터 국가권력의 문제를 새롭게 고찰할 필요성이 생겨났다. 권리에 기초한 자율성을 보장하기에 적합한 제도와 방식은 무엇인가라는 물음과 그에 대한 답변들이 중요해졌다. 이 과정에서 권력분립, 사법권 독립 등 근대 국가의 기본적 틀에 관한 논의들이 본격화되었고, 미국혁명처럼 그것을 현실화하려는 시도들이 일정 부분 성공을 거두기도 했다. 비록 현재는 자연법에 관한 논의들이 힘을 잃었지만, 근대 자연법론이 탐색했던 주요한 내용이나 가치들은 오늘날 헌법의 형식을 빌려 국가법질서에서 여전히 관철되고 있

---

102) Gianfranco Poggi, *The Development of the Modern State: A Sociological Introduction* (Stanford University Press, 1978), 박상섭 옮김, 『근대국가의 발전』(서울: 민음사, 1995), 154~155면.

다는 점에서 이 이론의 현재적 함의를 간과하기 어렵다.

셋째, 이 이론은 국가권력의 제한에 관한 문제의식을 발전시켜 갔다. 물론 국가권력의 제한성을 자연법론의 본질로 보기는 어렵다. 자연법론에 입각해서도 그로티우스나 홉스, 푸펜도르프처럼 법에 구속받지 않는 주권자의 최고성을 논증할 수 있다.[103] 그러나 로크의 입론에서처럼 개인의 자유와 권리를 보호하기 위한 국가권력의 제한가능성이 점차 비중 있게 논의되었다. 이는 스미스에게도 마찬가지였다.

## 제4절 정리

본장에서는 국가와 통치 문제에 관한 스미스의 논의로 나아가기 위한 사전 작업으로서, 스미스 생전인 18세기 유럽의 시대상황과 그 시대의 주요한 지적 배경이라 할 그로티우스 이래 전개되었던 근대 자연법론에 관하여 살펴보았다.

그는 정치적으로는 명예혁명 이후 확립된 영국의 입헌군주제와 휘그주의 이념을 배경으로 했고, 경제적으로는 중상주의로부터 경제적 자유를 자유롭게 하려고 노력했다. 스미스는 자신이 어떤 지적 전통을 따른다거나 사상적 그룹에 속해 있다고 밝힌 적이 없었다. 그래서 혹자는 그를 어떤 특정한 사상적 전통하에 두는 태도가 잘못이라고도 주장했다.[104] 그러한 태도는 박학하고 독창적이며 체계적인 사상가인 스미스의 작업을 지나치게 단순화할 위험이 있다는 것

---

103) Hugo Grotius, *Book I*, p. 259; Thomas Hobbes, 『리바이어던 1』, 239면 이하; Samuel von Pufendorf, *The Whole Duty of Man*, pp. 199, 208~209.

104) Spencer J. Pack, *Aristotle, Adam Smith and Karl Marx: On Some Fundamental Issues in 21st Century Political Economy*(Cheltenham: Edward Elgar, 2010), p. 90, n. 6.

이다. 그러나 그에게 독창적인 면이 있다는 것과 그가 그 당시 어떤 지배적 사조로부터 영향을 받았다는 것은 양립가능하다.

이상의 배경들을 바탕으로 우리는 개인의 자유와 권리, 통치의 성립과 역할 등에 관한 그의 시각들을 살펴볼 것이다.

# 제3장 개인의 자유와 권리

본장은 스미스의 이론에서 개인에 관한 논의를 다룬다. 일반적으로 통치론(Theory of Government)은 국가통치권의 기원, 통치조직과 구성, 정부형태, 시민의 정치적 역할 등에 관한 원리적 탐구를 일컫는데, 스미스는 그러한 논의를 사회의 가장 작은 단위인 개인으로부터 시작했다. 따라서 그의 통치론을 논하기 위해서는 개인에 대한 부분을 먼저 살펴볼 필요가 있다.

근대 초기 정치철학의 중요한 문제는 태초에 평등하고 자유로운 개인들로 구성된 사회에서 어떻게 국가라는 공적 권위를 창출하여 그에 대한 의무를 확보할 것인가에 관한 물음에 있었다. 그 해답을 확실성의 토대 위에서 찾기 위해 스미스를 위시한 그 당시 여러 사상가들은 인간이 보편적으로 가지는 본성에 주목했고, 그로부터 출발해 자유와 권리를 논하고 나아가 국가의 성립을 설명했다. 이에 본장에서는 스미스가 통치론의 바탕으로 두었던 개인, 특히 그의 자유와 권리를 어떻게 이해했으며(제2, 3절), 그것의 기초로서의 도덕을 어떻게 확립했는지(제1절)를 살펴본다.

## 제1절 도덕과 덕성

### Ⅰ. 도덕론

#### 1. 인간의 본성

당시 유행했던 자연법론의 일반적 논법처럼 스미스도 인간본성론을 논의의 출발점으로 삼았다. 『도덕감정론』의 곳곳에는 '자연' 혹은 '본성'을 의미하는 nature가 반복적으로 등장하는데, 이는 그의 도덕철학이 인간 본성에 관한 고찰과 밀접한 관련이 있음을 보여준다. 『도덕감정론』 본문의 첫 문장은 다음과 같은 인간의 본성에 관한 설명으로 시작한다.

> 인간이 아무리 **이기적인 존재**라 하더라도, 그의 본성에는 이와 상반되는 몇 가지 원리들이 존재한다. 이 본성으로 인하여 인간은 타인의 운명에 관심을 가지게 되고, 단지 그것을 바라보는 즐거움 외에는 아무 것도 얻을 수 없다고 하더라도 **타인의 행복**을 필요로 한다.[1]

자기보존을 위한 욕망은 인간 본성의 가장 중요한 부분이다. 모든 인간은 자신을 타인보다 우선시하고 그 누구보다 자신을 더 사랑하며, 자신의 기쁨과 고통을 타인의 그것보다 더 예민하게 느낀다. 아울러 인간은 타인보다 자기 자신을 돌보는 데 더 적합하고 유능하다. 이 자기보존성은 인간으로 하여금 자신의 건강이나 생명, 재산에 관심을 기울이게 만드는 원동력이다.[2]

동시에 모든 인간은 사회에 대한 타고난 애정, 즉 사회성을 본성적으로 가진다.[3] 인간이 이러한 두 가지 본성을 가진다는 인식은 그로티우스 이래의 전반적 흐름과 일치한다. 그러나 이 두 관념은 별개로 존재하지 않고, '인간은 오직 사회 속에서만 안전하게 살아갈 수 있다'는 측면을 매개로 하나의 관념을 형성한다.[4] 인간의 자기보

---

1) 『도덕감정론』, 3면(강조는 필자에 의한 것이고, 일부 수정하여 인용함, p. 9). 박세일의 번역본은 nature를 주로 '천성'으로 번역하나, 필자는 이를 모두 '본성'으로 수정해 인용했다. '본성'이라는 용어가 근대 자연법론의 문제의식을 더 정확히 전달할 수 있기 때문이다.
2) 위의 책, 144면, 156면, 415면, 583면.
3) 위의 책, 167면.
4) Joseph Cropsey, *Polity and Economy*, pp. 38~39.

존은 사회의 보존에 의존하므로,5) 사회에 대한 관심과 애정 역시 궁극적으로는 자기보존성과 무관하지 않다. 여기서 스미스는 평화롭게 살기 위해 사회를 지향한다는 그로티우스와 자기보존을 위해서는 사회성이 필요하다는 푸펜도르프의 설명을 따르고 있다.6) 인간은 본성적으로 타인의 운명과 행복에 대한 관심을 가지지만 이것도 결국은 자기 행복의 필수적인 조건으로서 그러한 셈이다.

스미스에게 이 두 본성은 내용뿐만 아니라 역할에서도 차이가 있다. 자기보존과 연관된 본성은 자신의 생명을 보존하려는 노력, 자신의 기본적 욕구를 채우기 위한 노력, 그에 필요한 물질들을 얻고 유지하고 확대하기 위한 노력, 더 나아가 보다 향상된 삶을 영위하기 위한 노력과 같이 자신의 행복을 만들어 내는 힘을 생성한다. 기본적 욕구의 충족을 위한 노력은 인간이나 동물이나 다를 바 없지만, 스미스는 보다 나은 삶을 위한 노력은 인간에게만 해당되는 것이라고 했다.7) 그는 이를 상태개선을 위한 노력(effort to better his condition)이라고 불렀다. 이 노력에 힘입어 "개선을 향한 사물의 자연적 진행"이 가능하고, 그 속에서 개인적 및 사회적 풍요가 달성된다.8) 간추려 말하자면, 자기보존성은 개인과 사회의 진보와 풍요를 가져오는 동력이다.

반면에 타인의 복리에 대한 관심에 기초한 사회성은 인간이 사회적 존재로서 갖는 특성과 관련된다. 스미스는 타인의 행복과 불행에 반응하는 인간 본성이 도덕규범과 양심의 토대가 된다고 했다. 자기보존성은 인류의 물질적 진보를 추동하는 원동력이나 이를 무한정

---

5) 『도덕감정론』, 162면, 167면.
6) Hugo Grotius, *Book I*, pp. 79~80; Samuel von Pufendorf, *The Whole Duty of Man*, pp. 55~56.
7) 『법학강의(하)』, 187~188면.
8) 『국부론(상)』, 420면; 『법학강의(하)』, 187면 이하.

으로 인정할 경우에는 탐욕으로 이어져 사회의 혼란과 갈등을 야기한다. 따라서 이 본성은 적절한 수준에서 발휘되어야 하는데, 이 적절성을 규율하는 것이 바로 사회성으로부터 생성되는 도덕규범과 양심이다. 이러한 도덕규범들이 자기애에 기초한 행위들을 교정하는 역할을 하고, 스미스가 양심이라고도 표현한 내면의 재판관은 인간이 맹목적으로 그 자신의 이익에 매달리는 행위를 자제하게 만든다.[9] 이 규범들과 내면의 목소리는 따라서 사회질서의 토대를 제공하고 사회가 이기적 주체들의 혼란스러운 각축장으로 전락하지 않도록 막아준다. 이런 접근법은 일찍이 인간의 사회성을 규범의 토대로 보았던 그로티우스로부터 엿볼 수 있다. 그는 "타인의 권리를 침해하지 않는 것, 다른 사람의 것을 가지는 것 혹은 다른 사람의 것을 통해 우리가 얻은 이익에 대하여 보상하는 것, 약속을 이행할 의무, 자신의 과오로 인한 손실의 보상, 사람들 사이에서 처벌이 필요한 것들"이 여기에 속한다고 했는데,[10] 스미스 역시 기본적으로 이러한 이해를 공유했다.

자기보존성과 사회성은 인간이 개체로서 존립한다는 측면과 그가 궁극적으로 사회 속에서 살아갈 수밖에 없다는 측면에 대응하는 본성이다. 이 둘은 서로 배척하는 관계처럼 보이지만, 자기보존성은 인간이 사회 속에서 더 큰 안전을 보장받는다는 측면에서 사회성에 의지하므로 양자는 사실 밀접한 관계에 있다. 따라서 자기보존성에 기초한 행위는 사회의 존립이나 유지를 해하지 않는 범위에서 허용되며 사회의 유지와 번영을 위해 규제될 수 있다. 이는 뒤에서 보듯이 자유에 대한 규제를 정당화하는 스미스의 주요한 논변으로 등장한다.

---

9) 『도덕감정론』, 253면, 297면.
10) Hugo Grotius, *Book Ⅰ*, pp. 85~86.

## 2. 공감작용

### 가. 도덕판단의 원리

『도덕감정론』의 핵심은 인간 사회의 도덕원리를 규명하는 데 있었다. 그리고 이 대목에서 스미스는 공감(sympathy)이라는 특유의 현상에 주목했다. 도덕규범의 기초를 이성이나 관습이 아니라 인간의 감정이나 감각에서 찾는 것은 당시 스코틀랜드 계몽학파의 주요한 특징이었는데, 그중에서도 흄의 공감 개념은 스미스에게 큰 영향을 끼쳤다. 공감은 인간이 본성적으로 타인의 감정에 함께 반응한다는 것인데, 이 원리의 본성적 기원에 관하여 스미스는 다음과 같이 말했다.

> 자연이 인간을 사회에서 살아가도록 만들었을 때, 자연은 인간에게 자신의 동포들을 기쁘게 해주고 싶어 하는 본원적 욕구와 그들을 불쾌하게 하는 것에 대한 본원적 혐오를 부여하였다. 자연은 동포들의 호의에 기쁨을 느끼고, 동포들의 혐오에 고통을 느끼도록 가르쳐주었다.[11]

스미스는 인간이 타인의 감정에 관심을 갖는 현상을 인간의 보편적 모습으로 이해하면서, 타인의 감정으로부터 유발된 감정을 동료감정(fellow feeling)이라고 불렀다. 이 동료감정은 타인이 처한 상황에 스스로를 대입시킴으로써 자신의 마음속에서 타인이 느꼈을 법한 감정을 재현한 것이다. 즉 "마치 우리가 타인의 몸속에 들어가서 어느 정도 그와 동일인이 되고, 그럼으로써 타인의 감각에 대한 어떤 관념을 형성하며, 비록 그 정도는 약하다 할지라도, 심지어는 타인의 것과 유사한 감각을 느끼게 되는 것과 같다."[12] 그는 다양한 동료감

---

11) 『도덕감정론』, 221면(일부 수정하여 인용함, p. 116). 동일한 취지의 서술로, 같은 책, 241면.

정들, 즉 인간이 타인의 다양한 격정(passion)을 스스로의 내면에서
재생시킨 감정을 총칭하는 표현으로 공감이라는 용어를 제시했다.
이 공감작용의 비결은 역지사지(易地思之)이다. 역지사지를 통해 관
찰자는 행위자의 슬픔을 같이(sym) 느끼게(pathos) 된다. 스미스의 공
감에는 인간들 사이의 내면적 상호의존성이 전제되어 있었다.

근대 자연법론은 스토아주의로부터 상당한 자양분을 얻었는데
스미스의 공감 역시 마찬가지이다. 스토아적 심파테이아(sympatheia)
에는 우주적 조화에 관한 철학적 믿음이 담겨 있다.[13] 원래 심파테
이아는 어떤 신체기관에 문제가 생기면 이로 인해 다른 기관들도 영
향을 받는 현상처럼 인접해 있지 않은 신체기관들이 서로 영향을 주
고받는 것을 뜻했다. 스토아주의자들은 영혼이 서로 떨어져 있는 신
체기관들을 내적으로 연결하는 매개가 된다고 생각했다. 그런데 그
들은 이 관념을 더욱 확장하여 인간과 우주의 관계에도 적용했다. 모
든 자연은 서로 영향을 주고받는 관계에 있으므로, 현실 세계에서 일
어나는 일들은 전체로서의 자연과 우주 속에서 그에 상응하는 반응
과 어우러져 질서와 조화를 형성한다는 것이다. 스미스의 공감과 스
토아주의의 심파테이아가 완전히 동일한 의미를 가지는 것은 아니지
만, 스미스가 스토아주의의 핵심적 개념어를 자신의 철학 안으로 가
져온 사실, 그리고 그 역시 스토아주의의 세계관과 흡사하게 세상의
조화와 자연적 질서의 가능성을 신뢰한 사실을 고려하면, 동일한 어

---

12) 위의 책, 4면.
13) 스토아주의의 심파테이아 및 우주적 조화에 대한 본문의 설명은 Eyjolfur
   Kjalar Emilsson, *Plotinus on Sense-Perception: A Philosophical Study*(New York:
   Cambridge University Press, 1988), p. 47; Jean-Baptiste Gourinat, *Le stoïcisme*(Paris:
   Presses universitaires de France, 2007), 김유석 옮김, 『스토아주의』(파주: 글항아
   리, 2016), 118~119면 참조. 스미스의 공감이 스토아주의의 심파테이아로부
   터 유래했다는 점은 D. D. Raphael, *Adam Smith*(Oxford University Press, 1985),
   변용란 옮김, 『애덤 스미스』(서울: 시공사, 2003), 106면.

원을 갖는 개념어의 공유를 그저 우연의 산물로 치부하기 힘들다.

스미스는 도덕적 평가의 본질을 감정의 적정성 평가로 이해했다. 공감작용은 이러한 감정의 적정성 평가를 위한 기준이었다. 스미스의 설명은 이렇다. 관찰자는 역지사지를 통해 그 행위자의 감정을 함께 공유하게 되고, 관찰자의 유발된 감정에 비추어 행위자의 원 감정의 적정성을 평가하게 된다. 관찰자 감정을 기준으로 행위자의 감정이 과하다면, 관찰자는 행위자의 감정과 그에 기초한 행위를 적정한 것으로 인정하지 않는다. 반대로 행위자의 감정이 관찰자의 그것과 비교해 과하지 않다면, 관찰자는 행위자의 감정과 그의 행위를 적정한 것으로 인정할 것이다. 공감작용에 기초한 도덕적 판단의 핵심은 이처럼 관찰자의 적정성 승인여부, 즉 행위자의 원 감정과 그로부터 관찰자에게 유발된 감정을 비교한 적정성 판단에 있다. 물론 두 주체의 감정이 완전히 일치해야만 행위자 감정의 적정성을 인정할 수 있는 것은 아니다. 이것은 현실적으로 불가능에 가깝다. 이에 스미스는 자신의 공감작용에서 행위자의 원 감정과 그로부터 관찰자에게 유발된 감정이 완전히 동일해지는 수준까지 요구하는 것은 아니고, 두 감정이 서로 조화(correspondence, concord)를 이루는 수준이면 충분하다고 했다.14)

## 나. 반성적 주체로서 개인

이상의 논의는 행위자와 관찰자의 구분을 전제로 하지만, 스미스는 이러한 복수적 주체들을 단수적 주체 내로 응축시킴으로써 반성적이고 자율적인 도덕적 개인의 형성원리를 설명했다. 비결은, 타인을 평가하는 관찰자적 시선을 스스로에게 돌려 반성적 구도를 만드

---

14) 『도덕감정론』, 31면(p. 22).

는 것이었다. 관찰자로서 타인을 평가했던 경험들은 타인들 역시 같은 방식으로 나 자신을 평가하고 있음을 깨닫게 만든다. 이를 통해 한 개인의 내면은, 행위자로서 관찰되고 심판되는 자아와 관찰자로서 이 자아를 평가하고 심판하는 자아가 공존하는 상태가 된다.[15] 여기에는 이중(二重)의 과정, 즉 타인에 대한 자신의 시선으로부터 자신에 대한 타인의 시선을 깨닫는 과정과 후자를 내면화하여 자기 자신을 관찰하는 과정이 개입된다.

스미스는 이를 통해 얻는 반성적 능력, 혹은 스스로를 객관적 시선으로 바라보고 평가하는 능력을 인간의 고귀한 특성으로 여겼다. 현실의 타자가 외부의 관찰자라면, 내부의 관찰자는 외부의 시선을 내면화한 산물, 다시 말해 타자를 내면화한 자아였다. 그는 이 자아를 "가상의 공정한 관찰자", "자기 가슴 속에 있는 사람", "가슴 속의 동거인", "내부인간", "우리 행위의 재판관 및 조정자", "반인반신" 등으로 불렀다.[16]

세인들로부터 인정받는 것은 좋은 일이나, 스미스에게 더욱 중요한 일은 이 내부의 관찰자로부터 인정받는 것이었다. 세속적 가치로부터 초연한 현자를 동경했던 스토아주의의 영향이 엿보이는 대목이다. 스미스는 내부의 관찰자로 의인화된 인간의 반성 능력을 인간 본연의 특성으로 이해하고, 이를 통해 개인의 자율적인 도덕적 판단이 가능하다고 믿었다.

## 다. 일반적 규칙

스미스는 공감작용에서 시작해 사회에서 일반적 규칙이 형성되는 과정을 설명했다. 처음에는 타인의 행위에 대한 적정성 판단이

---

15) 위의 책, 214면.
16) 위의 책, 242면, 243면, 249면, 253면, 465면, 470면.

개인에 의해 개별적 차원으로 이루어지겠지만, 이 판단이 사회적 차
원으로 확산되어 복수의 사람들에 의해 반복적이고 중첩적으로 이
루어지면 일반화되고 평균화될 것이다. 스미스는 이 과정을 거쳐 일
반적 효력을 갖는 규범이 탄생한다고 했다. 이 규범은 사회의 도덕규
범이자, 정치의 작동 없이도 성립되는 자연적 규범이다. 개인들의 개
별적 공감작용이 사회적 차원에서 일반화됨으로써 도덕규범이 형성
된다는 설명은 도덕규범의 원천을 신의 직접적인 계시에서 찾거나
신이 만든 법칙을 발견하는 이성에서 찾았던 종래 논법과 구별된다.
이 규범은 의도적으로 '만든 것'이 아니라, 감정의 적정성 판단이라는
전체 사회구성원들의 정서적 상호작용 속에서 '만들어진 것'이다.[17]
　　이 자연적 규범은 사회의 자연적 질서를 구성하는 요소인데, 이
것의 함의는 홉스와 비교할 때 분명히 드러난다. 홉스는 인간 본성
에서 사회성을 제거함으로써 자연상태를 규범의 진공상태, 즉 만인
의 만인에 대한 투쟁상태로 설명한 반면, 스미스는 정치적 공동체의
부재 속에서도 질서의 성립가능성을 일정부분 인정했다. 이 점에서
스미스는 자연상태를 방종의 상태가 아닌 자유의 상태로 규정한 로
크에[18] 가까웠다.

## II. 덕성론

### 1. 기본덕성론

덕성은 서양 윤리학의 오랜 주제이다. 도덕철학자로서 스미스가

---

17) 위의 책, 295면.
18) John Locke, *Two Treatise of Government: The Second Treatise of Government—An Essay Concerning the True Original, Extent, and End of Civil-Government*, 강정인·문지영 옮김, 『통치론』(서울: 까치, 1996), 13면.

이에 관심을 두었던 것은 당연했다. 그러나 스미스에게 덕성론은 도덕론과 법이론을 매개했다는 점에서 그 의미가 각별했다.

덕성론의 기원은 고대 그리스인들로부터 발견된다. 그들에게 덕성(virtue)은 훌륭한 사람이란 어떤 사람인가라는 물음과 관련이 있었다. 이 개념은 그리스어 '아레테'(arete)에서 나온 것이며, 일종의 '탁월함'(excellence), 즉 각자에게 주어진 잠재적 능력을 개발하여 최고의 수준으로 이끌어 올린 상태를 의미했다. 가장 중요한 덕성들을 일컫는 기본덕성(cardinal virtue)론은 플라톤 이래 윤리학의 특징적인 전통을 형성했는데, 스미스도 이 전통을 잇고 있다.

전통적으로 기본덕성이란 지혜(혹은 사려 prudentia), 용기(fortitudo), 절제(temperantia), 정의(iustitia)의 네 덕성을 가리켰다. 플라톤, 제논(Xenon), 키케로(M. T. Cicero), 암브로시우스(St. Ambrosius), 아퀴나스 등은 이러한 기본덕성론을 주장한 대표적 논자들이다. 스미스는 『도덕감정론』 제6판(1790)에 새로이 추가한 제6부에서 덕성론을 다루었는데, 사려(prudence), 정의(justice), 자혜(beneficence), 자기제어(self-command)를 기본덕성으로 제시했다. 그가 제시한 덕성의 목록은 그간의 전통을 계승하면서도 그것을 당대의 현실, 즉 새롭게 부상하는 근대 사회에 맞추어 변모시키고자 하는 의도를 담고 있었다.

## 2. 스미스의 기본덕성론

### 가. 사려

서구 철학에서 사려는 일종의 지혜, 특히 실천적 지혜를 의미했다. 이는 철학적 지혜(sophia)와 실천적 지혜(phronesis)를 구분하는 아리스토텔레스적 논의를 배경으로 하는데,[19] 로마인들이 전자를 sapientia로, 후자를 prudentia로 옮긴 결과 후자가 영단어 prudence로 이어졌다.

철학적 지혜가 학식과 관련된 것이라면, 실천적 지혜는 올바른 행위가 갖추어야 할 타당성에 관한 것이다. 전자가 시간의 경과에 따라 망각으로 감소되는 것이라면, 후자는 오히려 시간 속에서 축적되는 경험에 의해 향상되는 것이다.

스미스는 전통적 의미의 사려를 자신의 행복을 추구하는 인간의 성향과 연관시킴으로써 그 의미를 다시 설명했다. 전통적으로 개인이 신체의 안전, 물질적 재부, 사회적 평판을 추구하는 것은 상찬될 일이 아니었으나, 스미스는 이 또한 덕성이 관여하는 대상이라고 주장했다. "우리 자신의 개인적인 행복과 이익에 대한 고려 역시 많은 경우 매우 칭찬을 받을 만한 행위 원칙"이라는 것이다.[20] 그는 사려를 개인의 행복에 관여하는 덕성으로 봄으로써, 자기보존성에 기초한 행위들, 즉 자신의 건강과 재산, 평판과 같은 현세의 안락과 행복을 추구하는 인간의 세속적 행위를 도덕적으로 정당화했다.[21] 이는 자신의 이익을 추구하는 합리적 인간이라는 근대 경제학의 기본적 가정을 도덕적으로 승인하는 맥락을 가졌다.

다만 스미스는 사려의 역할을 자기보존성에 기초한 행위에 관여하는 것으로만 한정하지 않았다. 자신의 이익을 돌보는 사려가 존중받을 만한 것이기는 하지만, 자신의 이익을 넘어서 더 위대하고 고귀한 목적을 추구할 때 사려는 더욱 우월한 의미를 가지며 더 큰 경탄의 대상이 될 것이라고 했다.[22] 위대한 장군, 위대한 정치가, 위대한 입법가가 보여주는 사려가 그에 해당한다.

---

19) Aristoteles, *Nicomachean Ethics*, 1140a~1145a 참조. 『도덕감정론』의 국역본들(박세일·민경국 번역본과 김광수 번역본)은 prudence를 '신중'으로 번역했다. 그러나 덕성으로서의 prudence는 유원한 전통을 가지는 것이므로 이 책에서는 이 전통을 고려해 실천적 지혜를 표현하는 취지에서 '사려'로 옮겼다.
20) 『도덕감정론』, 582면.
21) 위의 책, 403면, 583면.
22) 위의 책, 409면.

## 나. 정의

사려가 자신의 행복에 관여하는 것이라면, 타인의 행복에 대한 관심에 관여하는 덕성으로 정의와 자혜가 있다. 정의는 타인의 행복에 해를 끼쳐서는 안 된다는 소극적 의미를, 자혜는 타인의 행복을 증진해야 한다는 적극적 의미를 가진다.

스미스의 정의는 전통적 설명과 차이가 있었다. 전통적으로 정의는 공적에 따라 그에 합당한 응분을 부여하는 것을 의미했다. 말하자면 이것은 공적에 대한 가치평가에 관한 문제였다. 이는 아리스토텔레스가 분배적 정의라는 용어로서 표현했던 바이며, '각자에게 그의 것을!'이라는 서양의 오래된 격언으로 전수되었다.

그러나 이와 달리, 스미스는 정의를 타인에 대한 해악을 억제하는 것 혹은 타인에게 손해를 끼치지 않는 것으로 재정의했다. 이는 개인이 타인에게 피해를 입히지 않고 타인으로부터 피해를 당하지 않는 것이다. "정의의 최종목표는 인간이 자신의 완전한 권리를 유지하도록 하는 것"이고, "정의의 규칙의 목적은 우리가 우리의 이웃을 해치지 못하도록 하는 데 있"다.[23]

그가 정의의 유형을 교환적 정의와 분배적 정의로 구분한 것은 아리스토텔레스 이후 오래된 전통과 일치하지만, 그는 분배적 정의를 종래와는 상이하게 이해했다. 스미스는 분배적 정의의 핵심을 적절한 자혜에서 찾았으며, 이는 주위 사람들에게 선행을 베푸는 일이라고 규정했다.[24] 이러한 두 유형의 관념은 그로티우스 이래 푸펜도르프와 스미스에 이르기까지 근대의 수많은 사상가들로부터 발견되는데, 스미스는 이 구분론을 따르되 법적 측면에서의 정의의 의미를 교환적인 것으로 국한했다.

---

23) 위의 책, 327면; 『법학강의(상)』, 89면.
24) 『도덕감정론』, 518면.

스승인 허치슨이 자비를 가장 중요한 덕성으로 여겼던 데 반해, 스미스에게는 정의가 가장 중요한 덕성이었다.[25] 다른 덕성들과 달리 정의는 그것이 없다면 사회를 유지하는 것이 불가능한 덕성이기 때문이다. 그에 따르면, "정의는 모든 건물을 지탱하는 주요 기둥"이므로, 그것이 없다면 "인간 사회라는 구조물은 틀림없이 한순간에 산산이 부서지고 말 것이다."[26] 정의가 사회를 유지하는 기둥이라면, 정의를 유지하는 일은 모든 통치체제가 가장 중요하게 여겨야 할 목표이다.[27] 그에게 정의는 따라서 통치의 기초이자 동시에 법이론의 기초가 되었다. 뒤에서 보듯이 이러한 정의에 관한 소극적 차원의 이해는 그를 자유방임주의에 입각한 야경국가의 주창자로 인식되도록 한 주요한 근거가 되었다.

### 다. 자혜

타인의 행복과 관련된 또 다른 덕성인 자혜는 타인의 행복에 적극적인 영향을 미치는 행위에 관한 것이다. 자혜는 전통적인 기본덕성에는 속하지 않았지만, 스미스는 이를 기본덕성의 목록에 새롭게 추가했다. 이 덕성은 타인의 행복에 적극적으로 기여하려는 것으로서, 타인의 의미는 국가와 같은 공동체의 동료시민으로까지 확장될 수 있었다.[28] 이에 그는 "자신의 능력껏 모든 방법을 다하여 자기 동포들 전체의 사회 복지를 증진시키기를 바라지 않는 사람은 분명히 훌륭한 시민이 아니다."라고 못 박아 말했다.[29] 스미스는 이를 통해

---

25) 위의 책, 147~154면, 163면.
26) 위의 책, 163면.
27) 『법학강의(상)』, 89면.
28) 『도덕감정론』, 432~434면. 그는 애국심의 의미를 국가가 취한 '체제'에 대한 사랑과 그 체제하에서 살고 있는 '사람들'에 대한 사랑을 포괄하는 것으로 파악한다. 같은 책, 439~440면.

자비를 핵심적 덕성으로 여겼던 허치슨의 입장을 일정부분 포용할 수 있었다.

고전적 의미의 공화주의 덕성은 정치공동체의 공적 업무에 대한 참여와 헌신이었다. 그러나 군주정이 보편적이었던 18세기 상황에서, 정치공동체의 공적 업무에 대한 참여와 헌신이라는 고전적 모습이 그대로 수용되기는 어려웠다. 이는 18세기의 정치상황과 상업문화에 맞게 변주되어야 했다. 그런 면에서 자혜, 자비, 이웃에 대한 사랑과 헌신은 고전적 의미의 시민적 덕성을 18세기 사회로 옮겨온 것이라고 할 만하다. 이런 것들이 정치 참여를 지향했던 전통적 관념과 반드시 일치하지는 않지만, 이들은 대체로 같은 계보로 묶일 수 있었다. 이것들은 정치 참여라는 고전적 형태를 근대적 상황에 맞게 변용시킨 새로운 참여 형태로서, 말하자면 사회 참여라고 부를 수 있었다. 고전적인 참여가 덕성(virtus)의 어원대로 요구수준이 높고 그 실천을 위해 전사(戰士)의 정체성을 원하는 남성적 성격이 컸다면,[30] 새로운 참여 관념은 이웃에 대한 사랑처럼 덜 엄격하고 보다 덜 남성적인 측면까지 포섭이 가능했다.[31]

스미스는, 정의와 달리 자혜가 원칙적으로 국가에 의해 강제될 수 없다고 했지만 그 예외적 사안을 배제하지 않았다. 그는 자혜를 도덕의 영역에 남겨두었기 때문에 논리상 이것을 강제하기에는 어려움이 있었으나 자혜를 법으로 규율할 수 있는 예외를 인정해 이 문제를 해결했다. 즉 동등한 시민들 간에는 자혜를 강제할 수 없으나, 국가와 같은 상위의 주체는 필요한 경우 입법 등의 절차를 통해

---

29) 위의 책, 439면.
30) 덕성을 의미하는 영단어 virtue는 라틴어 *virtus*에서 비롯되었고 또 *virtus*는 '남성'을 뜻하는 *vir*에서 나온 말이다.
31) Gordon S. Wood, *The Radicalism of the American Revolution*(New York: Vintage Books, 1993), pp. 215~217 참조.

시민에게 자혜를 강제할 수 있다는 것이었다.[32] 그러나 스미스는 자혜의 강제에는 매우 신중한 판단이 필요함을 강조했다. 자혜의 강제는, 만약 과하게 되면 자유와 안전, 정의가 위험해지기 때문에, 입법자의 임무 중에서도 가장 섬세하고 절제하는 자세를 요한다는 것이다.

### 라. 자기제어

스미스는 사려와 정의의 의미를 종래와 달리 규정하고 용기를 대신하여 자혜를 기본덕성에 포함시킴으로써 전통적인 기본덕성론에 변화를 가했는데, 이러한 태도는 네 번째 덕성인 자기제어(self-command)에서도 이어졌다. 전통적으로 이 자리를 차지했던 덕성은 절제(temperance)였다. 절제와 자기제어는 의미가 비슷하고, 스미스는 분노와 같은 지나친 감정을 억제한다는 취지로 자기제어를 설명하기도 하므로, 양자가 유사해 보이는 것은 사실이다.

그러나 양자가 유사한 의미라면, 왜 스미스가 전통적 용어인 절제를 버리고 새로운 용어인 자기제어를 택했는가라는 의문이 제기된다. 『도덕감정론』에는 temperance라는 어휘가 여러 번 등장하고[33] 스미스가 고전 문헌에 해박했음을 고려한다면, 그가 이 용어의 전통적 용례를 몰랐을 것 같지도 않다. 그뿐만 아니라 사려와 정의에서 보듯이 스미스는 전통적 어휘들을 그대로 사용하면서도 그 의미의 용법을 새로이 하기도 했다. 단지 종래와 다른 새로운 의미를 표현하기 위한 의도였다면 굳이 새 용어를 주조할 이유가 없었다는 뜻이다.

여러 이유가 있겠으나 여기에는 자율성에 관한 함의를 강조하는

---

32) 『도덕감정론』, 153~154면. 이는 그로티우스의 주장과 흡사하다. Hugo Grotius, *The Rights of War and Peace, Book II*(Indianapolis: Liberty Fund, 2005)(이하 *Book II*), pp. 1154~1155.

33) 『도덕감정론』, 45면, 111면, 361면, 452면 등.

스미스의 의도가 포함되어 있다고 해석된다.[34] self-command는 어원적으로 '스스로'(self)를 '지휘하는 것'(command) 혹은 '자신에게' '명하는 것'을 의미한다. '절제'라는 어휘에 비해 '자기제어'에는 자율성에 관한 의미가 더 분명히 드러난다. 이는 자기제어가 단지 감정의 지나침을 억제한다는 소극적 차원을 넘어, 스스로가 자기결정의 주체가 된다는 적극적 차원을 표현하기 위해 의도적으로 선택된 어휘일 가능성을 시사한다. 이렇게 본다면, self-command라는 용어로부터 인간의 도덕적 자율성이라는 가치를 보다 적극적으로 표현하려 했던 스미스의 의도를 추측해 볼 수 있다.

실제로 스미스는 이 덕성의 가치를 높이 평가했다. 이 덕성이 정의나 자혜 같은 나머지 덕성들을 실천하게 하고, 악한 행위에 관한 유혹을 이겨 선한 행위를 하도록 만드는 원천이라는 것이다.[35] 다시 말해, 자기제어는 여러 선택지에 둘러싸인 인간이 자신의 자유의지로 올바른 선택을 하게 만드는 실천적 토대이다. 이것은 가상의 공정한 관찰자로 일컬어지는 양심과 이성의 주도하에 도덕적 선택을 가능하게 하는 내면적 잠재력에 관한 더 분명한 인식을 표현한다.[36]

## 마. 평가

통치론과의 연관 속에서 스미스 덕성론의 세 측면을 살펴본다. 첫째, 그는 사익에 대한 고려를 덕성이 관여하는 사항에 포함시켰다. 현세의 안락과 행복에 관심을 두는 행위나 사적 이익의 증진에 매진

---

34) 이는 몬테스의 설명을 기초로 한 것이다. Leonidas Montes, *Adam Smith in Context*, pp. 82ff. 그는 이를 스미스의 공화주의를 표현하는 측면으로 해석했다.
35) 『도덕감정론』, 451면, 455~457면.
36) 위의 책, 500면 참조.

하는 행위는 전통적으로 덕스럽다고 여겨지지 않았다. 시민에게 요구되던 바는 사적 문제를 뒤로 물리고 공적 사안에 적극적으로 뛰어드는 모습이었다. 타인의 복리에 기여하는 것을 덕성의 기초로 여긴 여타 논자들과 달리 스미스는 개인의 행복과 이익에 대한 고려 역시 덕성이 관여하는 대상임을 주장하면서, "자신의 건강이나 생명, 재산에 대해서는 적절한 관심을 기울이지 않"는 사람은 "의심의 여지없이 하나의 결함을 가지고 있다"고까지 말했다.37) 스미스에게 개인은 타인의 행복과 국가의 이익을 고려하는 시민적 덕성의 소유자이어야 하지만, 이 시민적 덕성은 사적 이익의 추구가 용인됨으로써 그 외연이 조정되고 강도가 완화된 제한적 의미를 가졌다.

이것은 맨더빌(Bernard de Mandeville)의 주장을 반박하는 것이기도 했다. 맨더빌은 "개인의 악덕이 공공의 이익"이라는 부제가 달린 『꿀벌의 우화』에서 개인의 사치와 탐욕, 세속적 욕심 등에 힘입어 사회가 발전하고 유지된다는 역설을 비유적으로 표현했다.38) 개인의 악덕과 공공의 이익의 대립을 통해 맨더빌은 사익추구가 공적 번영을 가져오는 역설의 대비효과를 더욱 극적인 것으로 만들었다. 스미스는 사익추구가 공익증진에 기여한다는 인식에는 뜻을 같이했지만, 사리추구를 악덕으로 규정한 데 대해서는 동의하지 못했다.39) 스미스에게는 사익추구 역시 덕성의 실천이었기 때문이다.

둘째, 스미스에게 자기보존성에 기초한 사리추구는 사회성에 따른 외적 규율, 그리고 이를 내면화한 자율성에 따른 내적 규율의 대상이 되었다. 자신의 이익을 추구하는 본성이 있다 해서 그것을 무제약적으로 행사할 수 있음을 뜻하지는 않는다. 스미스는 사리추구

---

37) 위의 책, 583면.
38) Bernard Mandeville, *The Fable of The Bees, or Private Vices, Publick Benefits,* 최윤재 옮김, 『꿀벌의 우화: 개인의 악덕, 사회의 이익』(서울: 문예출판사, 2010).
39) 『도덕감정론』, 582~583면, 590면 이하, 599면 이하.

를 인정한 동시에, 타인의 권리나 이익을 침해하지 않아야 한다는 정의를 사회의 가장 기본적 가치로 여겼다. 또한 타인의 행복에 관여하는 자혜, 개인이 타인을 희생하면서까지 자신의 이익을 추구하고자 하는 유혹을 이겨내고 선한 행위를 할 수 있도록 만드는 자기 제어 같은 덕성 또한 스미스 이론에서 기본이 되었다. 다시 말해, 스미스가 이기적 본성의 긍정적인 면을 조명한 것은 맞지만, 그 부정적인 면도 도외시하지 않았고 도덕과 인간의 이타적 측면 또한 옹호했다.

셋째, 그의 덕성론은 전통적 이론에 비해 평등주의적 색채가 짙다. 스미스는 인간의 평등성을 굳게 신뢰했는데, 특히 이는 사람은 재능상 평등하고 현실에서 드러나는 능력의 차이는 후천적인 것이라는 그의 설명에서 잘 드러난다. 그는, "천부적으로 철학자와 거리의 짐꾼 사이의 차이는 맹견과 사냥개 사이의 차이, 사냥개와 애완견 사이의 차이, 그리고 애완견과 목양견 사이의 차이의 반도 되지 않는다."고 주장했다.[40] 공감작용이 사람들의 신분, 계급, 성별, 연령 등에 무관심하다는 점 역시 마찬가지이다. 그리고 이는 그의 덕성론 전반을 관통하는 흐름이기도 했다. 전술한 대로 어원상 탁월함 혹은 강함과 연관되어 온 덕성은 원래 탁월한 소수에게 적합한 것이었다. 그러나 스미스는 평범한 사람들도 쉽게 실천할 수 있는 수위로 덕성의 의미를 조정했다.

일례로 정의에 대한 그의 설명을 다시 상기해 보자. 전통적 의미의 정의에서 어떤 가치와 질서를 형성한다는 적극적 차원이 중심이었다면, 스미스는 이것을 기존 가치와 질서의 훼손을 억제한다는 소극적 차원으로 접근했다. 정의를 이처럼 해석하면 정의를 실현하는 일에는 누구나 쉽게 참여할 수 있다. 공적에 따른 응분이라는 적극

---

40) 『국부론(상)』, 21면.

적 차원의 정의를 실천하기 위해서는 공적과 응분 간의 비례성에 관한 추상적 사유와 이를 현실에 적용하는 구체적 판단이 필요하지만, 타인을 침해하지 않는다는 의미로 정의를 사고한다면 단순한 부작위만으로도 이것을 충분히 실천할 수 있다.[41] 여기에는 어떠한 지적 능력이나 영웅적 품성도 요하지 않는다.


## 제2절 권리

### I. 도덕과 법의 매개로서 권리

권리론은 근대 자연법론의 특징적인 내용이다. 스미스는 정의를 타인의 생명, 신체, 명예, 재산 같은 인간의 이익들을 해치지 않는다는 의미로 이해하고, 그러한 여러 이익들을 자연법론의 틀 속에서 권리의 내용으로 범주화함으로써 정의와 권리를 도덕론과 법이론을 잇는 매개로 활용했다.[42] 이로써 스미스는 도덕철학의 체계 내에서 권리론의 자리를 마련하여 당대 자연법론의 주요한 논의들을 포용할 수 있었다. 권리에 관한 상세한 설명은 『법학강의』에 나오지만, 그의 권리론의 바탕에는 공감작용이 있으므로 『도덕감정론』 역시 스미스의 권리론에서 중요한 위치에 있다.

공감작용에 관한 스미스의 설명에 의하면, 인간에게 어떤 불이익혹은 해악이 가해졌을 때 이를 바라보는 관찰자는 역지사지를 거쳐 피해자의 감정을 공유한다. 한 개인이 부당한 피해로 분노감정을 느낄 때 이를 바라보는 관찰자도 유사한 감정을 느끼게 되는데, 이 유발된 분노의 정도는 피해자의 피해 정도에 따라 달라진다.[43] 어떤

---

41) 『도덕감정론』, 154면.
42) Knud Haakonssen, *The Science of A Legislator*, p. 99 참조.

사람이 가벼운 피해에 분노하는 것으로 보인다면, 관찰자는 그의 분노를 정당하다고 인정하지 않을 것이다. 반면 그 피해가 심각해 자신이 그 입장에 처하더라도 분노를 느낄 만한 수준이라고 보인다면, 그 관찰자는 피해자의 분노를 정당한 것으로 여길 것이다. 이처럼 관찰자가 피해자의 분노감정을 정당한 것으로 인정할 수 있는 수준일 때 스미스는 그런 피해상황이 바로 침해(injury)에 해당한다고 했다. 이때 개인은 이 침해로부터 자신을 방어하는 권리를 가진다고 간주된다.[44] 요컨대 스미스에게 권리 개념은 침해의 성립여부에 달려 있고, 침해 여부는 다시 공감작용에 의해 판단된다.[45]

스미스 법이론의 핵심은 정의이고, 이 정의는 권리와 밀접하게 연관된다. 권리 침해를 정의 위반으로 이해했기 때문이다. 스미스의 보다 긴 표현을 옮겨 본다면, "정의에 위배되는 경우는 어떤 사람이 자기가 가지고 있는 권리와 다른 사람에게 정당하게 요구할 수 있는 권리를 빼앗겼을 때나 아무런 이유 없이 우리가 누군가를 침해하거나 상해를 입혔을 때이다."[46] 그는 강제로 관철할 수 있는 권리를 완전한 권리로, 이 완전한 권리의 보호를 정의의 목적으로 각각 규정했다.

반면 그는 분배적 정의와 관련이 있는 권리를 불완전한 권리로 불렀고, 이는 도덕의 대상일 뿐 법의 대상이 될 수 없다고 했다.[47] 완전한 권리와 불완전한 권리의 구분은 당시 자연법론에서 널리 받아들여지던 방식인데, 여기서 스미스는 완전한 권리와 교환적 정의의 문제로만 법이론의 대상을 한정하고 불완전한 권리와 분배적 정의를 도덕의 대상으로 봄으로써 법이론의 영역을 보다 제한적으로 설정했다.

---

43) 『도덕감정론』, 158면.
44) 위의 책, 150면, 152면.
45) Knud Haakonssen, *The Science of A Legislator*, pp. 99~100.
46) 『법학강의(상)』, 92면.
47) 위의 책, 95면.

## II. 스미스의 권리분류법

### 1. 권리의 분류

#### 가. 개인의 지위에 따른 분류

이제 스미스의 권리분류체계에 대하여 본다. 그는 두 가지 기준에 기초해 권리의 유형을 구분했다. 첫 번째 기준은 개인의 지위와 관련된다. 이 기준에 따르면 개인은 '한 인간'으로서, '가족의 구성원'으로서, 그리고 '국가의 일원'으로서 각각 고유한 권리를 가진다.

상술하자면, 개인은 먼저 한 인간으로서 신체, 명예, 재산에 관한 권리를 갖는다. 이 중 신체에 대한 권리는 신체의 침해로부터의 보호와 자유의 침해로부터의 보호로 다시금 세분화된다. 신체의 침해란 살해와 상해와 같이 신체를 훼손하는 것을 말하고, 자유의 침해란 원하는 행위를 제약하는 것을 가리킨다. 스미스는 자유롭게 거래할 권리와 자유로운 의사에 따라 결혼할 권리 등을 자유의 예로 들었다.[48]

명예에 대한 권리는 사람의 가치와 품위를 떨어뜨리는 것으로부터의 보호를 의미한다. 한 인간으로서의 권리 중 마지막인 재산에 대한 권리는 대물권과 대인권으로 구성되는데, 전자에는 소유권, 지역권, 담보권, 독점권이, 후자에는 계약, 준계약, 불법행위로 인한 권리가 속한다.

가족의 구성원으로서 가지는 권리는 아버지로서, 자식으로서, 남편으로서, 아내로서, 주인으로서, 하인으로서 가지는 권리들을 말한다. 마지막으로 개인은 국가의 일원으로서 시민의 지위에 관한 권리

---

48) 위의 책, 94면. 오늘날의 용어로는 계약의 자유, 혼인의 자유에 해당할 것이다.

를 갖는다.[49] 시민의 저항권이 여기에 해당한다.

## 나. 권리의 기원에 따른 분류

스미스가 제시한 두 번째 기준은 권리의 기원, 즉 권리 취득의 계기와 관련된다. 이 기준에 따를 때 권리는 자연권(*iura hominum naturalia*)과 취득권(*iura adventitia*)으로 나뉜다. 자연권은 말 그대로 자연적으로 주어지는 권리, 즉 공적 승인이나 제도를 필요로 하지 않는 권리이다. 반면에 취득권은 어떤 제도적 계기를 통해 비로소 인간에게 귀속된 권리로, 일정한 제도에 의존하는 권리 혹은 그 성립이나 효력에 관하여 정부의 권위를 요구하는 권리로 설명된다.[50] 오늘날의 기본권 분류 방식에 따를 때 자연권은 국가 성립 이전에 주어지는 권리로, 취득권은 국가 성립 이후에야 발생하는 권리로 볼 수 있다.

스미스는 생명과 신체에 관한 권리, 자유에 관한 권리, 명예에 관한 권리를 자연권으로 규정했다.[51] 개인의 권리 중 재산권(rights to estate)이 남는데, 이에 관한 스미스의 설명에는 다소간의 모호함이 있다. 스미스의 1762~1763년 강의를 기록한 『법학강의(상)』에서는 소유물에 대한 권리가 '그 기원이 명확하지 않은 자연권'으로 표현되었지만, 그 이듬해 강의(1763~1764)를 정리한 노트로 추정되는 『법학강의(하)』에서는 재산권이 자연권이 아닌 취득권이라고 말하기도 했다.[52] 스미스가 소유물에 대한 권리 중 상속권과 같은 일부 권리는 자연적으로 생겨난다고 하면서도, 동시에 이들이 "일반적으로 민법

---

49) 위의 책, 92면 이하; 『법학강의(하)』, 23면 이하 참조.
50) 이 둘의 구분에 관한 허치슨의 설명은 『법학강의(상)』, 94면의 주 3. 취득권에 대한 하콘센의 설명은 Knud Haakonssen, *The Science of A Legislator*, p. 101.
51) 『법학강의(상)』, 94면; 『법학강의(하)』, 23~24면.
52) 『법학강의(상)』, 102면; 『법학강의(하)』, 24면, 26면, 131면, 164면.

의 피조물"이라고 규정했던 대목도 마찬가지이다.[53]

이처럼 재산권에 대한 스미스의 입장에는 다소간의 불분명함이 있다는 느낌을 받지만, 『법학강의(하)』가 더 훗날의 강의를 정리한 노트이므로 더 숙고된 생각일 가능성이 큰 점, 『법학강의(상)』에서도 다른 곳에서는 재산권을 취득권으로 설명하는 대목이 등장하는 점, 일부 소유관계가 자연적으로 생겨난다 해도 일반적으로 그것을 법적 권리로 형성하는 것은 실정법이라는 점을 종합해 볼 때 스미스는 재산권을 취득권의 일종으로 이해했다고 봄이 타당하다.[54]

재산권의 본질이 취득권이라는 스미스의 생각은 재산권과 통치제도 간의 관련성을 설명한 대목에서 더욱 분명해진다. 재산권은 그것을 취득하게 만드는 제도적 계기에 따라 다양한 모습을 띠게 마련인데, 그러한 계기는 그 사회의 역사와 문화적 관행에 기초한 고유한 정치적 의사결정에 의해 제공된다. 이에 스미스는 "소유권과 시민정부의 상호의존성은 매우 크다."라거나, "소유권의 상태는 정치의 형태에 따라 항상 변해야 했다."고 말했다.[55] 실제로 그는 소유권이 시대와 사회에 따라 얼마나 다양해질 수 있는지를 상세히 설명했다.[56]

소유물에 대한 권리를 설명하는 스미스의 방식은 로크의 그것과 구별된다.[57] 로크에게 소유권은 자연권이었고, 어떠한 정치적 계기

---

53) 『법학강의(하)』, 155~156면.
54) 『법학강의(상)』의 내용을 보면, 앞부분에서는 소유물에 대한 권리의 자연권성을 인정하는 듯한 서술이 있지만, 뒤쪽에서는 이 권리를 취득권으로 분류하는 듯한 서술도 있다. 『법학강의(상)』, 102면, 240면. 이에 관하여 하콘센은, 『법학강의(상)』을 필기한 학생이 전반부에서 스미스를 잘못 이해했다고 추측했다. 그는 『법학강의(상)』의 후반부, 그리고 『법학강의(하)』에서 설명된 내용이 스미스의 본래 생각에 가깝다고 본다. Knud Haakonssen, *The Science of A Legislator,* p. 205, n. 10.
55) 『법학강의(하)』, 26면.
56) 『법학강의(상)』, 103~106면; 『법학강의(하)』, 131~132면.

도 요구하지 않았다. 이 차이의 연원은 재물뿐만 아니라 신체까지 소유권의 대상으로 본 로크의 시각으로 거슬러 올라간다. 그에 따르면, 인간은 신체에 대한 소유권을 가지므로 신체의 노동을 이용해 획득한 물건에 대한 소유권도 가진다.[58] 종래 소유권의 기원을 사회적 합의에서 찾았던 전통적 견해들은[59] 이러한 합의가 철회될 때 소유권이 박탈될 수 있다는 위험이 있었다. 로크는 이런 불안정성을 지우고 더욱 확고한 토대 위에 소유권을 근거지우기 위해 노력했던 것이다. 그래서 그는 소유권의 성립에는 동의가 필요하지 않다는 사실을 보여줌으로써 재물에 대한 소유권에다 신체에 대한 소유권만큼의 확실성을 부여하려 했다. 그러나 스미스는 이러한 로크의 주장과 견해를 달리한 셈이다.

스미스는 사회가 발전할수록 그래서 경제생활이 복잡해질수록 소유물의 유형도 다양해지므로 관련 법률도 그에 맞추어 다양해질 수밖에 없다고 했다. 입법이 국가의 주요한 과제임을 고려하면 결국 경제적 환경에 맞게 재산제도를 만들어 가는 것은 국가에 주어진 중요한 역할임이 분명하다.

취득권이 개별 사회의 정치제도에 따라 그리고 역사적 단계에 따라 다양한 모습으로 성립된다면, 반대해석상 정치제도의 성립 이전에 주어지는 자연권은 공간과 시간을 떠나 보편적인 모습을 가지게 될 것이다. 통상 자연권은 정치적 계기 없이도 개인이 인간으로서 가지는 권리를 뜻하므로 보편성과 비역사성을 갖는다. 자연권은 그 의미가 명확하여 별다른 설명을 필요로 하지 않는다는 스미스의 서

---

57) 로크의 소유권 이론은 John Locke, 『통치론』, 33면 이하; 이황희, "재산권, 독특한 기본권: 헌법상 재산권 규정의 이해", 『법학평론』 제1권(2010)(이하 "재산권, 독특한 기본권"), 117면 이하.

58) John Locke, 『통치론』, 35면.

59) 예컨대 Hugo Grotius, *Book II*, pp. 426~427; Samuel von Pufendorf, *The Whole Duty of Man*, pp. 128~129.

술은[60] 그가 어느 정도는 당대의 지배적인 자연권 관념을 그대로 따르고 있을 가능성을 시사한다. 그러나 그의 자연권 개념은 전통적인 의미의 자연권 개념과 상이한 측면이 있었다.

### 2. 자연권의 역사성과 사회성

#### 가. 자연권의 상대성

오늘날 헌법학에서 자연권이라는 표현이 자주 등장하는 곳은 기본권이론이다. 일군의 학자들은 기본권의 본질을 자연권, 즉 "자연법의 존재를 인정하고, 헌법에 규정된 기본권은 헌법에 의하여 비로소 창설되고 보장되는 권리가 아니라 인간이 태어날 때부터 타고난 권리"로 이해한다.[61] 즉 이것은 인간생래의 권리로서 전(前)국가적인 인권인 것이다.[62] 그리고 자연권을 천부인권으로 여기는 인식에는 이미 그 권리의 기원에 대한 설명과 정당화가 내포되어 있다.

스미스 또한 자연권을 전국가적인 권리로 이해하지만, 인간의 천부적 권리로서 자연법을 정당화하는 초월적 논법과 달리 앞서 본 공감작용에 기초해 그것을 정당화하려 한다는 점에서 차이가 있었다. 자연권을 공감작용이라는 사회적 상호작용에 의해 비로소 형성되는 것으로 본다면, 이 권리는 원칙적으로 공감작용이 발생하는 시·공간을 조건으로 해서만 인정된다. 통상적인 자연권 개념과 달리, 스미스의 자연권은 필연적으로 역사성과 사회성을 가지게 된다는 것이다.

물론 흔히 자연권이라고 일컬어지는 권리들은 대체로 인간이라면 누구나 동의할 수 있는 보편적인 가치들을 반영하므로, 시대와

---

60) 『법학강의(상)』, 101면; 『법학강의(하)』, 26면.
61) 정종섭, 『헌법연구 3』 제2판(서울: 박영사, 2004), 56면.
62) 김철수, 『헌법학개론』, 352면.

사회를 막론하고 공통적으로 자연권으로 인정될 내용들이 존재할 확률이 큰 것은 사실이다. 그러나 현상적으로 혹은 결과적으로 그렇다 하더라도, 스미스의 이론구성에 따르면 그것은 원래부터 역사성과 사회성을 가지는 권리가 인간들 사이에 존재하는 어떤 보편적인 정서로 인해 시대와 사회를 불문하고 자연권으로 감지되는 것에 불과하다. 이는 권리의 구성에 있어서 천부적 혹은 선험적 성격을 기초로 하는 통상적인 자연권 담론과는 구별된다. 스미스에게 자연권은 관념상 전국가적 권리에 해당하나, 생래적인 것이 아니라 사회적인 것이었다.

이 같은 스미스의 자연권 개념은 역사성을 중시하는 스코틀랜드 계몽주의의 특징을 잘 보여준다. 인간 이성의 보편성과 세계 질서의 법칙성을 강조해 온 계몽주의는 역사를 초월하는 타당성을 지향하므로 이러한 초역사성으로 인해 역사학파와 대립관계를 형성해 왔다. 그러나 스코틀랜드 계몽주의는 18세기 유럽 계몽주의의 흐름 속에 있으면서도 역사주의를 포용하는 특징적인 면모를 보였다. 스미스는 그중에서도 대표적인 인물이었다.[63] 그는 법과 통치에 관한 일반원리를 규명하고 그 원리가 시대와 사회별로 개별적으로 적용되는 모습을 설명하려 했는데, 그가 내걸었던 이러한 학문적 과제에는 일반원리가 구체적으로 발현되는 역사성과 사회성의 측면이 표현되어 있다.

## 나. 법이론적 의미

역사성과 사회성을 포용한 자연권 관념에는 고유한 법이론적 특징이 존재한다. 스미스에 따르면 사회구성원들 간의 공감작용 속에

---

63) 박상현, "계몽주의와 역사주의: 스코틀랜드 역사학파의 '이론적 역사'를 중심으로", 『사회와 역사』 제106권(2015)(이하 "계몽주의와 역사주의"), 286~292면.

서 어떤 피해에 대해 분노감정을 유발하지 않을 때에는 권리가 될
수 없는데, 동일한 사안에서도 시대와 사회에 따라 분노감정의 유발
정도는 다를 수 있다는 점에 상대성의 본질이 있다. 인간이라는 공
통적 특성에 의해 어떤 특정한 상황에 대한 인간들의 반응이 대체로
유사하게 나타나기도 하지만, 그렇다고 해서 반드시 일치하는 것은
아니다. 따라서 공감작용이 발생하는 시·공간적 조건은 그 속에서
도출되는 자연권의 내용을 상이하게 만드는 원인이 된다.

　일례로 스미스는 영아유기(exposition)에 관하여 설명하면서, 그것
이 자신의 시대에는 지극히 야만적인 행위로 간주되지만 고대 그리
스에서는 허용된 행위였다고 말한다.[64] 이는 동일한 행위가 스미스
의 시대에는 분노감정을 유발하는 것이지만, 고대에는 그렇지 않았
음을 의미하는 것이다. 뒤집어 말하자면, 고대 그리스에서는 영아유
기를 금지당한 자의 분노에 공감이 이루어졌지만, 스미스의 시대에
는 그렇지 않다는 것이다. 이러한 차이로 인해 영아유기 행위의 금
지는 과거에는 자연적 자유의 침해로 여겨졌지만, 스미스 당대에는
그렇지 않게 되었다.[65]

　이처럼 스미스의 자연권은 공감작용에 의한 일종의 상호성의 산
물이라는 점에서 그에 상응하는 특성을 가진다. 그의 자연권은 어떤
피해로 유발되는 분노가 정당하다는 사회적 평가에 의해 성립되므
로, 어떤 행위의 제약에 대하여 사회구성원들이 그것의 피해성 자체
를 인정하지 않는다면 그 같은 제약은 자연권의 침해로 인정되지 않
는다. 사회에서 그 피해에 대한 분노에 공감이 이루어지지 않는다면

---

64) 『도덕감정론』, 395~396면.
65) 영아유기에 대한 스미스의 설명을 그의 자연권이 지니는 역사성과 관련짓
　　는 해석은 Knud Haakonssen, *The Science of A Legislator*, p. 101 참조. 반면 침
　　해행위의 식별과 관련하여 문화적 상대성의 역할에 소극적인 입장은 Neil
　　MacCormick, "Adam Smith on Law", *Valparaiso University Law Review*, Vol. 15, No.
　　2(1981), pp. 247~248.

그것은 침해로 인정되지 않으므로, 어떤 자유의 제한이 매우 오래 지속되어 어느 순간 그것이 전체 사회구성원들에게 당연한 것으로 수용되는 때가 되면 그 같이 제한을 받는 부분은 자유의 보호영역에서 배제되는 결과가 생긴다.

## 제3절 자유

### I. 자연적 자유의 체제

자유 역시 자연권의 일종이다. 스미스는 자유를 "남에게 피해를 주지 않으면서 자신이 하고자 하는 바대로 자신을 자유로이 움직일 수 있는 권리"라고 정의했는데,[66] 그중에서도 그는 상업사회의 핵심이라 할 경제활동의 자유를 중요하게 여겼다. 스미스는 자기의 자본과 노동을 자신의 판단에 따라 가장 유리한 방식으로 사용할 자유에 "인간의 가장 신성한 권리"라는 칭호를 선사했다.[67] 이러한 자유는 『국부론』에서 자연적 자유(natural liberty), 완전한 자유(perfect liberty)로[68] 서술되었는데, 특히 자연적 자유의 체제(system of natural liberty)에 대한 유명한 설명에는 그가 생각하는 자연적 자유의 이상이 잘 표현되어 있다.

특혜를 주거나 제한을 가하는 모든 제도가 완전히 철폐되면 분명하고

---

66) 『법학강의(상)』, 94면.
67) 『국부론(하)』, 715면.
68) 스미스는 자연적 자유와 유사한 의미로 완전한 자유라는 표현도 사용했는데, 이는 당시 자연법론상 불완전한 권리와 대립되는 완전한 권리의 관념을 자유에 적용한 것으로 보인다. 그렇다면 완전한 자유는 도덕적 차원이 아닌 법적 차원에서 보장되는 자유를 의미할 것이다.

단순한 자연적 자유의 체제가 스스로 확립된다. 이 체계 하에서 모든 사람은 정의의 법(laws of justice)을 위반하지 않는 한, 완전히 자유롭게 자기의 방식대로 자신의 이익을 추구할 수 있으며, 자신의 근면과 자본을 바탕으로 다른 누구 혹은 다른 어느 계급과도 완전히 자유롭게 경쟁할 수 있다.[69]

　스미스가 『국부론』에서 자연적 자유 혹은 완전한 자유로 설명한 것들로는, 자신의 판단에 따라 자본을 투자하고 회수하는 것, 이익추구를 위해 유리한 사업을 모색하고 불리한 사업을 회피하는 것, 거주지에서 부당하게 추방당하지 않는 것, 은행가가 은행권을 자유롭게 발행하는 것, 자신이 좋아하는 직업에 종사하는 것, 원하는 업무를 수행하는 것 혹은 원하지 않는 업무를 수행하도록 강제되지 않는 것 등이 있었는데,[70] 이들은 오늘날 헌법학에서 말하는 거주이전의 자유, 직업수행의 자유, 계약의 자유, 직업선택의 자유에 해당한다. 이 자유들은 『법학강의』에서 스미스가 자유로운 상업에 관한 권리로 불렀던 부류에 속할 것이다.[71]
　자연적 자유의 체제란 자연적 자유가 존중되는 체제일 것이다. 이 체제에 대한 스미스의 위 설명을 보면, 자연적 자유가 존중되는 체제에서 중시되는 원리가 무엇인지를 알 수 있다. 먼저 '자유'의 원리이다. 이 체제에서는 개인이 '자신이 원하는 방식대로 자유롭게' 자신의 이익을 추구할 수 있다. 이는 자신의 이익을 추구하는 방식에 관한 결정권이 국가가 아니라 바로 그 개인에게 주어져 있음을 의미한다. 이에 따르면 사리추구에 있어서 국가를 포함한 제3자의

---

69) 위의 책, 848면.
70) 『국부론(상)』, 81면, 129면, 183~184면, 397면, 571면, 647면.
71) 거주이전의 자유가 반드시 상업활동만을 위한 것은 아닐지라도, 『국부론』에서 스미스가 강조한 거주이전의 자유는 상업활동의 자유와 밀접한 관련이 있다. 위의 책, 183면, 569~571면.

후견적 간섭은 원칙적으로 이 원리에 위반된다.

또 이러한 자유는 '평등'한 자유이다. 애초에 모든 개인은 자연적으로 보유하는 자유를 평등하게 향유할 수 있는 까닭이다. 자연법론의 전통에서 평등은 자유만큼 강조되는 가치였다.[72] 이는 자연적 자유의 체제에 대한 설명에서도 잘 드러난다. 이 체제에서 '모든 사람'은, 즉 그가 누구이든 다른 누구와 완전히 자유롭게 경쟁할 수 있다. 이 체제는 스미스가 비판했던 그 당시의 경제상황(중상주의)과 달리 누구에게나 공정한 기회를 부여한다는 점에서 미덕을 가진다. 특혜가 철폐되어야 하는 것은 그러한 이유였다. 자유의 행사는 평등해야 하고, 평등한 자유야말로 자연적 자유 체제의 핵심이다.

이 체제의 또 다른 원리는 '정의'이다. 자연적 자유의 체제가 작동하기 위해서는 누구도 '정의의 법'을 위반하지 않아야 한다는 전제가 충족되어야 한다. 타인과의 경쟁에서 승리하기 위해 타인의 자유를 침해하는 것을 막을 수 없다면 자연적 자유의 체제는 제대로 작동하기 어렵다.

요약하자면, 스미스가 말한 자연적 자유의 체제는 자유, 평등, 정의가 실현되는 곳이다. 그리고 그는 이러한 곳에서 개인과 사회가 행복해질 것으로 보았다. 이는 "완전한 자유, 완전한 평등, 완전한 정의의 확립"이 모든 사람들의 번영을 가장 훌륭히 보장하는 비결이라는 『국부론』의 또 다른 표현과도 일맥상통한다.[73] 자연적 자유 체제는 정의를 존중하는 평등한 자유의 보장을 통해 실현될 수 있다. 이는 동시에 자연적 자유의 체제를 유지하기 위하여 국가가 해야 할 임무의 내용을 구성하는 것이기도 하다.

---

72) D. D. Raphael, 『애덤 스미스』, 108면.
73) 『국부론(하)』, 827면.

## II. 자연적 자유와 사회의 이익

스미스는 자유, 특히 사리추구의 자유를 인간의 가장 신성한 권리로 주장하며 규범적 차원에서 옹호했다. 이는 공감작용에 의해 가장 기본적으로 승인될 수 있는 바였기 때문일 것이다. 사리추구는 인간의 자기보존성에 부합하는 바였으므로 이는 본성에 비추어도 정당한 것으로 간주될 수 있다. 그러나 자유에 관한 더욱 중요한 스미스의 주장은, 사리추구가 사회후생 혹은 공공복리의 측면에서도 충분히 정당화된다는 것이었다. 이는 오늘날 너무나 당연한 말이겠으나, 사리추구의 사회적 유해성에 관한 우려가 컸던 당시 상황에서는 그렇지 않았다. 이를 감안한다면 사리추구에 대한 공익적 차원의 정당화는 그의 사후 우리가 경험한 자본주의의 경제적 성공에 대한 예견처럼 읽히기도 한다.

전통적으로 사익과 재물을 향한 인간의 욕망이 공익을 저해할 것이라는 우려가 있었고, 이 우려는 사리추구나 재물, 부에 대한 부정적 인식을 수반했다.[74] 이는 고대 그리스·로마 시대와 중세 시대를 관통했던 흐름이었고 르네상스 이후에도 마찬가지였다.[75] 특히 이러한 인식은 공익에 대한 헌신을 중시하는 이른바 공화주의 전통 속에서 더욱 두드러졌다.

스미스의 주장은 이러한 전통적 흐름에 대한 논박의 성격을 띠고

---

74) 예컨대 Platon, *Republic*, 464b~e; Platon, *Laws*, 742e, 801b, 831b, 919b; Aristoteles, *Nicomachean Ethics*, 1296a; Aristoteles, *Politics*, 1267a~b 등 참조.

75) 대표적으로 Niccolò Machiavelli, *The Discourses*, Allan Gilbert(tr.), 강정인/안선재(옮김), 『로마사 논고』(파주: 한길사, 2003), 490면. 그는 로마 시민의 가난함이 로마 공화정의 번영을 가져왔다고 보면서, 그 이유의 규명은 이미 다른 저술가들에 의해 여러 차례에 걸쳐 이루어졌으므로 굳이 본인이 행할 필요는 없다고까지 말했다. 같은 책, 517면. 이는 부에 대한 부정적 인식이 그 시대의 보편적 현상임을 말해 준다.

있었다. 비록 스미스에 앞서 몽테스키외(C. S. Montesquieu)나 맨더빌 같이 사익추구의 공익적 측면을 먼저 주장한 자들도 있었으나,[76] 이런 시각을 논리적 기반 위에 올린 것은 스미스였다.

　사리추구가 비의도적인 공익증진을 가져오는 비결은 크게 두 측면으로 설명된다. 한편으로, 사리추구는 그 개인 자신의 이익을 극대화하는 원리이다. 이는 다시 노동극대화의 측면과 이익에 관한 정보의 측면으로 구분된다. 전자는 부의 원천을 금은으로 여겼던 중상주의와 달리 노동이 부의 원천이라는 스미스의 주장과 관련이 있다. 이에 관건은 개인의 노동을 최대한 이끌어내는 문제인데, 스미스는 사리추구를 자유롭게 허용함으로써 그렇게 할 수 있다고 보았다. 개인이 그 자신의 이익을 위해 노력할 때 각자의 이익이 최대화되고 이를 합산한 사회적 총합도 최대화되므로, 개인은 사리추구를 통해 사회의 이익에 기여한다는 것이다.

　　한 사회의 연간수입은 그 사회의 노동의 연간 총생산물의 교환가치와 정확히 같다. … 각 개인이 최선을 다해 자기 자본을 본국 노동의 유지에 사용하고 노동생산물이 최대의 가치를 갖도록 노동을 이끈다면, 각 개인은 필연적으로 사회의 연간수입이 가능한 한 최대의 가치를 갖도록 노력하는 것이 된다.[77]

　또한 사리추구는 이익에 관한 정보의 측면에서도 장점이 있다. 한 인간의 이익을 최대화하는 방법을 가장 잘 아는 것은 바로 그 자신이기 때문이다. 스미스는 "자기의 자본을 국내산업의 어느 분야에 투자하면 좋은지, 그리고 어느 산업분야의 생산물이 가장 큰 가치를

---

76) C. S. Montesquieu, *De l'espirit des lois*(1748), 권미영 옮김, 『법의 정신 I』(서울: 일신서적, 1990), 38면.
77) 『국부론(상)』, 552면.

가지는지에 대해, 각 개인은 자신의 현지 상황에 근거해서 어떠한 정치가나 입법자보다 훨씬 더 잘 판단할 수 있다는 것은 명백하다."고 말했는데,[78] 이 설명은 자본의 투자에 관한 것이지만 사리추구 전반으로 확장해 이해하더라도 문제가 없다. 자신이 어떤 장점이 있는지, 어떤 영역에 정통한지, 어떤 분야에 흥미를 느끼는지, 어떤 노동에 적합한지는 그 자신이 가장 잘 아는 법이다.

다른 한편으로, 개인의 사리추구는 타인에게도 이익이 될 수 있다. 물론 사리추구로 얻게 되는 이익은 그 자신의 이익이겠으나, 스미스는 '푸줏간 주인'의 유명한 예화로서 자신의 이익을 추구하는 행위가 사회 전체적으로 타인의 이익에도 기여할 수 있음을 설명했다.

우리가 매일 식사를 마련할 수 있는 것은 푸줏간 주인과 양조장 주인, 그리고 빵집 주인의 자비심 때문이 아니라, 그들 자신의 이익을 위한 그들의 고려 때문이다. 우리는 그들의 자비심에 호소하지 않고 그들의 자애심에 호소하며, 그들에게 우리 자신의 필요를 이야기하지 않고 그들 자신에게 유리함을 말한다.[79]

각자의 사리추구에 힘입어 더 많은 재화들이 산출될 것이고, 이렇게 풍부히 생산된 재화들로 인해 그것을 원하는 타인의 수요가 더욱 원활하게 충족된다. 결국 사리추구는 자신의 이익을 가장 효과적으로 증진하는 수단이면서도 동시에 타인의 이익에도 기여하는 것이므로, 궁극적으로 사회의 이익을 증대시키는 가장 좋은 방도이다. 중요한 것은, 이 과정은 개인의 머릿속에 공익 증진이나 타인의 이익증진에 대한 고려가 존재하는지 여부에 무관심하다는 점이다.

---

78) 위의 책, 553면.
79) 위의 책, 19면.

[사회의 연간수입이 가능한 한 최대의 가치를 갖도록 노력하는 개인은 일반적으로 말해서, 공익을 증진시키려고 의도하지 않고, 공익을 그가 얼마나 촉진하는지도 모른다. … 그가 자기 자신의 이익을 추구함으로써 흔히, 그 자신이 진실로 사회의 이익을 증진시키려고 의도하는 경우보다 더욱 효과적으로 그것을 증진시킨다.[80]

전통적으로 공익에 대한 헌신이 개인의 탁월함과 영웅적 품성을 요구했던 것과는 달리, 스미스는 개인이 사리추구를 통해 자기 직분에 충실한 것만으로도 공익에 기여함을 주장한 것이다.

또 사리추구 문화는 사회문화의 개선에도 일조한다. 사리추구를 적극적으로 받아들이는 상거래 문화는 정직과 시간엄수라는 문화적 개선을 가져온다.[81] 스미스는 이러한 문화 속에서는 사람들이 평판을 잃을 것을 우려해 계약을 성실히 준수하려 할 것이라고 생각했다.

나아가 그는 사리추구를 통해 부가 증진된다면 이로써 여러 사회적 개선이 가능해진다고도 했다. 대표적인 예가 빈곤문제의 개선이다. 국부증진과 경제성장이 이루어지면, 산업의 규모가 확대되어 새로운 일자리들이 창출되고 노동수요가 증가한다. 노동수요가 증가하면 노동자들은 더 높은 임금을 받을 수 있고, 이 과정에서 그들의 경제적·사회적 지위도 높아질 것이다. 스미스는 이러한 개선이 국부의 규모 자체에 의해 발생하는 것이 아니라, 그 규모의 '증가 상태'에 의해 이루어지는 것임을 강조했다. 아무리 부유한 국가라 해도 경제성장이 정체된 상황에서는 노동수요가 증가하지 않으므로, 취업기회가 확대되거나 임금이 상승하기 어려운 까닭이다.[82] 이러한 연유에

---

80) 위의 책, 552~553면.
81) 『법학강의(하)』, 280~282면. 상업이 국가 차원의 개선에 기여한다는 통찰은 일찍이 몽테스키외가 『법의 정신』에서 시도한 바 있었다.
82) 『국부론(상)』, 91면, 93면.

서 그는 사회가 가장 부유해진 때가 아니라 계속 더 부유해지고 있는 과정일 때 노동빈민의 생활상태가 가장 행복해 보인다고 했다.[83]

사리추구를 통한 부의 증진은 개인의 자립성을 신장시키는 데에도 도움이 된다.[84] 어떤 사람이 경제적으로 타인에게 의존하는 상황이라면 그는 결코 자립해 있다고 볼 수 없다. 경제적으로 타인에게 의존해야 하는 자는 필연적으로 그 타인의 의사에 종속되기 때문이다. 개인은 수익활동을 통해 자립할 수 있으므로, 수익활동을 장려하는 것은 개인의 자립성 확보에 좋은 일이다. 자립성은 개인이 사회 속에서 타인과 대등한 시민으로 살아가기 위해 반드시 필요하므로, 이 점에서 본다면 사리추구는 사회의 평등을 가능하게 하는 토대가 될 수도 있다.

그리고 경제적으로 자립하지 못한 개인은 범죄의 유혹에 빠지기 쉬우므로, 사리추구를 독려해 경제적으로 자립하도록 돕는 것은 개인을 범죄의 유혹으로부터 보호해 줌으로써 범죄의 억제에도 기여한다.

## 제4절 정리

인간은 원래 자유롭고 평등하다. 그리고 인간은 자신의 삶을 자신이 원하는 방식대로 개척할 수 있는 자격이 있다. 스미스는 이 같은 자격이 수반하는 자유를 중요하게 여겼다. 그에게 자유는 인간의 본성에 부합하는 것이었고, 도덕적으로 정당한 것이었다. 나아가 그는 자유가 사회의 이익을 증진하여 번영을 가능하게 하는 원동력이라고 했다.

---

83) 위의 책, 106면.
84) 『법학강의(상)』, 610면; 『법학강의(하)』, 186면.

자유는 사회의 무질서와 혼돈을 초래하는 위험요소라는 일각의
시선이 여전했지만, 스미스는 인간의 공감능력을 통해 자유의 평등
한 향유를 뒷받침하는 질서가 확보된다고 보았다. 어떠한 정치적 권
위도 없이 인간들 사이에 모종의 질서가 형성된다는 입장은 정치철
학적으로 홉스류의 인식을 반박하는 맥락을 가졌다. 스미스에게 정
치공동체 이전의 세계는 인간들의 대립과 투쟁으로 채워진 전장이
아니라, 도덕규범과 자연적 정의의 지도하에 각자가 자연권을 누리
는 질서의 공간이었다. 그리고 이 질서는 인간의 본성에 기초하므로
그 나름의 보편성을 가지면서도, 사회구성원의 공감작용을 토대로
하므로 사회성과 역사성도 아울러 가진다.

그러나 스미스가 볼 때 정치공동체 혹은 국가 이전의 상황은[85]
완전하지 않았다. 무엇보다도 자연권은 전국가적 상황만으로는 확
실하게 보장되기 어렵기 때문이다. 이는 자연적으로 형성된 질서를
보장할 수단이 자연적으로는 형성되지 못함을 뜻한다. 국가가 없는
상황에서도 옳고 그름에 관한 규범적 판단이 가능하므로, 누군가가
타인의 권리를 침해할 경우 침해받은 자는 그 침해를 물리치기 위해
필요한 행위를 할 권리, 즉 가해자에게 해를 가할 수 있는 자연권이
인정된다고 간주되지만, 여기에는 자칫 개인들 간의 사적 복수를 불
러와 질서를 허물어뜨릴 위험이 도사리고 있다.[86] 이런 면에서 전국

---

85) 통상 사회계약론에서 국가가 성립되기 이전의 상태를 '자연상태'(state of
nature)로 명명하지만, 스미스는 뒤에서 보듯이 국가의 역사성과 발전성에
입각해 계약론이 상정하는 계약의 존재를 부정하므로 그러한 자연상태의
관념 역시 인정할 여지가 없다. 『법학강의(하)』, 6면 참조. 그러나 스미스에
게도 국가 이전의 사회가 존재하고, 또한 국가가 성립된 상황에서도 국가
에 의해 비로소 승인되는 것들과 국가 이전에 자연적으로 형성된 것들이
관념상 구분된다. 이 책에서는 스미스에 있어서 국가에 선행하는 상태를
'전국가적 상황', '국가 이전의 상황'으로 표현했다.
86) 가령, 『도덕감정론』, 152면, 657면.

가적 상황은 스스로가 필요로 하는 것을 스스로 산출할 수 없다는 결함이 있었다. 바로 이 대목에서 스미스는 국가의 필요성을 도출했다.

# 제4장 국가와 통치제도

통치나 정치에 관한 논의에서 그간 스미스의 이름이 거론된 적은 드물었다. 무엇보다도 그는 근대 경제학의 기초를 마련한 『국부론』의 저자로 유명해 정치학과는 관련이 없는 인물로 인식되었기 때문이다. 그가 아리스토텔레스의 『정치학』이나 로크의 『통치론』처럼 정치이론을 다루는 공식적인 저술을 남기지 않았다는 이유도 있을 것이다. 시장법칙의 자율성 혹은 자기조정적 시장 개념이나, 생산양식이라는 경제적 개념을 기준으로 인류역사를 네 단계로 구분한 시대관도 그가 정치를 부차적인 것으로 여겼다는 인상을 키우는 데 일조했을 것이다.

그러나 스미스의 학문적 관심은 경제이론에 국한되지 않았다. 그는 인간의 자유와 권리에 기초해 국가의 형성과 본질, 기능을 해명하고, 근대 자본주의 세계의 질서와 운영을 규율하는 원리를 파헤치는 보다 포괄적인 기획을 구상했다. 따라서 통치론, 그중에서도 통치제도와 그것을 지도하는 원리는 그에게도 중심에 있었다. 본장에서는 전장의 내용을 기초로 국가와 통치의 본질(제1절)과 제도적 운영원리, 그리고 시민의 역할 등을 중심으로(제2절) 그의 이론을 살펴본다.


## 제1절 국가의 본질

### Ⅰ. 개관

국가의 의미에 관하여는 다양한 설명이 있다. 국가의 법적 형식, 제도, 기능, 목표, 국제법체계 등 어느 측면을 중심으로 두는가에 따라 상이하게 이해된다. 아리스토텔레스는 국가를 공동체 중에서 최고의 선을 추구하는 공동체 혹은 생존을 위해 형성된 좋은 삶을 추구하는 공동체로 정의했고, 사회학자 베버(Max Weber)는 국가의 본질을 폭력독점체로 규정했으며, 마르크스(Karl Marx)는 국가를 지배계급의 이익에 봉사하는 계급지배 수단으로 파악했다. 법적 의미에서는 옐리네크(Georg Jellinek)가 제시한 국가 3요소설이 표준적 설명으로 받아들여진다.[1] 국가는 주권과 국민, 영토라는 세 가지 요소로 구성된다는 것이다. 우리 헌법 역시 제1조(주권), 제2조(국민), 제3조(영토)에서 그러한 3요소를 규정한다. 스미스의 저술에서도 국가는 영토와 국민, 주권적 권력자를 보유한다는 점을 기초로 한 서술이 있다.

스미스에게 국가가 중요한 것은 그 통치권 때문이다. 통치권은 사회에서 개인들 상호 간에 이루어지는 자율적 방식만으로 달성할 수 없는 공적 임무를 위해 필요하다. 그러나 자유롭고 평등한 개인들 간에 자율적으로 성립되는 정치공동체와 그 통치권에 대한 복종이라는 관념을 확립하기 위해서는 많은 것들이 해명되어야 한다. 이에 근대 초기 통치론은 중세 이후 전개된 새로운 정치 환경 속에서 정치질서의 산출 경로, 정치적 의무의 근거, 통치의 정당화 등을 기본문제로 다루어야 했다. 자유와 권리의 보호에 적합한 통치제도 및 정치적 자유의 인정범위 문제도 함께 주어졌다.

## II. 스미스의 사회계약론 비판

18세기 유럽을 지배한 자연법론은 국가를 가장 작은 기초단위인 개인으로 분할한 후 그로부터 다시금 정치공동체의 성립을 이끌어내는 구성적 방식을 취했다. 원래 자유로웠던 개인들이 어떤 필요에

---

1) Georg Jellinek, *Allgemeine Staatslehre*, 1. Aufl.(1900), 김효전 옮김, 『일반국가학』 (파주: 법문사, 2005), 323면 이하.

의해 국가라는 정치공동체를 조직하고 일정한 의무를 부담하게 되었다는 설명이다.

전통적 인습과 종교적 속박에서 벗어난 근대 서구인들은 국가라는 정치적 권위하에서 사회를 조직하려 했는데, 이 기획의 중심에 17~18세기 자연법론과 사회계약론이 있었다. 그러나 사회계약론이 자연법론의 필연적 귀결인 것은 아니다. 스미스는 계약론적 관점을 거부하고 그 대신 국가를 자연적인 진보(natural progress)의 소산으로 파악했다.[2] 국가는 더 나은 삶을 추구하는 인간들의 본성적 노력이 만들어 낸 결실이라는 것이다. 이를 통해 그는 사회계약론에 내재된 인위적인 기교를 비판하고 국가의 역사성과 발전성을 강조했다.

여기에는 서양의 전통적 사상과 충돌하는 이질적인 면모가 존재한다. 일반적으로 서양의 사상가들은 변화하는 것을 부정적으로 여겼다. 이는 궁극적이며 근원적인 실체의 발견을 철학의 과제로 추구했던 서구의 사상적 전통과 관련이 있다. 예컨대, 고대 그리스의 철학자들은 진리(aletheia)는 확실한 것이므로 변하지 않는 속성을 가진다고 믿었다. 가변적인 현실 너머 존재하는 불변적인 실체를 향한 철학적 동경은 자연스럽게 '변화, 운동' 혹은 '변화하는 것, 운동하는 것'을 부정적으로 인식하는 경향으로 이어졌다. 세상의 근원을 일자(一者)로 파악했던 파르메니데스(Parmenides)나 피안의 이데아를 세상의 본질로 간주했던 플라톤은 불변성을 동경한 대표적인 철학자였다. 이러한 태도는 서구의 지식인들에게 오래도록 영향력을 발휘했다.

이런 관점은 정치체제론에서도 그대로 투사되었다. 정치체제의 변화가 전통적으로 서구에서 부정적으로 다루어졌던 것은 그 때문이다. 수많은 철학자들이 현실에서 목도해 온 체제변화는 대개 사회의 분열을 초래하고 그 첨예한 대립 속에서 정치적 혼란과 시민들의

---

2) 『법학강의(상)』, 404면.

고통을 가져오는 원인이었다. 따라서 그들이 체제변화를 억제하는 대안을 모색한 것에는 참혹한 피해의 재발을 방지하고 사회의 안정을 유지하기 위한 실천적 함의도 있었다. 이 문제에 관하여 대체로 많은 이들이 공감한 대안은, 갈등하는 사회세력 간의 대립적 이익들이 정치질서 속에서 모두 구현되도록 함으로써 질서의 안정을 확보하는 방식이었다. 대표적인 예가 혼합정이다. 민주정의 대명사였던 고대 아테네가 여러 정치적 굴곡들을 겪었던 것과 달리, 혼합정의 표본이었던 스파르타는[3] 400년 이상 동일한 정치질서를 유지함으로써 훌륭한 체제의 고전으로 간주되었다.

홉스와 로크의 사회계약론은 그와 다른 방식으로 안정적이고 좋은 정치체제를 논증하기 위한 시도였다. 이 시도의 새로움은 혼합정의 기획이라는 고전적 방식이 아닌 근대 자연법론에 기초한 논의 방식에 있었다. 홉스와 로크는 모두 자연상태의 속성에서 시작하여 정치체의 도입을 논증했다. 홉스는 자연상태를 만인의 만인에 대한 투쟁 상태로 규정하고, 이 무질서 상태를 극복할 수 있는 절대적 체제의 등장을 정당화했다. 이에 따르면 통치자는 지배하고 인민은 복종해야 했다. 그와 달리 로크는 사람들이 자연상태에서 평화롭게 살아갈 가능성을 인정했지만, 재산의 침탈이나 재산을 둘러싼 분쟁처럼 자연상태만으로는 해결할 수 없는 상황들로 인해 정치체를 도입하게 되었다고 설명했다.[4] 국가의 본질을 인민의 생명, 자유, 재산의 보호로 이해하고 국가권력의 남용에 대비해 저항권의 가능성을 높이 인정했던 로크의 이론은 명예혁명 이후의 영국처럼 제한적 정치체제를 정당화하기 위한 시도로 평가되었다.

---

3) Platon, *Laws*, 692a~e, 712d~e; Aristoteles, *Politics*, 1265b~1266a; Polybios, *Histories*, 6.10; Marcus Tullius Cicero, *On the Republic*, 김창성 옮김, 『국가론』(파주: 한길사, 2007), 186면.

4) John Locke, 『통치론』, 11면 이하, 119면 이하.

현대 정치철학에서는 존 롤스(John Rawls)의 시도가 여기에 비견된다. 시간상으로 떨어져 있긴 하지만 롤스 역시 이들과 동일한 이론적 기조에 있다. 그는 원초적 입장(original position)과 무지의 베일(veil of ignorance)이라는 개념장치를 동원한 사고실험 속에서 사회구성원들이 정의의 원칙으로서 합의할 수 있는 내용들을 산출했다. 그처럼 고안된 조건 속에서 사회의 구성원들은 이른바 평등한 자유의 원칙을 제1원칙으로, 차등의 원칙을 제2원칙으로 선택할 것이라고 보았다.[5] 그리고 불평등은 최소수혜자에게 이익이 될 때에만 정당화된다는 논증을 통해 불평등이 허용될 수 있는 조건을 한정했다. 원초적 입장은 사회계약론자들의 자연상태에 대응되는 것이라는 롤스의 설명에서 보듯이 그의 이론적 기획은 전체적으로 사회계약론의 전통과 긴밀한 관계에 있다.[6]

홉스에게 질서를 보증하는 국가권력의 절대적 권위가 중요했다면, 로크에게는 권력의 남용으로부터 자유와 권리를 보호하는 국가권력의 제한성이, 롤스에게는 사회경제적 불평등의 허용조건과 그 범위가 중요했다. 이로써 홉스와 로크가 각각 절대적 체제와 제한적 체제를 옹호했다면, 롤스의 이론은 현대적 복지국가 혹은 사회민주주의 체제의 정당화에 기여했다.[7] 그런데 사회계약을 통해서도 다양한 정치체제가 성립될 가능성이 있고[8] 위 논자들이 추구한 정치

---

5) John Rawls, *A Theory of Justice*(Cambridge, Mass.: Harvard University Press, 1971), 황경식 옮김, 『사회정의론』(파주: 서광사, 2007), 75~136면 참조.

6) 위의 책, 13면, 32~33면, 37면.

7) 다만 롤스는 자신이 지지하는 체제를 '재산소유 민주주의'(property-owning democracy)라고 명명하면서 이것을 '자본주의 복지국가'(capitalist welfare state)와 구분했다. John Rawls, *Justice as Fairness: A Restatement,* edited by Erin Kelly (The Belknap Press of Harvard University Press, 2001), 김주휘 옮김, 『공정으로서의 정의: 재서술』(서울: 이학사, 2017), 241~242면(원문, p. 135).

8) Hugo Grotius, *Book I*, p. 262; Thomas Hobbes, 『리바이어던 1』, 248면 이하; Samuel von Pufendorf, *The Whole Duty of Man,* pp. 203ff; John Locke, 『통치론』,

체제의 모습 역시 서로 달랐지만, 이들은 모두 자연상태 혹은 그와 유사한 상태에서 시작하여 사람들 간의 합의를 통해 특정한 정치적 원리에 이르고자 했다는 점에서 공통되었다.9) 다시 말해, 그들에게 는 그러한 사고 장치를 통해 도출한 원리들이 표준적인 것이었으므 로, 그와 다른 원리는 이른바 불완전한 것 혹은 구성원의 진정한 의 사에 부합하지 않는 것으로 간주될 여지가 컸다.

이는 어떤 고정된 정당한 체제를 상정해 절대적인 척도로 삼는다는 측면에서 플라톤 이래 면면히 내려온 서구의 전통적 계보를 잇는다. 센 (Amartya Sen)의 표현을 빌리자면, 이는 '초월적 제도주의'(transcendental institutionalism)의 전형적 모습이다.10) 여기에는 정의와 부정의 간의 상대적인 비교보다 완벽한 정의를 규명하는 데 집중하고, 현실의 사 회에 주목하기보다는 주로 제도를 올바르게 만드는 데 집중한다는 특징이 있다.11)

스미스는 사회계약론의 논리에 비판적이었다.12) 그는 먼저 계약 론적 논의방식의 보편타당성을 의심했다. 당시 계약론은 일부 국가

---

125~126면.

9) 홉스는 제한적 체제를, 로크는 절대적 체제를 비판했다는 점에서, 이들의 계약론은 자신의 지향에 부합하는 원리와 그렇지 않은 원리 간의 위계를 인정했다. Thomas Hobbes, 『리바이어던 1』, 414면 이하; John Locke, 『통치론』, 86면 이하. 롤스는 『정의론』 이후 쏟아지는 비판에 반응하여 자신의 이론 을 공적 삶의 영역으로 국한함으로써 다원주의를 포용하는 자유주의로 입 장을 분명히 했으나, 그 배후에는 그러한 특정한 형식의 자유주의가 여전 히 가장 정당한 정치적 원리로서 존재한다.

10) Amartya Sen, *The Idea of Justice*(London: Penguin Books, 2010), 이규원 옮김, 『정 의의 아이디어』(서울: 지식의날개, 2019), 6면(p. 5); Amartya Sen, "Adam Smith and the contemporary world", *Erasmus Journal for Philosophy and Economics*, Vol. 3, Issue 1(2010), p. 57.

11) Amartya Sen, 『정의의 아이디어』, 6면 이하; Amartya Sen, "Adam Smith and the Contemporary World", pp. 57~59.

12) 이하 계약론 비판은 『법학강의(상)』, 580~584면; 『법학강의(하)』, 30~32면.

에서 있었던 논의이나, 그렇지 않았던 다른 국가들도 정부를 가진다
는 점에서 계약론이 정부의 존재를 설명하는 보편이론이기 어렵다
는 것이다.

그 외에도 사회계약론의 논리에는 여러 결함이 존재했다. 계약의
인적 효력범위와 관련한 문제가 대표적이다. 어떤 세대에서 그 같은
계약이 이루어진다 해도, 시간이 경과하면 그들의 후손처럼 계약과
무관한 사람들이 등장하기 마련이다. 사회계약론은 이때 그들을 전
(前) 세대가 체결한 계약에 구속시킬 근거가 부족하다는 약점이 있
었다. 계약이란 원칙적으로 계약당사자 간에만 효력이 있으므로 선
조가 체결한 계약이 그 후손에게 영향을 줄 수는 없기 때문이다.

그뿐만 아니라 계약이란 원래 당사자 간의 자발적인 의사에 의해
성립되는 것인데, 스미스가 볼 때 계약론자들이 주장하는 계약은 그
렇지 않았다. 가령, 사람의 탄생지는 자신의 의사와 무관하게 결정
된다. 현재도 그렇지만 스미스 시대의 사람들 역시 특별한 사연이
없다면 자신의 나라를 쉽게 떠나지 않았다. 이를 고려하면 사람이
어떤 국가에서 살고 있다 해서 그가 그 국가를 자발적으로 선택했다
거나, 그 국가의 체제에 만족하고 있다고 혹은 그 체제를 묵시적으
로 승인했다고 보기는 어렵다.[13] 이런 상황에서 그가 그 국가의 정
치체제를 형성하는 계약에 참여했다고 의제하기는 힘든 일이다.

## Ⅲ. 본성적 개선 노력

그러나 이러한 구체적인 지점들은 별론으로 하고, 스미스의 입장
은 좀 더 근본적인 차원에서 사회계약론과 충돌하는 면이 있다. 스
미스는 고정되고 특정한 어떤 불변의 이상적 체제를 상정하고 그러

---

13) 로크의 이견은 John Locke, 『통치론』, 114면 이하.

한 체제의 성립가능성과 운영원리를 설명하는 태도 자체를 부당한 것으로 여겼기 때문이다. 스미스가 이해하는 인간은 주어진 환경 속에서 자신의 삶을 더 나은 상태로 만들기 위해 끊임없이 노력하는 존재였다. 자신의 처지를 개선하기 위한 부단한 노력은 인간을 다른 동물로부터 구분하는 인간고유의 요소였다. 이 같은 인간의 노력은 정치체제의 문제에서도 마찬가지였다. 정치체제 역시 인간의 부단한 개선노력의 대상이 되는 까닭이다.

따라서 그의 관심은 인간 공동체가 마땅히 도달해야 할 최종적이고 불변적인 체제가 무엇인지가 아니라, 인간이 역사적으로 어떤 정치체제를 만들어 왔고 이 체제를 어떻게 개선하여 발전시켜 왔는가에 있었다. 말하자면 그것은 정치체제의 탄생과 발전의 계기를 밝히고, 이를 시간의 축 위에 그려 넣음으로써 변화와 발전의 경로를 규명하는 일이었다. 그는 그 속에서 정치체제 문제를 지배하는 일반적 원칙을 발견할 수 있다고 믿었다.[14] 홉스와 로크류의 계약론이 척도가 되는 어떤 고정된 정당한 체제를 지향하는 것이라면, 스미스의 논법은 과거보다 나은 현재를 만들기 위한 부단한 노력의 연쇄로서 산출되는 '상대적으로 더 나아진 체제'를 중시하는 것이었다. 센의 표현을 한 차례 더 빌리자면, 이를 '비교론적 접근법'(comparative approaches)이라고도 부를 수 있다. 완벽히 정의로운 특정한 이상적 사회를 추구하는 방식 대신, 현실 세계에 존재하는 여러 부정의들과 잘못된 정책들을 없애거나 개선하는 방식에 초점을 두기 때문이다.[15]

14) 이를 이른바 '추론적(혹은 이론적) 역사'(conjectural history)라고 부르기도 한다. Dugald Stewart, Life and Writings of Adam Smith, p. 293. 스코틀랜드 역사학파의 이 같은 역사 관념에 관하여는, 박상현, "계몽주의와 역사주의", 283~308면. 박상현은 이러한 역사적 접근법이 계몽주의와 역사주의가 서로 충돌한다는 종래의 통념을 뒤집어 양자가 융합될 수 있는 가능성을 보여준다고 평가했다.

15) Amartya Sen, 『정의의 아이디어』, 8면; Amartya Sen, "Adam Smith and the

인간 사회의 쉼 없는 발전가능성을 신뢰했던 스미스의 낙관주의
는 궁극적으로 인간의 본성에 그 토대를 두었다. 인간은 자신의 현
재 상태에 만족하지 못하는 기본적인 성향을 갖기 때문이다. 상태개
선 욕구는 자신의 이익과 행복을 우선적으로 추구하는 인간의 본성
과 밀접한 관련이 있으므로, 이 욕구는 인간이라면 누구나 가지는
것이다.16)

동시에 이 욕구는 인간에게만 해당되는 것이기도 하다.17) 인간과
동물은 공히 자기보존의 본성을 갖지만, 인간만이 주어진 자연의 산물
에 만족하지 못하는 존재이기 때문이다. 그 이유로 스미스는 인간만
이 갖는 '섬세한 감성'에 주목했다. 인간 특유의 이 감성으로 인해 인
간은 무엇에 대해서든 개선의 필요성을 느끼게 된다. 새들이 나뭇가
지 위에 짓는 새 둥지의 형태가 지난 수만 년의 세월동안 아무런 변화
를 겪지 않았던 것과 달리, 인간의 주거형태는 혁신적으로 발전해 왔
다는 사실을 떠올려 본다면 스미스의 이 말을 쉽게 이해할 수 있다.

이는 비단 물질적 조건의 개선에만 국한되는 것이 아니었다. 스
미스는 인간의 본성적인 섬세함이 물질적 측면뿐만 아니라 정신적
측면에서도 존재한다고 보면서, 예술을 대표적인 예로 들었다. 그리
고 그는 예술의 아름다움에 대한 관심이 질서와 체계의 아름다움에
대한 관심과 다르지 않다고 여겼다.18) 그에 따르면, 인간은 원래 어
떤 목적을 추구하기 위한 수단으로서 제도를 고안하지만 종종 제도
그 자체의 완전성과 탁월함에 더 큰 관심을 두기도 한다. 스미스는
이것이 자신만의 고유한 통찰이라고 했다. 제도의 완전성과 탁월함
에 대한 이러한 관심은 공감작용과는 무관할 수 있지만 제도의 개선

---

contemporary world", p. 58.

16) 『국부론(상)』, 420면.

17) 『법학강의(하)』, 187~188면.

18) 『도덕감정론』, 347면.

을 가져오는 원동력이 된다. 스미스는 이러한 본성적 측면이 동료 시민들의 행복을 갈망케 하고 공공복리의 증진에 더욱 적합한 제도를 도입하게 만든다고 했다.[19)]

짧게 말하자면, 더 완전하고 더 탁월한 제도를 산출하기 위한 부단한 노력은 인간의 또 다른 본성으로서 정신적 섬세함에 기초한 개선욕구의 산물이고, 스미스는 이러한 인간의 노력에 의해 제도가 개선되어 공공복리가 증진되고 현실의 여러 문제들이 마침내 교정될 것으로 신뢰했다.[20)] 지금껏 그래왔듯이, 세상은 앞으로도 지속적으로 그리고 부단히 개선될 것이다. 그리고 설사 어떤 이상적 체제에 도달한다 하더라도, 분명 인간은 거기서도 개선의 필요성을 발견하게 될 것이라는 뜻이다.

## IV. 국가의 기원과 본질

### 1. 국가의 발생

스미스는 당대 자연법론자들의 계약론적 논법을 받아들이지 않았으나, 국가의 성립에 관한 그의 설명은 전반적으로 계약론자들과 일치하는 면이 있다. 자연상태 혹은 그와 유사한 전국가적 질서 속에서 자유롭고 평등하게 살아가던 인간들이 그 상태만으로 해결하지 못하는 공통의 문제들을 다루기 위해 국가를 고안했다는 논법, 특히 소유물의 보호 문제를 설명의 중심에 두고 국가의 필요성을 도출하는 논리는 로크의 입론과 많은 면에서 겹친다.[21)] 다만 차이가

---

19) 위의 책, 336~337면, 340~342면, 347~348면(p. 185).
20) 『국부론(하)』, 832면.
21) John Locke, 『통치론』, 13면 이하, 93면 이하, 208면 등; 『국부론(하)』, 876면, 881면; 『법학강의(상)』, 394~396면, 405면; 『법학강의(하)』, 26면, 34면.

있다면, 로크는 그 기원을 사람들 간의 계약에서 찾았지만 스미스는 그것을 인간의 연쇄적인 개선노력에서 찾았다는 점이다.

앞서 본 대로 그는 국가를 인간들이 사회에서 이룩한 자연적 발전의 산물로 간주했다.[22] 이 표현에는 국가가 궁극적으로는 자연, 혹은 그 일부인 인간 본성의 발현으로부터 성취된다는 취지가 어렴풋이 담겨 있다. 국가의 도입은 더 나은 삶을 살기 위해 노력하는 인간이 사회의 발전과정에서 맞닥뜨린 문제에 대처하는 자연적 진행의 산물이기 때문이다. 스미스는 이 과정이 처음에는 통치 관념을 명확히 의식하면서 진행된 현상이 아니었을 가능성을 제기하면서도, 그렇다 해도 추후 진행과정에서는 통치의 필요성에 대한 의식적인 고려를 통해 국가의 정치적 권위가 확보되었을 것으로 생각했다.[23] 스미스가 국가성립의 계기를 1회적인 것으로 여기는 계약론자들을 비판하기 위해 국가의 자연적 진보성과 역사성을 강조했던 것은 사실이나, 그에게도 국가는 통치의 필요성에 대한 자각에 기초한 의식적 산물이었다. 정부는 "상상할 수 있는 가장 세련되고 가장 정교한 발명품 중 하나"라는 흄의 주장은[24] 따라서 스미스에게도 유효하다.

일반적으로 근대 자연법론에서 국가는 자연상태에서 해결할 수 없는 문제들에 효과적으로 대응하기 위해 고안된 장치였다.[25] 스미스는 애초 소유물의 보호문제가 결정적인 역할을 했을 것으로 추론하지만, 통치의 필요성은 사회의 진보에 따라 권리 전반의 보호문제로 확대되었다. 통치는 "인간 본성에 대한 가장 큰 불신", 즉 인간 본성의 불완전성에 대한 의식의 산물이라는 매디슨(James Madison)의 표현을[26] 응용하자면, 스미스에게 그것은 인간 본성에 대한 불신의

---

22) 『법학강의(상)』, 404면.
23) 『국부론(하)』, 881면.
24) David Hume, 『인간 본성에 관한 논고 3』, 131면.
25) 이종은, 『평등, 자유, 권리』(서울: 책세상, 2011), 466면.
26) James Madison, *et al.*, *The Federalist Papers*(New American Library, 1961), 김동영

산물이자 자연적 질서의 완전성에 대한 의심의 소산이었다. 인간이 천사와 같다면, 혹은 그렇지 않다 해도 인간 본성의 나약함과 결함에 대한 대비책들이 정치의 작동 없이도 자연적 질서 속에서 갖추어진다면, 구태여 통치를 고안할 필요가 없기 때문이다.

통치의 필요성에 관한 스미스의 설명이 로크와 유사한 면이 있다면, 정치적 권위의 부재가 야기할 수 있는 최악의 상황에 대한 두려움을 표한 대목은 홉스를 연상케 한다. 스미스에 따르면, 그러한 상황에서 인간들은 자신의 권리를 지키기 위해 사적 구제를 실천할 수밖에 없는데 그로 인해 사회가 "유혈과 무질서가 난무하는 장소"로 변하게 될 위험이 있다는 것이다.[27] 따라서 개인의 권리를 보호해 줄 정치적 권위를 도입하는 것은 이 같은 유혈과 무질서를 억제함으로써 개인의 행복에 필수적인 사회 안정을 달성하기 위해 반드시 필요하다. 이런 이유로 도입된 국가라면 "그 나라의 권위에 종속되어 있는 사람들로 하여금 타인의 행복을 해치거나 교란시키지 못하도록 하기 위해 그 사회의 모든 역량을 동원하려고 노력"[28] 마땅한 의무를 진다.

흥미로운 점은 그가 이러한 문제의식을 역사적 접근법으로 풀어내었다는 것이다. 이는 그의 설명에 고유한 통찰과 색채를 부여하는 요소였다. 특히 이 접근법은 통치의 기원에 있어서 계약론적 설명법을 대체하려는 그의 대안적 전략이므로, 그의 가장 기본적인 개념틀로 간주한다고 해도 크게 어긋남이 없다.[29] 스미스의 역사적 접근법

(옮김), 『페더랄리스트 페이퍼』(서울: 한울 아카데미, 1995), 316면.

27) 『도덕감정론』, 657면.

28) 위의 책, 413면.

29) Knud Haakonssen and Donald Winch, "The Legacy of Adam Smith", Knud Haakonssen(ed.), *The Cambridge Companion to Adam Smith*(Cambridge: Cambridge University Press, 2006), p. 392; R. L. Meek, "Smith, Turgot, and the 'Four Stages' Theory", p. 144 각 참조. 4단계 역사이론의 역사에 관해서는 R. L. Meek,

은 경제적인 생산양식을 기준으로 인류 역사를 4단계의 시대로 구획해 그 시대의 구체적인 제도들을 분석하고 그 변화·발전의 원리와 경로를 해명하는 것을 목표로 했다. 그가 구분한 4단계는 수렵시대(Age of Hunters), 목축시대(Age of Shepherds), 농업시대(Age of Agriculture), 상업시대(Age of Commerce)였다.[30]

최초의 시대인 수렵시대에는 통치가 존재하지 않았다. 자연 속의 수렵생활이라는 인간 삶의 시대적 조건은 사람들에게 국가와 통치의 필요성을 느끼게 하지 못했다. 그러나 목축시대가 도래한 후 인간 삶의 조건에 중대한 변화가 생겼다. 자신이 독점적, 배타적으로 관리하는 재산과 소유의 관념이 이 시대에 등장하자 사람들은 재산과 소유물을 보다 확실하게 보장받는 방안을 모색하게 되었고, 그 결과로서 국가가 설립되었다고 스미스는 주장했다.[31]

소유물의 보호를 위해 사람들이 국가를 고안했다는 논법은 사실 서구 정치철학사에서 오랜 역사를 가진다. 이를테면, 이와 유사한 설명은 고대 로마의 철학자 키케로로부터도 찾아볼 수 있다.

각자의 재산을 지켜주기 위해서라는 이 특별한 목적을 위해 공화국 제도와 시민공동체가 수립되었다. 다시 말해 비록 인간은 자연이 부여한 **인간 본성에 따라 본능적으로** 한데 모여 공동체를 이루게 되었지만, 그럼에도 각자 자기의 재산을 지킬 수 있으리라는 기대 때문에 도시의 보호를 받고자 했던 것이다.[32]

---

"Smith, Turgot, and the 'Four Stages' Theory", *Adam Smith: Critical Assessments,* Vol. 4, John Cunningham Wood(ed.)(London: Croom Helm, 1983).

30) 『법학강의(상)』, 102면; 『법학강의(하)』, 131면.

31) 『법학강의(상)』, 396면, 404~405면; 『법학강의(하)』, 34면.

32) Marcus Tullius Cicero, *On Duties,* 허승일 옮김, 『의무론』(파주: 서광사, 1989), 163면(강조는 필자에 의함).

다만 키케로가 아리스토텔레스처럼 국가를 인간 본성의 직접적인 산물로 설명한 것과 달리, 스미스는 비록 그 역시 궁극적으로는 인간 본성으로 소급해 가겠지만 당대 자연법론자들과 같이 국가를 인간의 필요에 따른 산물로 이해했다는 점에서 차이가 있었다.

스미스가 소유물의 보호를 국가의 등장 원인으로 거듭 언급한 것은 사실이나, 국가의 목적을 오직 이 측면에 국한한 것은 아니다. 이것은 수렵시대에서 목축시대로 넘어오는 과정 속에서 국가가 등장하게 된 이유를 설명한 것일 뿐이다. 18세기 상업사회에서 국가의 우선적 목적은 재산권을 포함해 개인의 전반적인 권리를 보호하는 일이라는 설명에서 보듯이,33) 역사발전에 조응하려는 인간의 노력을 중시한 스미스는 시대의 변화에 따른 국가 역할의 변화를 당연하게 여겼다.

한편 통치에 대한 정치적 복종의 발생과 관련하여, 계약론자들은 계약이라는 자발적 행위, 즉 개인의 자발적 동의로부터 통치에 대한 복종의무의 근거를 찾았지만, 통치의 성립을 위한 계약의 존재를 부정한 스미스는 다른 근거를 찾아야 했다. 그는 군주정에서는 권위의 원리가, 민주정에서는 이익(효용)의 원리가 의무의 근거로 작용한다고 했다.34)

정리하자면 스미스에게 국가는 인간 삶의 목적이 아니라 개인의 더 큰 행복을 위해 필요에 따라 고안된 수단이었다. 목적으로서의 국가가 개인에 우선하고 필연적인 존재라면,35) 수단으로서의 국가는 관념상 선행하는 개인들이 더 나은 삶을 위해 도입한 공적 조직이다.

---

33) 『법학강의(상)』, 89면; 『법학강의(하)』, 7면.
34) 『법학강의(상)』, 585면.
35) Aristoteles, *Politics*, 1253a.

## 2. 역사적 접근법의 이론적 의미

스미스의 역사적 접근법은 사실 유럽을 중심으로 한 것이고 엄밀한 실증성 대신 추론적 구성에 의존했다는 점에서 한계가 있었다. 그러나 정치체제의 변화를 현실의 역사와 관계없이 순수하게 사변적으로만 접근했던 고전적인 정체순환론과 비교해 볼 때,[36] 현실에 대한 설명력이라는 측면에서 스미스의 논법은 분명한 장점을 가졌다. 역사적 접근법은 사회와 국가를 시간적 좌표 속에서 파악함으로써 분석의 대상이 되는 어떤 사회와 국가를 특정한 시공간 속으로 조건화하여 그 가치를 상대화한다는 미덕을 가졌다.

이 접근법의 큰 특징은 시대의 변화를 식별하는 기준을 생산양식 혹은 생활양식이라는 경제적 관점으로 설정했다는 점이다. 각 시대를 규정하는 수렵, 목축, 농업, 상업이라는 이름은 해당 시대의 특징적인 생산양식, 즉 사회의 경제적 기본구조를 표현한다. 그는 이를 토대로 사회적 기본구조를 파악했는데, 이런 시도는 노동가치론과 더불어 마르크스가 스미스로부터 상당한 영향을 받았던 부분이다.[37] 개인의 소유물을 보호하기 위하여 정치공동체가 필요하다고 본 로크가 경제적 요소를 정치철학의 전면으로 가져온 중요한 변화를 이끌었다면,[38] 스미스는 거기에서 더 나아가 경제적 요소를 역사의 변화, 특히 그에 따른 정치체제의 변화를 관통하는 요소로 간주함으로써 경제적인 것의 정치적 역할을 더욱 격상시켰다.

---

36) Platon, *Republic*, 제8권; Aristoteles, *Politics*, 1286b; Polybios, *Histories*, 6.5~9; Niccolò Machiavelli, 『로마사 논고』, 79~80면 각 참조.

37) Ronald L. Meek, *Studies in the Labor Theory of Value*, 2nd ed.(New York: Monthly Review Press, 1976), 김제민 옮김, 『노동가치론의 역사』(서울: 풀빛, 1985), 146~147면; T. D. Campbell, *Adam Smith's Science of Morals*(New York: Routledge, 2012), p. 81.

38) Donald Winch, *Adam Smith's Politics*, p. 20.

다만 인류의 경제적 성장이 가져온 생산양식의 변화를 정치적 질
서에 대한 중요한 변수로 보았다 해서 그가 기계적인 결정론자이었
던 것은 아니다. 그는 정치적 요인이 사회의 기본적 구조에 영향을
줄 수 있음을 또한 인정했다. 예컨대, 그는 중세와 그 후의 유럽역사
에서 경제의 자연적 발전과정이 정치적 세력관계에 의해 오히려 역
으로 전개되기도 했다고 설명한 바 있다.[39]

또한 스미스 역사관의 진보성도 주목할 부분이다. 사실 이러한
역사관은 서구적 전통에서 그리 친근하지 않았다. 전반적으로 서구
인들은 금의 시대로부터 철의 시대로 이어지는 퇴행적 흐름으로 역
사를 이해하는 그리스적 시대관, 에덴동산과 그로부터의 추방이라는
메타포를 축으로 하는 히브리적 세계관에 익숙했다.[40]

반면 수렵시대, 목축시대와 농업시대를 거쳐 도달한 상업시대는
스미스에게 가장 진보된 시대였다. 그리고 이러한 역사의 진보, 개인
과 사회의 풍요를 가져오는 사물의 자연적 진행은 인간 본성에 따른
당연한 귀결로 이해되었다. 역사의 진행에 의해 분업과 부가 증가하
고, 그에 따라 생활양식이 변화해 상업사회라는 문명화된 사회로 이
행하게 된다는 그의 설명에는[41] 그러한 시대관이 반영되어 있다.

그럼에도 불구하고 스미스가 낙관적 역사관을 맹목적으로 추종
하지 않았다는 점 또한 중요하다. 그는 문명의 진보가 크나큰 혜택
만큼이나 중대한 사회문제를 수반할 가능성이 있음을 인정했다. 그
리고 그는 자신이 국가(혹은 입법자, 정치가, 의회)의 지혜로[42] 표현

---

39) 『국부론(상)』, 468면, 486~497면; Donald Winch, *Adam Smith's Politics*, pp. 76~77.
40) 진보는 근대적 관념이며 서구의 고전적 사고와는 친하지 않다는 것이 일
    반적인 시각이나, 고대 그리스·로마 시대에도 일정부분 진보에 대한 인식
    이 있었다는 주장도 있다. 예컨대 E. R. Dodds, *The Ancient Concept of
    Progress*(Oxford: Clarendon Press, 1973), pp. 1ff; Robert A. Nisbet, *History of the
    Idea of Progress*(New Brunswick: Transaction Publishers, 2009), pp. 10ff.
41) 『국부론(상)』, 28면, 420면; 『법학강의(하)』, 199~200면, 267면.

한 통치의 역할을 통해 이 문제들을 해결할 수 있다고 생각했다. 사회의 발전과정에서 조우하게 되는 여러 사회문제들에 대처할 수 있으려면 국가의 역할이 그만큼 늘어나야 한다는 것이다. 이는 문명의 진보가 더 많은 국가의 역할을 필요로 함을 의미한다.[43]

이 문제가 스미스에게 중요한 이유는 역사발전의 지속가능성 때문이었다. 문명의 진보로 야기되는 부작용이 커지면 어느 순간 더 이상의 진보가 불가능해지고 더 나아가 사회를 유지하는 일조차도 힘들어지는 까닭이다. 스미스가 우려했던 대표적인 부작용은, 뒤에서 보듯이 상무정신의 약화와 정치적 판단력의 훼손을 포함하여 분업의 확대가 야기하는 인간의 정신적 무능화 현상, 경제적 불평등 그리고 그로 인한 자유의 제약 등이었다.[44] 인간의 본성상 사회는 발전하게 되어 있지만, 그것이 다시 인간 삶의 조건을 파괴하여 발전의 토대를 허물어뜨릴지 모른다는 역설이다. 인간사회의 진보가 역으로 진보의 가능성을 훼손할 우려를 낳는다는 것인데, 스미스는 이 문제의 해답을 국가에서 찾았다. 그에게 국가는 사회의 진보로 야기되는 위험에 대처하기 위해서도 필수적이었다.

## 제2절  통치제도

스미스는 자신이 지지하는 정치체제와 그 정치적 원리가 무엇인지를 명시적으로 밝히지 않았으나, 그렇다고 그가 이 문제에 대해

---

42) 『국부론(하)』, 746면, 860~861면, 895면.
43) 『국부론(상)』, 320~323면; 『국부론(하)』, 873면, 875면 이하, 890면, 892면, 957~966면, 1135면; 『법학강의(상)』, 105~106면; 『법학강의(하)』, 267면 등.
44) 『국부론(하)』, 878면, 958~966면; 『법학강의(상)』, 396면 이하; 『법학강의(하)』, 34면 이하 등

어떠한 입장도 없었다고 보기는 힘들다. 그는 여러 곳에서 정치체제에 대한 비평과 분석을 남겼고, 특정한 정치적 원리들에 대한 선호와 반감을 보여주었다. 이로부터 우리는 당시 시대적 조건 속에서 스미스가 구상했던 정치체제 및 그가 선호한 정치적 원리에 접근할 수 있다.

전반적으로 말해, 그는 인간의 자유와 평등을 보장하는 정치체제, 이를 위해 사회적으로 요구되는 공적 과제들을 원활하게 수행하는 정치체제를 추구했다. 주의해야 할 것은, 그가 그 구체적 모습을 어떻게 상정했는가는 18세기 당시의 정치현실을 배경으로 이해되어야 한다는 점이다. 그의 주장을 오늘날 상황에 견주게 된다면 많은 부분 미흡하고 시대에 뒤떨어진 생각으로 보여 쉽게 내던져질지도 모른다. 하지만 당시 시대 속에 서게 된다면 다른 이해의 가능성이 주어진다. 따라서 본 절의 논의를 위해서는 먼저 18세기 영국의 정치제도를 살펴볼 필요가 있다.

## I. 18세기 영국의 정치제도

명예혁명을 거친 후 18세기 영국은 제한적 정치체제로서의 성격이 더욱 공고화되었다. 이 무렵 영국 헌정은 형식상 군주정이었지만 상원(귀족원)과 하원(평민원)이 국왕을 견제하여 자유를 보존하는 혼합정(mixed government) 혹은 균형헌정(balanced constitution)으로서의 특징이 두드러졌다.[45] 몽테스키외가 당시 영국 헌정을 '외형상 군주

---

45) 18세기 영국 헌정제도에 관한 전반적 설명은 H. T. Dickinson, "The British Constitution", H. T. Dickinson(ed.), *A Companion to Eighteenth-Century Britain*(Blackwell, 2002), pp. 6ff; Rudolph Gneist, *The history of the English Constitution*, Philip A. Ashworth(tr.)(Littleton: F. B. Rothman, 1980), pp. 331ff; Sir William Blackstone, *Commentaries on the Laws of England in Four Books, vol. 1: Books I & II*(Philadelphia: J. B. Lippincott Co., 1893)(이하 *Commentaries on the*

정을 취하는 공화정'이라고 규정한 것은 그 때문이다.[46]

근대 영국정치의 중심인 의회의 기원은 13세기로 소급된다. 문헌상 parliament라는 표현이 처음으로 등장한 때는 1236년이었으나, 1258년 소집된 옥스퍼드 의회를 의회제도의 본격적인 시작점으로 말하는 편이다.[47] 귀족원과 평민원이 분리되어 양원의 구조를 가지게 된 것은 14세기 에드워드 3세 때로 알려져 있다.

원래 영국에서 의회는 입법기관이 아니었다. 초기의 역할은 주로 국왕이 행하는 입법이나 과세에 동의하는 일이었다. 그러나 14세기 이후 의회의 권한이 강화됨으로써 의회가 법안을 만들어 확정하고 왕의 재가를 거치는 방식으로 입법을 행하는 관행들이 생겨나기 시작했다. 또한 전쟁에 따른 비용문제로 돈이 필요하게 된 왕은 의회에 이를 호소했는데, 이 과정에서 의회는 왕의 요구를 들어주며 자신들의 권한을 확대했다. 명예혁명은 이러한 흐름을 굳혀 사실상 비가역적인 수준으로 만들었고, 실제로 1707년 이후에는 의회가 만든 법안 중 왕으로부터 재가를 받지 못한 경우가 단 한 건도 없었다.[48]

명예혁명 직후 하원은 각 선거구에서 선출된 513인의 의원으로 구성되었으나, 1707년 스코틀랜드와 통합한 후 스코틀랜드로부터 45

---

*Laws of England Book I)*, pp. 38ff; Frederic William Maitland, *The Constitutional History of England*(Cambridge: Cambridge University Press, 1968); H. T. Dickinson, *The Politics of the People in Eighteenth-Century Britain*(New York: St. Martin's Press, 1994); Clyve Jones(ed.), *A Short History of Parliament: England, Great Britain, the United Kingdom, Ireland and Scotland*(Woodbridge: Boydell Press, 2012).

46) C. S. Montesquieu, 『법의 정신 I』, 88면.

47) J. R. Maddicott, *The Origins of the English Parliament, 924-1327*(New York: Oxford University Press, 2010), pp. 157, 234; Paul Brand, "The Development of Parliament, 1215-1307", Clyve Jones(ed.), *A Short History of Parliament: England, Great Britain, the United Kingdom, Ireland and Scotland*(Woodbridge: Boydell Press, 2012), p. 10.

48) Leslie Wolf-Phillips, "A Long Look at the British Constitution", *Parliamentary Affairs*, Vol. 37, No. 1(1984), p. 277. 국왕의 재가를 받지 못한 마지막 법안은 1707년 스코틀랜드 민병대 법안(Scottish Militia Bill)이었다.

인의 의원을 받아들여 모두 558인으로 채워졌다. 영국의 상원은 캔터베리 대주교나 요크 대주교 등의 성직 귀족(Lords Spiritual)과 공작이나 백작 같은 세속 귀족(Lords Temporal)으로 구성되어 그 수가 고정되지 않았는데, 그 시기 상원의원의 수를 보면 18세기 초에는 200인에 미치지 못했으나 18세기 말에는 대략 300인에 이르렀다.[49]

상원과 달리 하원은 시민들로부터 선출된 자들로 충원되었는데, 이 당시 영국에서 하원의원에 대한 선거권은 군(county)에서의 선거권과 도시(borough)에서의 선거권으로 나뉘어 있었고, 매우 제한적으로만 인정되었다. 군에서의 선거권은, 1430년 제정되어 그 후 400년 동안 유지되었던 소위 40실링법(Forty Shilling Freeholder Act)에 의해 연간 40실링(2파운드) 이상의 수입을 거둘 가치를 지닌 토지나 자산을 소유한 남성에게만 부여되었다. 도시의 경우에는 선거권 규정이 일률적이지 않았고, 토지보유 수준이나 지방세 납부 수준 등에 따라 다양한 기준이 통용되었다.[50] 이러한 엄격한 기준으로 인해 적은 수의 시민들만이 선거권자가 되었으나 인구가 늘어가는 과정에서 선거권자의 수도 점차 증가했다. 정확한 수치를 알기는 힘들지만, 대략 잉글랜드와 웨일즈에서 전체 선거권자의 수는 1689년 무렵 약 240,000명, 1715년 무렵에는 약 300,000명 수준이었다가 18세기 말에는 약 400,000명 정도에 이르렀던 것으로 추산된다.[51]

스코틀랜드의 경우는 선거권자 요건이 더욱 엄격했다. 1681년 제정된 법에 따라 토지소유자로서 연간 400파운드의 수익이 가능한 자

---

49) Clyve Jones and Stephen M. Farrell, "The House of Lords, 1707-1800", *A Short History of Parliament: England, Great Britain, the United Kingdom, Ireland and Scotland*, Clyve Jones(ed.)(Woodbridge: Boydell Press, 2012), p. 149.

50) 이 무렵 영국의 선거권에 관하여는, Frederic William Maitland, *The Constitutional History of England*, pp. 87, 290; H. T. Dickinson, *The Politics of the People in Eighteenth-Century Britain*, pp. 13ff.

51) H. T. Dickinson, *The Politics of the People in Eighteenth-Century Britain*, p. 32.

들에게만 투표자격이 인정되었기 때문에, 선거권자의 수는 1823년을 기준으로 전체 2백만 명의 주민들 중 약 3,000명 수준에 그쳤다.[52]

18세기 초 앤 여왕 시대에는 3년 주기로 선거가 이루어졌지만, 1716년 의원의 임기를 7년으로 변경하는 소위 7년법(Septennial Act)에 의해 선거 주기가 연장되었다. 이는 1911년 의원 임기가 5년으로 단축되기 전까지 지속되었다.

혼합정 혹은 제한적 정치체제로서 영국 헌정의 성격은 의회의 입법과정에서 두드러진다. 여기서 말하는 의회는 국왕과 귀족원, 그리고 평민원으로 구성된 것을 의미한다.[53] 입법권은 국왕과 귀족 및 평민의 대표가 함께 행사한다는 '의회 내의 국왕'(King in Parliament)이라는 관념이 확고해졌다. 국왕의 입법참여는 헌정의 균형을 위해 필요했다. 양원을 중심으로 한 입법이 왕권을 침해할 우려가 있으므로, 국왕은 입법에 관여함으로써 이 침해로부터 자신의 권한을 지킬 수 있어야 한다.[54] '국왕과 상·하원으로 구성된 의회'라는 관념은 영국에서 전통적으로 법률의 문두에 등장했고 지금도 유지되고 있는 다음의 표현에서 잘 드러난다. "이 법률은 현재 소집되어 있는 의회에서 상원의 성직의원과 세속의원, 그리고 하원의원의 자문과 동의, 그리고 이들의 권한에 따라 국왕 폐하의 재가를 얻어 다음과 같이 제정한다." 이 같은 의회 관념은 호주와 캐나다처럼 과거 영국의 지배를 거쳤던 여러 국가들에서 여전히 존중되고 있다(호주 헌법 제1조, 캐나다 헌법 제17조, 뉴질랜드 헌법 제14조, 인도 헌법 제79조 등 참조).

---

52) Richard S. Katz, *Democracy and Elections*(New York: Oxford University Press, 1997), p. 23.

53) Sir William Blackstone, *Commentaries on the Laws of England Book I*, pp. 50f, 153; A. V. Dicey, *Introduction to the Study of the Law of the Constitution*(Indianapolis: Liberty Fund, 1982), 안경환·김종철 공역, 『헌법학입문』(서울: 경세원, 1993), 2면.

54) Sir William Blackstone, *Commentaries on the Laws of England Book I*, p. 154. 같은 취지의 설명으로 C. S. Montesquieu, 『법의 정신 I』, 194면, 196면도 참조.

이처럼 당시 영국에서 입법은 국왕과 상원, 하원의 협업으로 여겨졌다. 발의된 법안이 법률로 확정되기 위해서는 같은 회기 안에서 이들 세 기관의 동의를 모두 얻어야 했다. 그러나 시간이 경과할수록 상·하원의 역할이 중요해졌다. 이에 1707년 이후에는 상·하원을 통과한 법률이 국왕으로부터 거부된 예를 찾아볼 수 없다. 한편 하원은 국가재정에 관한 권한을 가졌는데, 세금을 부과할 권한을 단독으로 행사했고 국고로 들어가는 자금을 통제하는 권한도 보유했다. 상원은 최고재판소의 역할도 함께 수행했다.

상·하원의 정치적 역할이 강화되어 가던 18세기 영국 헌정에서도 국왕의 지위는 여전히 중요했다. 국왕은 영국 국교회의 수장이었고, 의회를 소집하거나 정회시키거나 해산할 권한을 가졌다. 또한 사회의 최고 명망가로서 국왕이 누리는 지위에는 변함이 없었고, 사람들은 궁정이나 내각의 주요 직책에 임명되는 것을 영광스럽게 받아들였기 때문에 국왕은 그러한 임명권을 이용해 사람들의 충성심을 얻었다.

앤 여왕이 1714년 후사를 남기지 않고 사망하자, 가톨릭 신자의 왕위계승을 금지하는 왕위계승법(Act of Settlement 1701)에 따라 하노버 출신의 조지 1세가 계승순위의 열세를 극복하고 국왕으로 즉위했다. 타국 출신으로서 영어 소통에 능숙하지 못했던 국왕이 각의를 주재하기 힘들게 되자, 1721년부터 월폴이 그 역할을 맡아 영국 역사상 최초의 총리가 되었다. 이 무렵 내각은 국왕의 의사에 따라 구성되었기 때문에 국왕이 의회 다수파의 지지 여부와 무관하게 임명할 수 있었고, 또 의회 다수파의 지지를 받는 장관이라 하더라도 국왕이 해임할 수 있었다.[55]

요약하자면, 18세기 영국 헌정은 국왕(군주정)의 정치적 권위가 여전히 유지되었고, 엘리트 귀족층(귀족정)이 정치적 리더십을 상실

---

55) H. T. Dickinson, "The British Constitution", pp. 12~13.

하지 않은 가운데, 하원(민주정)이 대변하는 시민의 자유와 정치적 의지가 중요한 헌정 가치로 부상해 서로 공존하던 체제였다. 그리고 그 바탕에는 여전히 기존 신분사회의 전통이 존재했다.

## II. 스미스의 정치체제론

### 1. 일반론

먼저 정치체제 일반론에 관한 스미스의 설명을 살펴본다. 이 대목에서 스미스는 고전 이론의 문법을 거의 그대로 따르고 있다. 통치자의 수를 기준으로 한 정치체제 분류법을 기초로 하기 때문이다. 현실에 존재하는 정체의 형태가 매우 다양하다 하더라도 결국 세 가지의 원형적 정체로 환원된다는 그의 설명은 서구의 고전적 정치이론과 일치한다. 여기서 말하는 세 가지 원형적 정체란 1인 지배체제의 군주정, 소수 지배체제의 귀족정, 다수(혹은 전부) 지배체제의 민주정을 의미한다.

스미스가 전통적인 정치체제론과 입장을 달리 한 부분도 있다. 그는 귀족정과 민주정의 상위 개념으로 공화정을 두고, 이 공화정을 군주정의 대립항으로 설정했다.[56] 이렇게 본다면 정치체제는 크게 군주정과 공화정으로 이분된다. 전통적인 정치체제 3분법을 따르면서도 군주정과 공화정이라는 이분법을 더 상위의 분류법으로 제시한 것은 스미스의 이론에 가미된 몽테스키외의 영향으로 추측된다.[57] 스미스에 대한 몽테스키외의 영향은 여러 대목에서 엿보이는데, 어떤 일반법칙을 발견하고 그것이 시대와 사회별로 구현되는 형

---

56) 『법학강의(상)』, 394면; 『법학강의(하)』, 33면.
57) C. S. Montesquieu, 『법의 정신 I』, 19면; Donald Winch, *Adam Smith's Politics*, pp. 43~44 참조.

태를 규명하는 작업을 주요 과제로서 추구했던 것, 권력분립을 중시했으며 이를 삼권분립으로 구체화했던 것 등이[58] 그에 해당한다.

## 2. 공화주의에 대한 정치적 선호

인간은 국가 이전에 평등하게 자유로운 존재이며 국가는 그러한 인간들이 모종의 필요에 따라 고안한 것이라는 입론에 따른다면, 국가의 통치조직은 개인의 자유와 정치적 의사를 존중하는 데 적합해야 한다. 실제로 스미스는 큰 틀에서 그에 부합하는 정치이념에 대한 지지를 보여주었다. 오늘날 많은 이들은 이것을 공화국 이념 혹은 공화주의에 대한 정치적 선호로 해석한다. 스미스는 군주의 정치적 위험성을 지적했고, "모든 사회에서 소수가 다수를 따라야 한다는 것은 일반적인 규칙"이라고 했으며, "한 사람이 아니라 전체의 감독 하에 국사를 돌보는 것"이 바람직하고, "군주정은 잘 될 가능성이 거의 없지만 공화정은 잘못될 가능성이 거의 없다"고 말하기도 했다.[59] 이로부터 군주의 단독 통치에 대한 거부감을 엿볼 수 있다. 또 당시 네덜란드의 번영을 가능하게 했던 주요 원인으로 공화국 체제를 꼽았던 부분도[60] 공화주의 통치에 대한 그의 우호적 시선을 보여준다.

공화주의에 대한 스미스의 우호적 입장은 군주의 단독 통치에 대한 반대로서의 의미가 강했기 때문에, 이것이 전통적으로 지지되어 온 혼합정 모델에 대한 지지를 함의한다고 보기는 어렵다. 서구 정치사에서 공화주의의 고전 모델은 스파르타, 공화정 로마와 같은 혼합정 체제였다.[61] 이 체제에서 정치적 의사결정의 타당성은 국왕, 귀

---

58) 『법학강의(상)』, 393면; 『법학강의(하)』, 36면.
59) 『도덕감정론』, 444면; 『법학강의(상)』, 539면, 585면.
60) 『국부론(하)』, 1128면.

족, 평민이라는 세 신분집단의 정치적 균형 속에서 확보되는데, 여기서 최고행정관직, 귀족원(원로원), 평민원(민회)과 같은 신분적 기관의 제도적 공존을 통해 각 신분집단의 정치참여가 보장된다. 이는 탁월한 자들(국왕, 귀족)과 그렇지 않은 자들(평민) 간의 정치적 협력체제라 할 수 있었다.

그러나 스미스는 이런 고전적 모델의 근대적 재현가능성에 부정적이었다. 고전적 모델은 자연적 신분구별에 입각한 것인데, 이는 인간의 평등성을 신뢰했던 스미스가 수용하기 어려웠다. 그는 근대 상업사회에서는 자연적 신분 대신 경제적 수익을 획득하는 방식에 따른 계급 간의 구별이 더 근본적이라고 생각했다. 이것은 지대가 수입원인 제1계급(지주), 임금으로 먹고사는 제2계급(노동자), 이윤으로 살아가는 제3계급(자본가) 간의 구별이었다.[62]

그뿐만 아니라 스미스는 인류를 지배해 온 통치자들의 폭력과 부정은 치유할 수 없는 오래된 악이라고 힐난하면서 전통적인 통치세력이었던 왕과 귀족에 대하여 상당한 불신을 보였다.[63] 군주의 오만

---

61) 서구의 전통적인 공화주의 사상에서 혼합정 이론이 중요한 요소가 되어왔다는 점에 관하여는, Gordon S. Wood, *The Creation of the American Republic, 1776-1787*, pp. 197-198; Robert A. Dahl, *Democracy and Its Critics*(New Haven: Yale University Press, 1989), 조기제(옮김), 『민주주의와 그 비판자들』(서울: 문학과지성사, 1999), 62~66면; Maurizio Viroli, *Repubblicanesimo: Una nuova utopia della libertà*(Roma: Laterza, 1999), 김경희/김동규(옮김), 『공화주의』(고양: 인간사랑, 2006), 76면 이하; Philip Pettit, *Republicanism: A Theory of Freedom and Government*(Oxford University, 1997), 곽준혁 옮김, 『신공화주의: 비지배 자유와 공화주의 정부』(파주: 나남, 2012)(이하 『신공화주의』), 70면, 334면; 이종은, 『평등, 자유, 권리』, 231~262면 각 참조.

62) 『국부론(상)』, 320면 이하. 스미스가 '이윤으로 살아가는 고용주들로 구성된 계급'이라고 부른 제3계급은 특히 상공업자들을 주축으로 했다. 그는 이들에 대해 '자본가'라는 표현을 쓰지 않았지만 이해의 편의를 위해 이 책에서는 제3계급을 자본가로 통칭했다.

63) 위의 책, 600면.

함을 경계하여 그를 정치적으로 위험한 인물로 규정한 것은 앞서 본 대로이며, 귀족신분의 탁월성도 인간의 천부적 평등을 지지했던 스미스가 받아들이기 어려운 가치였다. 그가 귀족 같은 특권계층을 그대로 인정할 필요가 있다고 말한 대목들이 뜻밖이긴 한데, 이것은 그가 사회의 안정성을 더 중요한 가치로 여겼기 때문이다. 이 기저에는 오직 폭력적 수단을 통해서만 특권의 남용 문제를 해결할 수 있다면 차라리 그러한 특권을 용인하는 편이 사회의 안정을 위해 낫다는 생각이 깔려있다.[64]

그는 고대 도시국가에서 존재했던 시민의 직접참여 방식이 근대에 실현될 수 있을지에 관해서도 회의적이었다. 18세기 영국에서 고대와 같은 정치적 실천을 복원하는 일은 비현실적이었다. 거대한 영토국가인 영국은 소규모 도시국가에서 실천된 시민참여에 적합한 조건이 아니었다. 그뿐 아니라 고대 시민들의 광범위한 참여는 노예제를 토대로 했으므로 노예제의 뒷받침이 없는 근대 사회에서는 어려움이 컸다.[65]

그러나 이 같은 현실적 어려움보다 더 근본적인 문제는, 스미스의 인간관하에서 개인은 직접적인 공무담당을 기피하는 성향을 가진다는 점이었다. 자기보존과 자기행복에 대한 관심은 개인으로 하여금 공무 참여와 그로 인한 책임을 회피하게 만들고, 자신이 평온을 누리는 동안 사회의 공적 업무들이 타인에 의해 잘 처리되기를 원하는 성향을 낳는다. 가능한 한 편안히 지내고자 하는 것이 모든 사람의 바람이므로, 개인은 공적 참여라는 훌륭하고 고결한 활동이 주는 영광보다도 몸과 마음의 평온을 누리고 싶어 한다.[66] 정치참여가 영광스러운 행위라 해도 개인에게는 상당한 각오를 요구하는 부

---

64) 『도덕감정론』, 438~439면, 특히 442면.
65) 『법학강의(상)』, 433면.
66) 『도덕감정론』, 409면; 『국부론(하)』, 934면.

담스러운 일이기 때문이다.[67]

한편 스미스가 종래 이상적 정치체제로 간주되었던 혼합정에 부정적이었던 것은 맞지만, 그가 18세기 영국 정치에서 그것의 유의미성을 부인했던 것은 아니다. 당시에도 국왕과 귀족, 평민의 구분은 현실로 존재했고, 그는 국왕과 상원(귀족원), 하원(평민원)으로 구성된 영국 헌정의 구조가 개인의 자유 보장에 기여함을 인정하기도 했다.[68] 다만 이것은 당시 현실에 대한 서술일 뿐이며, 그의 정치이론에서 규범적 가치를 가지는 것이었다고 말하기는 어렵다.

## III. 권력분립 원리

### 1. 권력분립론

국가의 통치제도와 관련하여 스미스는 무엇보다도 권력분립을 중시했다. 국가가 개인의 자유와 행복을 위해 고안되었다 해도, 국가권력은 개인의 자유와 행복에 대한 큰 위협원이다. 스미스는 국가권력의 남용을 억제하는 방도로서 몽테스키외를 따라 국가권력을 입법권, 행정권, 사법권으로 분할하고 서로 간에 견제와 균형이 작동되어야 한다고 주장했다.[69] 그에게 권력분립은 개인의 자유를 보장할 수 있는 효과적인 수단이었다.

스미스가 몽테스키외와 차이를 보였던 부분도 있다. 몽테스키외의 권력분립론은 고전적인 혼합정 원리를 토대로 삼아 전통적 신분

---

67) 아렌트가 정치참여를 위하여 '용기'의 덕성이 필요하다고 했던 것은 이러한 각오와 부담을 이겨내야 한다는 의미였다. Hannah Arendt, *The Human Condition*(Chicago: University of Chicago Press, 1958), 이진우·태정호 옮김, 『인간의 조건』(서울: 한길사, 1996), 88면.

68) 『법학강의(하)』, 65면.

69) 『법학강의(상)』, 393면 이하; 『법학강의(하)』, 36면 이하.

구도를 국가권력의 기능적 분할구도와 접목시키려는 시도였다. 그
의 권력분립론은 한편으로 입법, 행정, 사법이라는 국가의 세 가지
기능을 중심으로 권력구조를 재편하려는 것이었지만, 다른 한편으로
그가 진정 중시한 바는 그 같이 재편된 권력구조 속에서 전통적 신
분구도를 바탕으로 한 국왕(혹은 최고행정관), 귀족원(혹은 상원), 평
민원(혹은 하원) 간의 정치적 균형을 재현하는 것이었다. 그는 권한
이 큰 입법권은 둘로 나누어 귀족원과 평민원에 맡기고, 행정권은
국왕의 수중에 두고자 했다.70) 고전적 혼합정의 구도는 근대적 양원
제(귀족원인 상원, 평민원인 하원)와 국왕(혹은 최고행정관)의 구도
로 재편성되었다. 다시 말해, 몽테스키외의 권력분립론은 신분사회
에 기초한 고전적 세력균형론을 근대 국가의 통치원리로 번역한 것
이었다.71) 그러나 전통적 신분구도를 부정적으로 바라보았던 스미
스는 국가권력의 기능적 분할과 상호견제의 의미에 더욱 비중을 두
었다.

　이러한 차이는 사법권을 바라보는 시각의 차이에서 선명하게 드
러난다. 몽테스키외의 주된 관심은 고전적 혼합정의 구도를 입법권
과 행정권의 관계 속에서 어떻게 재현할 것인가에 있었기 때문에,
사법권은 그의 관심을 충분히 받지 못했다. "세 가지 권력 중 재판을
하는 권력은 어떤 의미로는 무력하다"면서 더 깊은 논의가 필요한
대상으로는 "두 가지 권력밖에 남지 않는다"는 몽테스키외의 설명은
이것을 잘 보여준다.72) 반면에 혼합정 이념의 근대적 재현에 무관심
했던 스미스는 분할된 권력 간의 실효적인 견제 작용에 관심이 있었

---

70) C. S. Montesquieu, 『법의 정신 Ⅰ』, 192면.

71) David Wallace Carrithers, "Introduction", in: *The Spirit of Laws*, by C. S.
　　Montesquieu(University of California Press, 1977), pp. 78ff; 이수윤, 『정치학』(서울:
　　법문사, 2006), 375면 참조.

72) C. S. Montesquieu, 『법의 정신 Ⅰ』, 192면.

기 때문에 사법권을 다른 두 권력에 비해 경시하지 않았다. 오히려 뒤에서 보듯이 그는 행정권의 남용으로부터 국민의 권리를 보호하는 사법권의 역할을 강조하면서 그 가치를 매우 높이 평가했다.

또한 그는 권력분립론을 국가권력의 과오에 대한 책임을 명확히 하기 위한 수단으로 설명하기도 했다. 권력이 분립되어 있으면 어느 권력기관이 정당한 권한의 한계를 일탈한 것인지를 쉽게 확인할 수 있기 때문이다. 가령 국왕과 의회는 한쪽의 권한 남용을 다른 쪽이 저지함으로써 서로를 견제할 수 있는데, 이 과정에서 국민들은 잘못한 측의 책임을 명확히 인식할 수 있게 된다.[73] 이로 인해 남용을 행한 측에 대한 비판적 여론이 형성될 수 있으므로 국가권력을 제어하는 데에도 기여할 수 있다.

18세기 유럽에서 국가권력 중 개인의 자유에 대한 가장 큰 위협은 왕권 혹은 그와 등치되었던 행정권이었으므로, 스미스는 이 권력의 견제에 관심이 컸다. 행정권의 견제수단은 나머지 두 권력, 즉 의회와 법원이었다.

### 2. 의회의 역할

'의회 내의 국왕' 관념에 의할 때 의회는 법적 의미에서 국왕과 상원(귀족원), 하원(평민원)으로 구성되지만, 다이시(A. V. Dicey)도 밝혔듯이 이러한 법적 의미는 통상적인 용례와 차이가 있다.[74] 스미스의 권력분립론에서도 의회는 국왕과 대비되는 기관으로서 양원을 일컫는 것으로 읽힌다.

의회의 왕권 견제 역할은 큰 설명을 요하지 않는다. 시민의 대표가 왕권을 충실히 견제할 때 시민의 자유는 효과적으로 보호될 수

---

73) 『법학강의(상)』, 597~603면.
74) A. V. Dicey, 『헌법학입문』, 2면.

있다.[75] 당시 영국의 왕은 상비군을 보유하지 못하여 의회를 위력으로 제압하기 힘들었다. 이런 상황에서 왕은 재정적 수요를 충족하기 위하여 어떤 부담을 부과하려 할 때 의회의 눈치를 볼 수밖에 없었고, 의회는 왕이 처한 상황을 이용하여 그의 요구를 들어줄 때마다 그의 권한을 조금씩 빼앗아 갔다. 스미스는 언론의 자유 획득 및 모든 입법에 대하여 의회의 동의를 구하도록 한 것 등을 이러한 과정의 산물로 설명했다.[76]

왕의 수입에 대한 의회의 통제권은 시민을 왕의 자의적인 부담부과행위로부터 보호했다. 의회가 점차 입법에 대한 주도권을 갖게 된 것도 시민의 자유 증진에 기여했다. 이와 관련하여 그는 특히 하원의 역할에 주안점을 두어 설명했다. 대다수의 법안이 발의되던 곳이 하원이었다. 상원은 귀족원임에 반해 하원은 시민들로부터 선출된 대표들로 구성되었기 때문에 하원의원은 자신들의 권위가 국민의 의견과 유권자의 호의에 의존함을 더욱 의식할 수밖에 없었고, 이는 스미스가 상원의원보다 하원의원이 국민의 자유 확보나 그 침해 문제에서 더 민감하게 반응할 것으로 보는 이유가 되었다.[77]

왕이 임명한 각료들에 대한 의회의 탄핵권한도 왕권을 견제하는 수단이었다.[78] 명시적인 권리침해 같은 과오가 없다 해도 의회는 그들의 실정에 대한 책임을 물어 탄핵할 수 있었고, 이 경우에는 왕이라 해도 사면권을 행사할 수 없었다. 선거방법에 관한 결정권과 선거에 대한 재판권을 하원이 갖도록 한 것도 또 하나의 수단이 되었다.[79] 왕은 더 이상 그 문제에 함부로 개입할 수 없게 되었기 때문이다.

---

75) 이하 의회 역할에 관한 스미스의 설명은 『법학강의(상)』, 507~509면; 『법학강의(하)』, 64~66면 참조.
76) 『법학강의(하)』, 64면.
77) 『법학강의(상)』, 508면.
78) 위의 책, 510면; 『법학강의(하)』, 65면.
79) 『법학강의(하)』, 66면.

### 3. 법원의 역할

행정권 견제를 위한 법원의 역할을 특히 강조한 것은 스미스가 몽테스키외와 차이를 보이는 지점이다. 그의 말을 빌리면, 영국의 법원제도는 "생명, 자유, 소유권에 대한 최대의 보증"이었다.[80] 그는 시민의 자유를 위해서는 사법권이 행정권으로부터 분립되어야 하고, 더 나아가 사법권이 행정권으로부터 독립되어야 한다고 주장했다.

> 개인의 자유, 개인의 안전감은 공평무사한 재판에 달려 있다. 모든 개인으로 하여금 자기의 모든 권리를 완전히 안전하게 누리고 있다고 느끼게 하기 위해서는, 사법권은 행정권으로부터 **분립되어야 할** 뿐만 아니라 가능한 한 행정권으로부터 **독립되어야 한다.** 재판관은 행정부의 변덕에 따라 면직되어서는 안 된다. 재판관이 규칙적으로 급료를 받는가의 여부가 행정권의 선의 또는 심지어 그 경제적 여유 여하에 달려 있어서는 안 된다.[81]

제도적으로 국가권력을 복수의 기관으로 분리해 두었다 해도, 어느 한 기관이 다른 기관에 의존하는 한 결코 제대로 된 의미의 권력분립이 실현될 수 없다. 가령 영국에서 법관직이 종신으로 운영됨에 따라 재판하는 자는 권력으로부터 독립할 수 있었고, 이는 법원이 행정권을 견제해 시민의 자유를 더욱 충실히 보장하도록 만드는 데 기여했다.[82]

흥미로운 대목은, 시민의 자유를 위협하는 것은 비단 국가권력의 악의적 혹은 자의적 행사뿐만이 아니며, 사회 전체의 공익을 명분으

---

80) 위의 책, 72면.
81) 『국부론(하)』, 891면(강조는 필자에 의한 것이고, 일부 수정하여 인용함, pp. 722~723).
82) 『법학강의(하)』, 65~66면.

로 한 선의의 권력행사에 의해서도 개인의 권리가 침해될 위험이 있다는 스미스의 인식이다. "국가의 큰 이익을 돌보도록 위임된 사람들은, **비록 불순한 의도는 없다고 하더라도**, 때때로 국가의 이익을 위해 개인의 권리를 희생하는 것이 필요하다고 생각한다."는 것이다.[83] 그는 이러한 위험으로부터 국민을 보호하는 일도 법원의 중요한 역할이라고 했다.

행정권을 견제하는 두 권력 간의 관계에서 스미스는 입법권을 사법권의 견제 수단으로 이해했다. 그는 역사적으로 사회의 분쟁해결을 위한 사법권이 입법권보다 먼저 생겨났다고 설명하는데, 사법권도 권력인 이상 남용되거나 자의적으로 행사될 가능성이 있고 이는 시민의 생명, 자유, 재산을 위태롭게 만들 수 있다. 스미스는 이러한 사법권의 남용에 대항하기 위해 입법권이 생겨났다고 보는데, 재판에 적용될 규칙을 사전에 정하여 사법권의 임의적 행사를 견제할 수 있다고 했다.[84]

## IV. 대의제 원리

### 1. 국가의사결정 원리로서 대의제

#### 가. 일반론

권력분립이 국가권력의 남용을 막기 위한 소극적 목적을 갖는다면, 대의제는 국가의 공적 의사를 형성한다는 적극적 목적을 위한 것이다. 18세기 영국의 여러 현실적 여건들은 사실 오늘날 기준으로 민주국가의 수준에 이르지 못했다. 무엇보다도 투표권이 매우 제한

---

83) 『국부론(하)』, 890~891면(강조는 필자에 의함).
84) 『법학강의(하)』, 87~88면.

적으로만 인정되었기 때문이다. 당시는 민주주의가 긍정적인 정치적 어휘로 받아들여지지도 않던 때이다.[85] 스미스가 민주주의 국가를 적의에 찬 당파투쟁으로부터 자유롭지 못한 곳으로 규정한 것을 보면, 그 역시 그 무렵 민주주의 체제의 현실적 취약성에 대한 부정적 인식을 일정부분 공유했던 것으로 보인다.[86]

그러나 그 당시 유럽 세계의 시대정신은 절대주의 국가를 넘어 인민주권의 방향으로 흘러가고 있었다. 특히 국가를 인민들의 의사에 따른 소산으로 보는 자연법론 속에서 전체 사회구성원들이 갖는 우월적 지위는 불가피한 정치적 토대로 인정되었다. 스미스 역시 그러한 흐름에 있었다. 비록 그가 오늘날과 같은 민주주의 체제를 남들보다 앞서 찬미한 선지자는 아니었지만, 18세기 상황 속에서 개인의 자율성을 옹호하고 공적 의사결정의 합리화를 위해 노력한 자인 것만은 분명하다.

스미스가 기본으로 삼았던 바는 선출된 대표들이 입법부를 구성하고 그들이 국민 전체의 이익을 추구하는 체제, 즉 대의체제였다. 실제로 그는 이 대의제를 근대 영국 정치의 중요한 특징으로 여겼고 이 제도를 기초로 국가의사결정의 방식과 그 정당성의 문제를 고찰했다.

## 나. 스미스의 대의이론: 버크와의 비교

스미스도 말했듯이 대의제는 고대 정치에서 존재하지 않았다.[87] 대의제의 제도적 기원은 중세의 정치문화와 이론에서 발견된다.[88]

---

85) 민주주의에 대한 칸트와 매디슨의 부정적 인식은 Immanuel Kant, *Zum ewigen Frieden: Ein philosophischer Entwurf*, 백종현 옮김, 『영원한 평화』(서울: 아카넷, 2013), 119면; James Madison, *et al.*, 『페더럴리스트 페이퍼』, 65면.

86) 『국부론(하)』, 1183면.

87) 위의 책, 768면.

88) J. J. Rousseau, 『사회계약론』, 123면; C. S. Montesquieu, 『법의 정신 I』, 200면; 이

서구 중세의 봉건사회에서 신분제 의회는 각자가 속한 신분의 이익을 대변했으나, 중세 이후 신분제 구도가 해체되고 근대 국가가 출현하면서 새로운 대의이론이 모색되기 시작했다. 이 과정에서 18세기 후반 영국의 버크(Edmund Burke)가 제시한 대의 관념은 근대적 대의이론의 원형이 되었다.

스미스와 버크는 생애 대부분이 겹치는 사이였고 생전에 여러 교류를 통해 사상적으로 교감해 왔다.[89] 스미스보다 6년이 늦은 1729년에 태어난 버크는 18세기 영국사회를 대표하는 사상가였다.[90] 프랑스 혁명에 맞서 전통사회의 위계를 옹호했던 그는[91] 오늘날 근대 보

---

황희, "선거의 정치적 의미", 171면 이하. 한편 대의제의 시원적 양상을 고대 아테네에서 찾으려는 시도로는 J. A. O. Larsen, *Representative Government in Greek and Roman History*(Berkeley: University of California Press, 1955), pp. 5ff; Robin Osborne, *Demos: the discovery of classical Attika*(New York: Cambridge University Press, 2000), p. 92.

89) 버크와 스미스가 주고받은 편지들은, Adam Smith, *The Correspondence of Adam Smith*, pp. 46, 180, 258, 259, 265, 268, 297, 300. 알려진 바에 따르면, 스미스는 『국부론』의 저술 과정에서 버크의 의견을 경청했다고 한다. Jacob Viner, "Guide to John Rae's Life of Adam Smith", in: John Rae, *Life of Adam Smith*(New York: Augustus M. Kelley, 1965), pp. 24ff. 버크는 어느 편지에서 "위대하고 학식이 뛰어난 사람들이 특히 그들의 불후의 [정치경제학 필자 주] 저작에 관하여 종종 나와 이야기를 나누어 주었다."고 했는데, 여기서 말하는 '위대하고 학식이 뛰어난 사람들의 불후의 저작'에는 스미스의 『국부론』이 포함되어 있을 것으로 생각된다. 같은 책, p. 25.

90) 버크의 정치사상과 대의이론에 관하여는, C. B. Macpherson, *Burke*(Oxford: Oxford University Press, 1980), 강정인·김상우 옮김, "에드먼드 버크", 『에드먼드 버크와 보수주의』(서울: 문학과지성서, 1997), 211면 이하; Hanna Fenichel Pitkin, *The Concept of Representation*(Berkeley, University of California Press, 1972), pp. 168ff; 강정인, "에드먼드 버크: 근대 보수주의의 원조", 강정인·김용민·황태연 엮음, 『서양 근대 정치사상사』(서울: 책세상, 2008), 493면 이하; 정종섭, 『헌법연구 1』 제3판(서울: 박영사, 2004), 132면 이하.

91) Edmund Burke, *Reflections on the Revolution in France: and on the Proceedings in Certain Societies in London Relative to that Event*, Conor Cruise O'Brien(ed.)(Penguin

수주의 사상의 기초자로 알려져 있다. 그러나 생전에 그는 30년간 휘그당의 하원의원으로 활약했고, 그 무렵 휘그당은 영국 정부의 식민지 정책에 대한 비판, 왕실의 의회 독립성 침해에 대한 비판 등의 지점에서 버크의 저술에 의지하기도 했다.[92] 이런 모습 때문에 그간 버크는 보수주의자와 자유주의자로서 각각의 면모를 인정받아 왔고, 그의 사상에 내재된 이러한 상충관계는 '버크 문제'(Burke problem)라는 이름으로 다루어졌다.

버크는 교역의 자유를 옹호했고 사리추구에 의해 달성되는 비의도적 공익증진의 가능성을 신뢰했다는 점에서 스미스와 입장이 유사했다.[93] 그러나 노동자·빈민에 대한 사회적 배려의 필요성을 둘러싸고 버크와 스미스는 상반된 입장을 보이기도 했다. 스미스는 그 필요성에 공감했으나 버크는 그렇지 않았던 편이다.

### 1) 대의의 의미

스미스와 버크의 대의이론은 유사한 부분이 많다. 버크 이론의 핵심은 가상적 대의(virtual representation)와 실제적 대의(actual representation)의 구분에 있었다. 그에 따르면, 가상적 대의는 어떤 부류의 사람이든 그들의 이름으로 행동하는 대표들과 이들의 행위로 대표되는 사람들 간의 이익 공유, 감정과 열망의 공감이 존재하는 대표 방식이다.[94] 그 속에서 대표는 그를 뽑아 준 지역구 유권자의 개별 이익이

---

Books, 1969), 이태숙 옮김, 『프랑스혁명에 관한 성찰』(파주: 한길사, 2017).

92) C. B. Macpherson, "에드먼드 버크", 214면.

93) Edmund Burke, "Thoughts and Details on Scarcity", *Select Works of Edmund Burke*, A New Imprint of the Payne Edition, Vol. 4(Indianapolis: Liberty Fund, 1999), pp. 67~68.

94) Edmund Burke, "A Letter to Sir Hercules Langrishe on the Catholics of Ireland", *Select Works of Edmund Burke*, A New Imprint of the Payne Edition, Vol. 4 (Indianapolis: Liberty Fund, 1999)(이하 "A Letter to Sir Hercules Langrishe"), p. 240.

아니라 국가 전체의 이익을 대변하는 자가 된다. 이것의 정확한 함의는 그의 유명한 '브리스톨에서의 연설'에서 잘 드러난다.

> 의회는 상이하고 적대적인 이익들을 관철하기 위해 파견된 사람들의 회합이 아니다. … 의회는 전체 이익이라는 하나의 이익이 존재하는 국가의 토의장이다. 여기서는 지역의 목적이나 지역적 편견이 아니라 전체의 일반이성에 기초한 일반이익이 길잡이가 되어야 한다. 실제로 당신들은 한 명의 의원을 선출하게 될 것이다. 그러나 당신들이 그를 선출했을 때, 그는 브리스톨의 의원이 아니라 우리 의회의 구성원이다. 만약 지역 유권자들이 공동체의 진정한 이익에 명백히 반하는 이익이나 경솔한 의견을 가지고 있다면, 그는 결코 그러한 이익과 의견이 관철되도록 노력해서는 안 된다.[95]

대표는 지역의 유권자들로부터 선출되지만, 국가의 대표인 만큼 유권자들의 이익이나 뜻을 그대로 따라서는 안 되고 전체를 위한 일반이익을 추구해야 한다는 것이다. 또한 그는 "대표는 유권자들에 대하여 자신의 판단을 따라야 할 의무를 지고 있다."고 하면서 "만약 대표가 유권자들의 의견을 따르기 위해 자신의 의견을 포기한다면, 그것은 유권자들을 섬기는 행위가 아니라 그들을 배신하는 행위"가 됨을 강조했다.[96]

이런 입장은 스미스 역시 마찬가지였다. 대표들이 당파성을 극복하고 전체이익이라는 관점에서 판단해야 한다는 측면은 그에게도 대의제의 핵심 원리였다. 대표들은 당파적인 이익이 아니라 보편적인 이익의 관점에서 지도되어야 했고, 이 같은 대표들의 판단을 방

---

95) Edmund Burke, "Speech to the Electors of Bristol", *Select Works of Edmund Burke*, A New Imprint of the Payne Edition, Vol. 4(Indianapolis: Liberty Fund, 1999), pp. 11~12.

96) 위의 글, p. 11.

해하는 사적 이익과 파당의 부당한 영향력은 근절되어야 했다.[97] 특히 그는 파당의 문제를 경계했는데, 국민들 간의 우호적인 감정이 훼손되고 정부의 안정이 위태로워지기 때문이다. 이로 인한 해악은 영토가 확장될수록 덜해지고 영토가 작아질수록 더 심각해진다.[98] 이는 훗날 미국 연방헌법에 대한 논쟁에서 매디슨이 『페더랄리스트 페이퍼』의 제10번 논설에서 보여준 관점과도 큰 차이가 없다.[99]

이러한 대의 관념은 대표의 역할에 관한 이해와도 직결된다. 이 문제의 핵심 쟁점은 대표에게 주어진 의사결정권의 내용이 무엇인지에 관한 것이다. 대표는 자신을 선출한 유권자의 실제 의사를 그대로 전달하는 대리인(proxy, delegate)의 역할을 하는지, 아니면 그러한 유권자의 실제 의사에 구속되지 않고 전체 정치적 공동체의 이익을 위한 판단을 내리는 수탁자(trustee)의 역할을 하는지에 관한 문제이다. 그 핵심은 대표가 대의하도록 되어 있는 대상이 무엇인가이며, 실천적으로는 실제 유권자의 드러난 의사와 대표의 의사가 충돌할 경우 무엇을 더 우선시할 것인가가 관건이다. 이 문제는, 표현은 다르지만, 대표의 역할에 관한 대리인 모델과 수탁자 모델의 대립, 대표에 대한 위임의 성격에 있어서의 명령적 위임 이론과 자유위임 이론의 대립, 혹은 대의의 본질이 명령적인 것인가, 독립적인 것인가에 관한 논쟁, 대표가 선거구민의 대표인가 전체 국민의 대표인가에 관한 논쟁 등에서 반복적으로 재현되었다.[100]

---

97) 『국부론(상)』, 571~572면; 『국부론(하)』, 1183면.
98) 『국부론(하)』, 1183면. 이와 유사한 논법은 종교에 대한 부분에서도 확인할 수 있다. 같은 책, 972~973면.
99) James Madison, *et al.*, 『페더랄리스트 페이퍼』, 65~68면. 매디슨을 비롯한 미국 독립혁명기의 정치적 지도자들에 대한 스미스의 영향에 관해서는 Samuel Fleischacker, "Adam Smith's Reception among the American Founders, 1776-1790", *The William and Mary Quarterly*, Vol. 59, No. 4(2002)(이하 "Adam Smith's Reception"), pp. 899ff(매디슨에 관하여는 905ff).

루소와 같이 대표를 대리인으로 간주하는 경우도 있지만,[101] 근대 대의제에서 일반적으로 대표는 수탁자로 이해된다. 대표는 따라서 유권자의 구체적인 지시 혹은 경험적으로 확인되는 의사에 구속되지 않으며, 오직 자신의 양심에 비추어 어떤 결정이 해당 정치공동체에 최상의 결과를 가져올 수 있는가의 관점에서 판단해야 한다(헌법 제46조 참조).

각자가 속한 신분의 이익을 대변했던 봉건사회의 신분제 의회와 달리, 근대의 새로운 관념 속에서 의회는 전체 국민의 이익을 대변하는 기관이 되었다. 이러한 변화의 의미는 근대 영국 정치에서 의회가 차지하는 정치적 역할과 비중이 강화되어 온 역사적 흐름을 반영한다. 의회는 초기에는 국왕의 통치에 조력하는 등족적인 회합에 가까웠지만, 점차 국가조직의 색채를 강화해 통치기관으로 기능하기 시작하면서 그 성격이 변해갔다. 특히 명예혁명 이후 변화된 정치환경 속에서 의회의 주도권은 더욱 공고화되었다. 이러한 과정에서 의회 구성원은 국가운영을 책임지는 통치기관의 일원으로 이해되었고, 이는 그가 속한 국지적 집단의 대표가 아니라 전체 국민의 대표라는 인식으로 이어질 수 있었다.[102]

다만 스미스는 유권자들이 대표를 선출하는 이상 재선을 원하는 대표들이 유권자들의 실제 목소리에 귀를 기울이는 것은 자연스러

---

100) Dimitrios Kyritsis, "Representation and Waldron's Objection to Judicial Review", *Oxford Journal of Legal Studies*, Vol. 26, No. 4(2006), pp. 741ff; J. J. Rousseau, 『사회계약론』, 122~125면; 서병훈, "대의민주주의의 꿈과 포부, 그리고 과제", 『왜 대의민주주의인가』(서울: 이학사, 2011), 19~20면; 허영, 『헌법이론과 헌법』(서울: 박영사, 2015), 699면 이하; 정종섭, 『헌법연구 1』, 260면 이하, 263면 이하; Hanna Fenichel Pitkin, *The Concept of Representation*, pp. 144ff.

101) J. J. Rousseau, 『사회계약론』, 123면.

102) Georg Jellinek, 『일반국가학』, 464면 이하 참조. 옐리네크는 이러한 변화가 튜더 왕조시절부터 시작되었다고 본다.

운 현상이라고 여겼고, 또한 이 현상을 마냥 부정적인 것으로 치부
하지도 않았다. 대표를 유권자들에게 더욱 의존하게 만드는 것은 시
민의 자유 보장에 보다 유리하고 자유로운 국가(free countries)에서 통
치의 안정성은 시민의 지지에 의해 확보되는 까닭이다.[103] 그런데 이
러한 모습은 당파적 이익이 아니라 일반적 이익을 추구해야 한다는
대의제 원칙과 상충하는 듯이 보이기도 한다. 스미스가 이 문제를 직
접 다루지는 않았지만, 그의 입장을 다음과 같이 추론해 볼 수 있다.

한편으로, 그는 선거제도에 기초한 대의제의 양가적 측면을 인식
하고 각각의 측면이 강조될 영역을 구분했을 가능성이 있다. 선거제
도에 기초한 대의제에서 대표는 사회 내 소수의 탁월한 자로서 사회
전체의 일반이익을 추구하는 귀족주의적 측면과 재선을 위해 유권
자의 의사를 존중할 수밖에 없는 민주주의적 측면을 동시에 갖는
다.[104] 스미스의 서술은 엘리트의 식견이 필요한 대목 혹은 부분이
익에 대한 편향을 극복해야 할 대목에서는 전자를, 여론의 우위가
존중되어야 할 곳에서는 후자를 강조한 취지로 해석가능하다. 두 관
념의 적용영역이 구분된다면, 당파적 이익에 구속받지 않는 입법자
의 지혜와 대표에 대한 유권자의 영향력이라는 일견 모순적인 두 측
면을 공히 긍정할 수 있다.

그러나 그와 동시에, 필자의 생각에는 이것이 더 진실에 가깝다
고 보이는데, 그에게는 위의 두 측면이 서로 조화될 수 있는 원리였
을 가능성도 있다. 이 조화는, 대표는 원칙상 사회 전체의 일반이익
을 추구해야 하지만 그 과정에서 실제 국민들의 목소리를 고려해야

---

103) 『법학강의(상)』, 511~512면; 『국부론(하)』, 965~966면.
104) 대의제의 혼합정적 측면에 관하여는 Bernard Manin, *The Principles of
Representative Government*(Cambridge: Cambridge University Press, 1997), 곽준혁 옮
김, 『선거는 민주적인가』(서울: 후마니타스, 2004); Carl Schmitt, *Verfassungslehre*
(Berlin: Duncker & Humblot, 1928), S. 257(국역본은 김기범 옮김, 『헌법이론』
(서울: 교문사, 1977), 282면).

한다는 모습을 띤다. 우선 사회의 일반이익이 신적 계시 같은 것에 의해 위로부터 주어지는 것이 아니라 시민들의 현실적 삶 속에서 아래로부터 형성되는 것이라면, 사회의 일반이익이 무엇인지를 알기 위해서는 대표 자신의 생각뿐 아니라 시민들의 의견까지도 아울러 전체적으로 숙고해야 한다. 대표가 유권자들의 의견을 맹목적으로 추종하는 것이 문제라면 대표가 유권자들의 의견에 귀를 닫고 본인의 생각에만 고립되어 있는 것도 문제가 되는 까닭이다. 이는 버크가 염려했던 바인, 대표가 유권자들의 의견을 따르기 위해 자신의 의견을 포기하는 소극적 모습이 아니라, 대표가 자신의 의사를 보다 숙고된 형태로 만들어 가기 위해 타자의 의견을 고려하는 적극적 과정이다. 사회의 일반이익을 식별하는 작업이 대표 개인의 고독한 사색이 아니라 실제로 사회를 구성하는 개별 시민들의 의견을 경청하고 이를 자신의 판단과 종합하는 과정 속에서 이루어진다면, 대표가 유권자의 의사를 고려하는 행위를 두고 전체 이익을 추구할 의무에 반하는 것이라고 보기는 어렵다. 국가 전체의 이익을 제대로 파악하기 위한 차원에서 미국 식민지인들의 대표를 받아들일 필요가 있다는 스미스의 후술할 주장도 이러한 해석을 뒷받침한다.

스미스는 대표가 그 자신의 의사를 포기하면서까지 유권자의 의사에 따라야 한다고 말하지 않았다. 단지 대표가 유권자의 의사를 존중할 필요가 있고, 실제로 선거라는 제도에는 대표로 하여금 유권자의 의사에 관심을 가지도록 만드는 효과가 있는데, 여기에는 바람직한 측면이 있음을 설명했을 뿐이다.

### 2) 미국 식민지인들의 대표 문제

18세기 영국에서 가장 뜨거운 논쟁을 불러일으켰던 미국 식민지인들에 대한 과세 문제 역시 대의이론과 밀접한 관련이 있다. 영국 본국의 의회는 미국 식민지인들의 대표들을 구성원으로 받아들이지

않은 상태에서 식민지인들에게 세금을 부과하는 법안을 가결했는데,
이는 식민지인들의 대표가 없는 상태에서 이루어진 과세가 정당한
것인지에 관한 논쟁을 촉발했다. "대표 없이는 과세 없다"(No taxation
without representation)는 표어에는 이 시기 미국인들의 정치적 의사가
집약되어 있었다.

버크의 가상적 대의는 식민지인들의 대표가 없는 영국 의회의 과
세를 정당화해 줄 잠재력이 있었다. 그의 이론에서 중요한 것은 대
표들의 결정이 일반이익을 추구해야 한다는 것이지, 그 대표가 반드
시 대표되는 자들로부터 선출되어야 한다는 것은 아니었기 때문이
다. 실제로 버크는 대표들이 실제로 유권자들에 의해 선출되지 않더
라도 가상적 대의는 가능하다고 했고, 지역구 대표가 없는 지역민이
라 해도 국가 전체의 번영에 관심을 쏟는 사람들이 대표로 있는 한
평등하게 대표될 수 있다고도 했다.[105]

그러나 버크는 미국 식민지인들에 대한 대표 없는 과세에 반대했
다. 언뜻 보면 그가 취하는 가상적 대의에서는 유권자들의 직접적인
선출행위가 필수적이라고 보이지 않지만, 가상적 대의는 실제 현실
의 기반이 없는 한 오래도록 확고하게 유지될 수 없다는 것이 버크
의 생각이었다. 대표는 반드시 유권자들과 일정한 관계를 가져야 한
다는 것이다. 대표하는 자와 대표되는 자의 관계는 상호적인 것이므
로 지지가 반복적으로 확인되는 과정 속에서 그러한 관계가 지속될
수 있기 때문이다.[106] 이 점에서 보면 영국 의회의 구성에서 식민지
인들에 의한 선출행위가 전무한 상황은 문제가 있었다.

---

105) Edmund Burke, "A Letter to Sir Hercules Langrishe", p. 240; Edmund Burke,
   "Speech on the Reform of the Representation of the Commons in Parliament", *Select
   Works of Edmund Burke*, A New Imprint of the Payne Edition, Vol. 4(Indianapolis:
   Liberty Fund, 1999), p. 25.
106) Edmund Burke, "A Letter to Sir Hercules Langrishe", p. 240.

그는 미국 식민지인들의 자유에 대한 강한 애착에도 주목했다. 버크에 따르면, 식민지인들은 영국인의 후손이므로 자유에 대한 그들의 애착은 막연한 자유가 아닌 영국적 이념 그리고 영국적 원칙에 따른 자유에 대한 애착이었다. 과거에는 자유를 위한 투쟁이 통치자에 대한 선거권 문제와 관련하여 발생했다면, 그 무렵 미국 식민지인들은 이러한 자유의 문제를 과세와 연결시켜 사고했다는 것이 그의 설명이다.[107] 이에 그는 미국 식민지인들의 자유를 보호하기 위하여 그들의 대표를 영국 의회의 구성원으로 인정할 필요가 있다고 주장했다.[108]

스미스 역시 영국 본국의 의회가 영국인들과 식민지인들을 동등하게 대우하는 한 식민지인들이 가상적으로(virtually) 대의될 수 있음을 인정했다.[109] 그러나 스미스도 미국 식민지인들의 대표가 영국 의회에 참석하도록 하는 것이 타당하다고 했다. 우선 그는, 영국이 제국으로서 통치되기 위해서는 의회가 제국 내 각 지역의 일을 논의하고 결정해야 하는데 이때 각 지역의 현황을 제대로 이해하기 위해서는 반드시 제국 각 지역으로부터 온 대표들이 존재해야 한다고 했다.[110] 대표들이 국가 전체의 일반이익을 추구하기 위해서는 국가 전체의 사정에 대한 충분한 이해가 있어야 하므로, 각 지역의 대표들을 고루 의회에 포진시키는 것은 이러한 이해를 용이하게 만든다는 것이다. 말하자면, 스미스는 의회의 심의를 더욱 충실하게 만들기 위한 대표성 강화의 차원에서 미국 식민지인들의 대표를 받아들일 필요가 있다고 보았다.

---

107) Edmund Burke, "Speech on Conciliation with the Colonies", *Select Works of Edmund Burke*, A New Imprint of the Payne Edition, Vol. 1(Indianapolis: Liberty Fund, 1999), pp. 237~238.
108) 위의 글, p. 265.
109) 『국부론(하)』, 763면(p. 620). 여기서 스미스가 사용한 'virtually'는 버크의 가상적 대의를 의식한 표현으로 보인다.
110) 위의 책, 769면.

나아가 그는 영국 의회에 식민지인들의 대표가 존재하지 않는다면 식민지인들은 본국의 의사결정 과정에서 자신들의 이익을 대변해 줄 사람이 없기 때문에 많은 억압을 받을지 모른다는 두려움을 느끼게 된다고 했다. 따라서 미국 식민지인들의 대표가 영국 의회에 참여한다면 이러한 두려움이 사라질 것이고, 실제로도 대표들은 유권자들의 호의를 얻기 위해 그들의 기대에 부응하려 노력할 것이므로 식민지인들은 대표를 선출함으로써 보호될 수 있다고도 했다.[111]

스미스는 미국 식민지인들에게 할당할 의석수를 산정할 때 납세액을 기준으로 해야 한다고 주장했다.[112] 이렇게 되면 식민지인들의 대표자 수는 제국의 재정에 기여하는 정도에 비례해서 정해질 것인데, 문제는 당시 경제상황에서 미국 식민지의 경제가 급속한 추세로 성장하고 있었기 때문에 멀지 않은 시점에 미국 식민지인들의 납세액이 영국인들의 그것을 능가할 가능성이 있었다는 점이다. 이에 대하여 스미스는 특별한 거부감 없이, 만약 그렇게 된다면 제국의 중심지는 자연스럽게 미국 쪽으로 이동할 것이라고 말했다.[113]

18세기는 오늘날처럼 민주주의가 보편적으로 통용되던 시대가 아니었던 터라 스미스가 구상한 대의제는 제한적 선거권에 기초했다. 스미스는 투표권 확대에 호의적이었고 투표권이 시민의 지위에 큰 영향을 준다는 점을 알고 있었으므로,[114] 제한선거에 대한 문제의식이 없지 않았을 것이다. 그러나 그 당시는 단시간 내에 보통선거가 성취되리라고 예상하기 힘들었다. 이에 스미스의 주요 관심은 선거권을 확대하는 일보다 대표들로 하여금 더 좋은 입법을 하도록 만드는 일에 맞추어졌다.

---

111) 위의 책, 769~770면.
112) 위의 책, 766면.
113) 위의 책, 770면.
114) 『국부론(상)』, 479~480면; 『법학강의(상)』, 512면.

## 2. 입법의 원리

### 가. 일반론

대의체제는 대표들로 구성된 의회의 결정을 입법의 근거로 삼는다. 전통이나 신의 계시가 아니라 의회의 권위가 법률을 만드는 힘이다. 주권은 입법권으로 표상된다는 블랙스톤(William Blackstone)에 따르면, 18세기 영국에서 주권은 국왕과 상·하원으로 구성된 의회에 있었다.[115] 이는 의회의 결정이라는 사실적 측면을 법률의 요건으로 본다는 점에서 의회권력의 무제약성으로 이어질 수 있었다. 훗날 다이시는 영국 헌법에 관한 자신의 저서에서 이를 "의회가 영국 헌법 하에서 어떠한 법이든지 만들거나 만들지 않을 권리를 가지고 있다는 것"을 뜻하는 의회주권주의(Principle of Parliamentary Sovereignty)로 설명했다.[116] 이것은 의회의 입법권은 제약이 없고 최고성을 가진다는 뜻이며, 실천적으로는 의회법은 판결로 번복될 수 없는 반면 의회법은 판례법을 번복할 수 있음을 의미했다.[117] 의회주권주의하에서는 의회입법을 통제할 상위의 규범이나 원리가 인정되지 않는다.[118] 그러나 스미스는 입법자의 권한이 무제약적이라고 여기지 않았다. 국가권력의 본질에 비추어 입법권이 준수해야 할 규범적 가치나 정치적 원리가 있다는 것이 그의 입장이었다.

스미스 체계의 기본구도를 다시 되짚어 보자. 이 구도에서 인간은 원래 평등하게 자유로운 존재이며, 국가권력은 자유와 권리의 실

---

115) Sir William Blackstone, *Commentaries on the Laws of England Book I*, pp. 46ff, 51.
116) A. V. Dicey, 『헌법학입문』, 2면.
117) 위의 책, 2~19면.
118) 그 당시에도 의회 입법권의 한계에 대한 논의가 없지는 않았다. 위의 책, 19면 이하 참조.

효적 보장 등 인간의 필요에 따라 도입된 제도적 장치로 간주된다. 그렇다면 국가권력은 이처럼 선재하는 자유와 권리의 보호에 적합하게 행사되어야 한다. 입법권 역시 마찬가지이다. 공감작용에 의해 형성된 자연적 정의의 규칙들을 실정법으로 명시하는 일은 그래서 입법부의 중요한 과제가 된다. 이는 개인들 간의 권리·의무관계에 관하여 이미 자연적으로 확립된 일반적 규칙들을 국가의 법제도로 재현하는 일이다.

그뿐 아니라 인간의 자유와 권리는 원래 평등한 것이므로, 국가권력은 이러한 평등성을 최대한 존중하고 보존해야 한다. 어느 누구의 권리나 이익이 다른 누구의 그것에 비해 우월하게 간주되어서는 안 된다. 따라서 입법부는 특정한 당파적 이익을 추구해서는 안 되며, 전체 국민의 이익을 동등하게 대우해야 한다. 이를 국가의 평등대우 의무로 부를 수 있다.

## 나. 자연적 정의

자연법론에서 자연법은 실정법보다 높은 가치를 가진다.[119] 자연법은 실정법과 충돌할 때 우위에 선다는 점에서 실정법의 한계가 되는 동시에, 실정법을 통해 실현되고자 한다는 점에서 실정법의 근거이자 목적이 된다.[120]

이는 스미스의 경우에도 마찬가지였다. 인간들 간의 공감작용은 (시공간을 조건으로 일정부분 상대화된) 보편타당성을 갖는 일반적 규칙들을 자연적으로 산출하는데, 스미스에 따르면 이 규칙들 중 권리와 이익의 보호에 관련된 정의에 관한 규칙들은 다른 규칙들과 달리 사회의 유지를 위해 반드시 준수되어야만 한다. 이것들은 사회를

---

119) 이종은, 『평등, 자유, 권리』, 402면.
120) 박은정, 『자연법의 문제들』, 34~35면.

지탱하는 기둥과 같아서 이것들 없이는 인간 사회가 유지될 수 없는 까닭이다. 실정법은 자연적으로 성립된 정의의 규칙들을 관철하기 위한 수단으로서 필수적이다.

이미 언급한 바와 같이, 자연적 정의의 규칙은 공감작용에 따른 공정한 관찰자의 평가에 기초해 공정성을 타당성의 원천으로 삼는 규범이다. 즉 스파르타의 뤼쿠르고스(Lykourgos) 같은 전설적 입법자 혹은 플라톤의 철인왕과 같은 탁월한 통치자로부터 확보되는 단수적(單數的)인 지혜나 신의 계시로 확보되는 종교적 권위가 아니라, 복수적(複數的)인 인간들 간의 정서적 상호작용에 따른 도덕적 판단의 과정을 거쳐 공정성에 기초한 규범적 힘을 획득한다.[121]

그런데 이 일반적 규칙은 아직 실정화되기 이전의 자연적 규칙이다. 스미스가 이 규칙의 본질을 자연법이라고 명시한 바는 없지만, 실정화 이전에 자연적으로 성립하고 보편타당성을 가진다는 측면에서 자연법적인 속성을 지닌다고 이해해도 크게 어긋남이 없을 것이다. 스미스의 일반적 규칙을 자연법적인 것으로 이해한다면, 그 다음으로 이 일반적 규칙과 실정법 사이의 관계가 문제된다. 스미스는 이 두 규범의 관계를 일종의 위계적인 것으로 파악했다. 그에 따르면, 실정법은 "자연적 정의의 규칙들과 일치하는 것을 목표로" 하는 법이고, 실정법 체계는 "자연법론의 체계로 나아가기 위한, 또는 정의의 개별 규칙들의 열거로 나아가기 위한 다소 불완전한 시도"였다.[122] 결국 이런 유형의 입법은 정의에 관한 자연적 규칙을 실정법으로 재현하는 작업이다.

---

121) 이를 고대 그리스 혹은 중세의 관점에 대한 대안으로 이해하는 시각은 Athol Fitzgibbons, *Adam Smith's System*, p. 98; Douglas Long, "Adam Smith's Politics", Knud Haakonssen(ed.), *The Cambridge Companion to Adam Smith* (Cambridge: Cambridge University Press, 2006), p. 307. 유사한 취지로 Knud Haakonssen, *The Science of A Legislator*, pp. 90~91.

122) 『도덕감정론』, 657면(일부 수정하여 인용함, p. 340), 658면.

이 작업은 자연적 정의의 규칙에 최대한 일치하는 것을 목표로 하나, 현실에서는 여러 이유로 목표달성에 차질이 생기기도 한다. 스미스는 이러한 차질을 가져오는 원인으로 네 가지를 거론하는데,[123] 첫째는 국가의 정체(政體) 즉 통치체제의 이해관계이고, 둘째는 정부를 좌우하는 특정계층 사람들의 이해관계이며, 셋째는 국민들의 무교양과 야만성이다. 마지막으로 그는 설사 법이 잘 갖추어져 있다 해도 사법제도가 불충분하다면 훌륭한 법률체계가 확립될 수 없다고 하면서, 사법제도를 네 번째 사유로 언급했다.

자연적 규칙과 일치하지 않는 실정법이 생길 수 있는 가능성을 인정한다면, 자연적 규칙에 반하는 실정법의 효력문제도 함께 제기될 수 있다. 상위규범에 반하는 하위규범의 효력문제는 비단 오늘날에만 논의되는 문제가 아니며, 규범 간의 서열 관념을 인정하는 한 언제나 제기 가능한 문제이다.[124] 그러나 스미스는 자연적 정의의 규칙에 위반되는 실정법의 효력에 관하여 특별한 언급을 남기지 않았다.

추측해 보건대, 한편으로 당시 지배적이었던 의회주권주의 관념에 비추어 의회가 만든 법률의 잘잘못을 다른 국가기관이 심사한다는 것을 생각하기 어려웠을 것이고, 다른 한편으로 인간 사회의 부단한 진보의 가능성을 긍정한 스미스의 낙관주의하에서 이는 언젠

---

123) 위의 책, 658면.
124) 오늘날에는 상위규범인 헌법의 규범력이 하위규범인 법률에 의해 훼손되는 것을 막기 위한 헌법재판제도가 보편화되어 있다. 그러나 규범서열 관념이나 상위규범에 반하는 하위규범의 효력문제는 근래의 발명품이 아니며 서구의 고대와 중세, 그리고 근대 초기에도 존재했다. 이에 관해서는 이황희, "근대 입헌주의의 고전적 기원들", 447~489면; 류병화, 『법철학』 (서울: 법문사, 2004), 51~52면, 65~68면; 이명웅, "미국에서 사법심사의 발전: 1776~1802", 『헌법재판연구』 창간호(2014), 336~344면 및 위 논문에서 인용하고 있는, Michael Treanor, "Judicial Review Before Marbury", *Stanford Law Review*, Vol. 58(2005), pp. 455~562 참조.

가는 반드시 해결될 문제였기 때문일 것이다. 인간의 상태개선 노력
에 힘입어 부당한 법률의 문제를 극복할 수 있다는 그의 서술로부
터,[125] 현실의 부적절한 입법이 결국은 자연적 규칙을 존중하는 올
바른 방향으로 개선되리라는 그의 신뢰를 엿볼 수 있다.

### 다. 평등대우 의무

#### 1) 의의

모든 입법이 자연적 정의의 규칙을 실정법으로 재현한 결과물은
아니다. 선재하는 각 개인의 권리와 이익을 여타 침해원으로부터 보
호할 목적에서 자연적 정의의 규칙을 실정화하는 입법도 있겠지만,
사회경제적으로 복잡하게 얽힌 이해관계를 조정하고 공익을 실현하
기 위한 정책적 차원의 입법도 존재한다. 스미스는, 부당한 침해로
부터 개인을 보호하기 위한 법규들이 정의에 관련된다면, "국가의
교역, 상업, 농업, 제조업에 관하여 제정한 모든 법규들(regulations)은
내치에 속한다."고 하여 양자를 관념상 구분했다.[126] 그는 내치뿐만
아니라 세입이나 군대문제도 정의와 무관하지만 법적 규율의 대상
이 된다고 했다.[127]

다양한 이해관계의 조정에 관여하는 정책적 입법에서는 자연적
정의의 규칙을 발견해 실정화하는 방식이 그대로 통용되기 어렵다.
그러나 이런 정책적 입법에서도 입법을 지도하고 구속하는 정치적
원리가 존재한다는 것이 스미스의 생각이다. 그것은 평등대우
(equality of treatment) 의무라는 정치적 원리이다.[128] 국가는 동등한 지

---

125) 『국부론(상)』, 661면.
126) 『법학강의(상)』, 89면.
127) 『법학강의(하)』, 285~286면 참조.
128) 『국부론(하)』, 806면.

위의 개인들을 전제로 하는 본질상 특정 세력의 당파적 이익에 편향되어서는 안 된다. 따라서 국가는 계층에 관계없이 모든 국민들을 평등하게 대우해야 할 의무를 지며, 입법권도 그러한 의무에 따라 행사해야 한다.

국가의 본질이 특정한 세력이 아니라 전체 구성원을 위한 것이라는 관념은, 지배자 개인의 이익이 아니라 공익을 추구하는 체제가 좋은 정치체제라는 아리스토텔레스나 국가는 전체 인민의 것이라고 했던 키케로로부터 전수되는 유서 깊은 생각이지만,[129] 특히 정치공동체의 등장 이전에 자연권을 획득한 개인들이 더 나은 공동의 삶을 위해 국가를 만들었다고 설명하는 근대 자연법론자들에게는 더욱 확실한 관념이다.

한편, 이해관계 조정이나 공익실현을 위한 정책적 입법에서도 자유나 이익의 제약을 수반하는 경우가 있으므로, 이런 입법도 정의와 완전히 무관하다고 볼 수는 없다. 스미스도 경제정책 관련 입법에서 일부 집단의 이익만을 추구하기 위해 다른 사람들의 이익을 해하는 것은 평등대우 의무뿐만 아니라 정의에도 위반됨을 지적했다.[130]

스미스가 국가의 기원을 재산권 보호에서 찾으면서 빈자로부터 부자를 보호하는 국가의 역할에 관해 언급한 것은 전술한 대로인데,[131] 이것이 국가가 부자의 편이라는 취지라면 평등대우 의무 위반이라는 혐의를 피하기 힘들 것이다. 그러나 재산권 보호 역시 국가의 권리 보호라는 본연의 목적에 부합한다. 재산권은 다른 권리와는 달리 재산이 있는 자만이 누리는 권리이므로 결과적으로 국가가 유산계급의 이익에 치우치게 된다는 비판은 가능하나, 누구의 권리이든 평등하게 보호된다는 전제가 유지된다면 스미스에게 국가의

---

129) Aristoteles, *Politics,* 1279a; Marcus Tullius Cicero, 『국가론』, 130면.
130) 『국부론(하)』, 806면.
131) 위의 책, 881면; 『법학강의(상)』, 406면.

재산권 보호가 계급적 편향 혹은 평등대우 의무 위반을 의미하지는
않을 것이다.

### 2) 중상주의 비판의 근거

스미스의 이론에서 평등대우 의무가 더욱 각별한 의미를 가지는
것은, 이것이 중상주의에 대한 스미스의 유명한 비판에서 핵심적인
역할을 수행했기 때문이다. 사실 스미스가 중상주의 정책에 반대했
던 이유는 여러 가지가 있었다. 중상주의 정책들이 국부의 증가를
저해한다는 측면도 있었고, "중상주의란 그 본질에 있어 제한·통제
의 학설"이라는 그의 말처럼 자유를 침해한다는 측면도 있었다.[132]
그러나 스미스의 가장 통렬한 비판은, 그 정책이 주로 대상공업자라
는 주요 자본가들의 이익만을 위한 것이며 그 대가로 다른 사람들의
이익을 희생시킨다는 불공정성, 혹은 계급편향성에 관한 것이었다.
중상주의 정책은 전체 사회구성원의 이익이 아니라 특정한 사람들
의 이익만을 대변한다는 비판이었다.

> 이들 큰 제조업자들이 … 노력하는 것은 결코 노동자의 이익을 위해서
> 가 아니다. 우리나라의 중상주의에 의해 주로 장려되는 것은 **부자와 권력
> 자의 이익을 위한 산업**뿐이다. 가난한 사람과 빈궁한 사람의 이익을 위한
> 산업은 너무나 자주 무시되거나 억압을 받고 있다.[133]

중상주의가 특히 노동자·서민의 이익을 해한다는 측면은 단순한
경제적 불이익에만 그치지 않았다. 중상주의는 이들의 자유에 대한

---

132) 『국부론(하)』, 818면. 중상주의의 핵심이 3R 정책 즉 제한(restriction), 규제
   (regulation), 금지(restraint)에 있다는 설명으로, Leo Huberman, *Man's Worldly
   goods: The Story of the Wealth of Nations*(Monthly Review Press, 1968), 장상환
   옮김, 『자본주의 역사 바로 알기』(서울: 책벌레, 2008), 167면.
133) 『국부론(하)』, 794면(강조는 필자에 의함).

부당한 희생을 강요한다는 측면도 있었다. 이 희생 또한 계급편향성을 갖는다. 일례로 중상주의자들은 국부의 유출을 막기 위해 자국의 기능공이 해외로 진출하여 일할 자유를 제한했는데, 스미스는 이를 두고 국민의 자유가 영국 상공업자들의 보잘것없는 이익을 위해 희생당하고 있다고 비판했다.[134]

나아가 중상주의는 자국 제조업을 보호하기 위해 타국 제조업을 견제함으로써 경쟁을 제거하려 하는데, 스미스는 이것이 생산자의 이익만을 중시하고 소비자의 이익을 도외시하는 태도라고 혹평했다. "소비야말로 모든 생산활동의 유일한 목표이자 목적이며, 생산자의 이익은 소비자의 이익을 증진시키는 데 필요한 한에서만 고려되어야" 하지만,[135] 중상주의는 그 반대로 생산자들의 이익을 우대함으로써 일반 소비자들의 이익을 희생시키고, 나아가 우대받지 못하는 생산자들의 이익을 더 크게 희생시킨다는 비판이었다.

이어서 그는 중상주의 같은 계급편향적 정책의 원인이 무엇인지를 추적해 들어갔다. 그리고 이 현상이 근원적으로 계급 간의 경제적, 정치적 불균형에서 초래됨을 폭로했다. 노동자와 자본가는 사회를 구성하는 두 주요 집단이지만, 그들 간의 관계는 평등하지 않다. 경제적 여유에 힘입어 자본가들은 노동자들을 자기의 조건에 따르게 만들 수 있는 유리한 지위를 점한다. 스미스의 말대로, 소득활동 없이도 자본가들은 한두 해 살아갈 수 있지만 노동자들은 일주일을 버티기도 힘들다.[136] 이런 구조적 차이는 두 계급 간 교섭상 지위의 불평등을 낳는다. 또 경제적 여유는 자본가들이 계급적 이해관계가 걸린 논쟁에서 승리할 수 있는 더 많은 기회를 부여한다. 이들은 "일생동안 여러 가지 계획·목표에 몰두하"므로 일반인들보다 "예리한

---

134) 위의 책, 813면.
135) 위의 책, 814면.
136) 『국부론(상)』, 87면 참조.

이해력을 갖는 경우가 많"고 "자기 자신의 이익에 더 밝"으며, "자신들의 이익에 관한 아주 뛰어난 바로 이 지식에 의거하여" 자신들의 이익이 바로 공공의 이익임을 호소하고 설득한다.[137] 이들은 수가 적기 때문에 뭉쳐서 집단으로서의 힘을 발휘하기도 쉬웠다.[138]

반면에 노동자들은 경제적 여유가 부족해 충분한 식견을 갖추지 못한다. 스미스는 사회의 공적 논의(public deliberation)에서 노동자들의 목소리가 경청되거나 존중되지 않는 것은 바로 그 때문이라고 설명했다.[139] 경제적 불균형은 정치적 불균형을 낳고, 정치적 불균형은 자본가들이 자신들의 계급적 이익을 사회 전체의 이익으로 호도하여 이를 입법적으로 손쉽게 관철할 수 있도록 만들었다. 말하자면, 중상주의의 계급편향성 문제는 입법과정에서 자본가들의 당파적 이익이 과잉 대표되어 나타난 결과였다. 중상주의는 이러한 정치적, 경제적 불균형을 배경으로 유지되었다.

스미스가 이러한 불균형을 특히 심각하게 받아들인 이유는 두 계급의 소위 상반된 계급적 특성 때문이었다. 스미스의 설명에 따르면, 일반적으로 노동자 계급의 이익은 사회의 일반이익과 밀접한 관계에 있기 때문에 노동자 계급의 이익을 증진 혹은 훼손하는 일은 대체로 사회의 일반이익을 증진 혹은 훼손하는 일과 일치했다. 그러나 자본가 계급의 경우는 상황이 달라서, 자본가들의 계급적 이익은 사회의 일반이익과 다르거나 더 나아가 상충하는 경우가 많다고 했다.[140] 이 때문에 스미스는 두 계급의 이익을 다루는 방식에 차이가 있어야 한다고 주장했다. 사회의 일반이익과 충돌할 가능성이 큰 자본가들의 주장은 그것이 진정으로 사회의 이익에 기여하는지를 더

---

137) 위의 책, 322면. 『국부론(하)』, 792~816면도 참조.
138) 『국부론(상)』, 87면.
139) 위의 책, 321면(p. 266).
140) 위의 책, 320~323면.

욱 면밀히 검토해야 한다는 것이다.

　이러한 계급[자본가 계급: 필자 주]이 제안하는 어떤 새로운 상업적 법률·규제들에 대해서는 항상 큰 경계심을 가지고 주목해야 하며, 그것들을 매우 진지하고 주의 깊게 오랫동안 신중하게 검토한 뒤에 채택해야 한다. 왜냐하면, 그것은 그들의 이익이 결코 정확히 공공의 이익과 일치하는 않는 계급, 그리고 **사회를 기만하고 심지어 억압하는 것이 그들의 이익**이 되며, 따라서 수많은 기회에 **사회를 기만하고 억압한 적이 있는 계급**으로부터 나온 제안이기 때문이다.[141]

　자본가들이 기만적 주장을 한다 해도 입법자들이 스미스의 위 조언에 따라 그것을 신중히 검토해 잘 가려낸다면, 중상주의 같은 편향적 정책이 더 이상 유지되지 못할 것이다. 평등대우 의무는 따라서 정책의 당부를 검토하는 입법자들이 어떤 제안의 계급편향성을 검토할 때 참조할 기준이다.
　그러나 문제는 여기서 그치지 않는다. 입법자들이 해당 제안의 계급편향성을 간파하더라도 이를 물리치기 힘든 상황이 존재하는 까닭이다. 이는 자본가들의 집단적 영향력 때문이다. 200여 년 후인 지금도 생생히 전달되는 스미스의 설명이다.

　제조자들의 독점을 줄이려는 어떤 시도도 군대를 감축시키려는 시도처럼 위험하다. … 독점을 강화하는 온갖 제안을 지지하는 국회의원은 사업을 이해한다는 명성을 얻을 뿐만 아니라, 그 숫자와 부 때문에 큰 중요성을 갖는 계층의 인기를 얻을 것이다. 반대로 국회의원이 독점적인 제조업자들을 반대하거나 나아가 그들을 제압할 권위를 갖는다면, 그가 잘 알려

---

141) 위의 책, 323면(강조는 필자에 의함).

진 성실한 인물이고 높은 지위에 있고 가장 큰 사회적 봉사를 했더라도,
파렴치한 욕설과 비난 그리고 개인적인 모욕을 피할 수 없으며, 분노하고
실망한 독점자들의 무례한 행위에 의해 실질적인 위험을 피할 수 없다.[142]

즉 자본가들은 단순히 논리로만 무장하는 것이 아니라 유무형의
해악을 끼칠 수 있는 힘을 과시하면서 계급편향적인 정책들을 관철
한다는 것이다. 사실 훌륭한 입법자라면 사회의 전체이익을 고수하
면서 자본가들에게 일방적으로 유리한 주장들의 기만성을 꿰뚫어보
고, 그로 인해 맞닥뜨릴 여러 해악들을 감내해야 마땅하다. 그러나
이는 현실적이지 않다. 이런 입법자들이 나타나기를 마냥 기다리기
만 하는 것은 현실적인 해법이 될 수 없다.

스미스의 대안은 노동자·서민들의 정치적 영향력을 키우는 것이
었다. 이를 통해 사회가 당파적 주장에 휘둘리지 않게 그러한 주장
의 당부를 제대로 검토할 수 있는 대등한 공적 논의를 기대했다.[143]
그리고 이것은 특정 계급이 입법자들에 대해 유무형의 해악을 끼치
는 것을 견제하는 수단이 될 수도 있었다. 상공업자들과의 관계에서
정치적 열세에 처해 있는 노동자·서민들의 정치적 역량을 증진하려
는 정책적 제안은 이러한 배경에서 나왔는데, 이에 관하여는 뒤에서
다시 다루기로 한다.

한편, 스미스는 평등대우 의무에 위반되는 입법의 효력에 관해서
도 특별한 언급을 남기지 않았다. 앞서 자연적 정의에 관한 설명에
서 본 대로, 여기에도 당시의 의회주권주의 관념과 더 나은 삶을 위
해 노력하는 인간의 본성에 힘입어 그 같은 법률들이 개선될 것이라
는 그의 낙관적 입장이 작용한 것으로 보인다.

---

142) 위의 책, 571~572면.
143) 위의 책, 321면; 『국부론(하)』, 965면.

## V. 시민의 역할

### 1. 선거와 저항권

#### 가. 선거

스미스는 시민의 직접참여를 지향했던 고대적 이상의 근대적 재현가능성에 부정적이었으나, 그가 시민의 정치적 역할 자체를 부정적으로 바라보았다거나 경시했던 것은 아니다. 오히려 그는 시민적 참여의 가치를 높이 인정했다. 그가 상정한 개인은 결코 국가가 자신의 권리를 보호해 준다는 측면만으로 만족하는 존재가 아니었다. 그가 타인의 이익과 행복을 고려하는 자혜를 기본덕성 중 하나로 인정하고 공적 정신을 중요한 가치로 여긴 사실에서 보듯이,[144] 그에게 개인은 본성에 따라 자기 이익을 추구하는 존재이면서도 동시에 시민으로서 자신이 속한 공동체, 특히 국가의 중요한 문제에 관심을 가지고 공적 이익을 추구하기 위해 노력해야 하는 존재이기도 했다.

그 무렵 영국에서 시민에게 주어진 대표적인 정치적 역할은 투표권 행사였다. 스미스는 시민의 투표권이 갖는 민주적 함의를 긍정적으로 평가했다. 투표권의 존재는 대표들로 하여금 유권자의 의사에 더욱 의존하도록 만들므로, 선거의 주기를 짧게 할수록 그리고 더 많은 유권자가 선거에 참여할수록 더 민주적인 것이 되고, 유권자가 대표로부터 존중받게 되며, 궁극적으로 시민의 자유에 유리하다고 했다.[145] 이는 국가 전체의 일반이익을 추구해야 한다는 그의 대의 이론과 상충하는 것처럼 보이기도 하지만, 앞서 말한 대로 대표로서

---

144) 『도덕감정론』, 312면, 347면, 359면, 441면 등. 공적 정신을 중심으로 스미스 정치학을 해명하는 글로는 Douglas Long, "Adam Smith's Politics", pp. 292~295.
145) 『법학강의(상)』, 511~512면.

사회의 일반이익을 추구해야 한다는 것과 유권자들의 의사를 존중하는 것이 반드시 충돌한다고 보기는 어렵다. 대표의 독립성만을 강조할 경우에는 시민의 정치적 비중이 약화될 수밖에 없으므로, 재선을 위한 대표의 욕망을 민주정치의 원동력으로 활용하는 선거제도의 특성상 대표를 유권자의 의사에 더욱 의존케 하는 것은 시민의 정치적 힘을 키우는 효과적인 방안이었다. 그 무렵 스미스가 민주주의의 과잉이 아니라 그 결핍을 더 큰 문제로 여겼다면, 대표의 유권자로부터의 독립성보다 대표에 대한 유권자의 영향력 강화가 더 긴요한 과제로 다가왔을 것이다.

그러나 당시 영국의 유권자 범위는 매우 협소했고, 가까운 시일 내에 이런 상황이 개선될 가능성도 희박했다. 실제로 영국에서 선거권의 제약은 1832년부터 이루어진 일련의 개혁 법안을 통해 개선되기 시작했으며, 1928년 제5차 선거법 개혁을 거쳐 완전한 의미의 보통선거권이 확립되었다. 따라서 18세기의 제한선거 방식으로는 선거의 민주적 기능을 다 하기에 한계가 명확했다.

## 나. 저항권

스미스는 비록 사회계약론을 따르지 않았지만 국가를 자유로운 개인들이 필요에 따라 고안한 수단으로 간주한 측면에서 계약론자들의 입장과 크게 다르지 않았다. 이에 국가가 그 도입목적을 배반하고 개인의 자유와 권리를 침해하면 인민은 그러한 국가를 전복할 권리를 가진다는 이른바 저항권에 대해서도 스미스는 긍정적이었다.

사악한 통치자에 대항한 시민의 저항이라는 관념은 오랜 역사를 가진다. 고대 아테네인들은 참주를 살해한 하르모디오스와 아리스토게이톤을 참주타도의 영웅이자 민주정을 위한 순교자로 추대하고 기념했다. 사악한 권력자의 횡포를 선한 시민이 응징한다는 정치적 서사는 폭군방벌론으로 이어졌고, 저항권은 이러한 생각이 근대에 이르러 체계화된 개념이었다. 특히 사회계약론은 정부의 압제를 계약위반으로 구성하여 정부를 해체하고 새로운 정부를 다시 구성하는 행위를 비교적 쉽게 정당화할 잠재력을 가졌다. 그러나 저항권에 대한 자연법론자들의 입장이 완전히 일치했던 것은 아니다. 그로티우스, 홉스, 푸펜도르프는 모두 저항권에 인색했는데, 특히 자연상태를 전쟁상태로 규정한 홉스는 정부가 해체됨으로써 다시금 가혹한 자연상태로 회귀하는 것을 두려워했기 때문에 저항권에 대해 더욱 엄격한 태도로 일관했다(제2장 참조).

스미스는 정치공동체의 등장 이전 상태를 홉스만큼 암울하게 이해하지 않았다는 점에서 홉스에 비해 저항권의 인정에 적극적일 수 있었으나,[146] 그와 동시에 정치공동체 없이는 개인의 자유와 권리, 안전과 독립성이 제대로 보호될 수 없으며 유혈과 무질서의 가능성도 배제할 수 없다는 최악의 상황을 염두에 두었기 때문에 로크에 비해서는 저항권의 인정범위가 협소했다. 예컨대, 로크는 군주가 국민의 뜻을 거슬러 세금을 인상했을 때 합법적으로 저항권을 행사할 수 있다는 듯이 말했지만, 스미스는 "어떤 정부도 완전할 수 없기 때문에 정부를 전복시키려고 시도하는 것보다는 다소의 불편함을 감수하는 것이 더 낫다"는 생각에서 로크의 위 주장에 완전히 동의하지는 않았다.[147] 정부를 해체했을 때 발생하는 혼란이 정부를 유지함으로써 생기는 해악보다 작은 때에만 저항권 행사가 정당화된다는 스미스의 생각에 따르면,[148] 로크의 위 사례에서 저항권의 요건이 반드시 충족된다고 말하기는 어렵다.

---

146) 위의 책, 580~581면.
147) 『법학강의(하)』, 89면. 로크의 주장은 John Locke, 『통치론』, 135~135면, 208면 이하 참조.
148) 『법학강의(상)』, 588면.

그러나 저항권은 실제로 실행된 예가 드물고 현실적으로 실행에 옮기기도 어려우므로 시민의 일반적인 정치적 역할로 간주되기는 힘들다. 저항권은 그 존재만으로도 권력자들을 스스로 검열하게 하고 자의적인 권력 행사를 자제하도록 만들 수 있지만, 이는 일반적으로 지배적 관념들이 현실에서 발휘하는 효과일 뿐 시민의 실제 역할과는 거리가 있다.

## 2. 참여 수단으로서 여론

스미스는 시민들이 사회의 의사결정을 이끄는 공적 논의에 참여해야 한다는 당위를 고수했지만, 당시는 이러한 당위를 실천할 공식적 수단이 마땅치 않았다. 고대와 같은 직접참여는 불가능했고, 투표권은 제한적이었으며, 저항권은 현실적이지 않았다. 여기서 스미스는 여론(public opinion)의 정치적 영향력에 주목했다. 여론의 힘이 커져가던 당시의 시대적 흐름으로부터 시민적 참여에 관한 새로운 가능성을 발견한 그는 자신의 당위가 여론 형성에 대한 참여 방식으로 현실화될 수 있다고 생각했다.

통치의 안정성은 통치행위에 대한 국민의 지지여부에 의존한다는 그의 주장에서[149] 여론의 중요성에 대한 그의 인식을 읽을 수 있다. 또 중상주의 같은 경제적 문제의 원인을 정치적 과정에서 찾았던 그는 특히 계급편향적인 주장을 제대로 검증하지 못하는 여론의 정치적 불균형에 대해 깊은 문제의식을 품고 있었다. 그는 정치적

---

149) 『국부론(하)』, 965~966면. 여론존중이 스미스 통치론의 핵심이라는 취지로 Emma Rothschild, *Economic Sentiments*, pp. 67, 71; Knud Haakonssen, *The Science of A Legislator*, p. 131. 여론의 중요성에 대한 스미스의 입장에는 흄의 영향이 있었다고 보인다. David Hume, "Of the First Principles of Government", in *David Hume: Essays, Moral, Political, and Literary*, Eugene F. Miller(ed.) (Indianapolis: Liberty Press, 1987), p. 32.

균형을 갖춘 여론이 조성되기 위해서는, 모든 시민이 국가 중대사에 얽힌 이해관계들을 식별할 수 있어야 하고, 당파세력이나 선동세력이 자신들의 이해관계에 따라 쏟아내는 정치적 불평들을 거를 수 있어야 한다고 주장했다.[150] 인간 사회가 존재하는 한 사익을 공익으로 둔갑시켜 부당한 이익을 얻으려는 시도는 없을 수 없는데, 이러한 시도를 제지하기 위해서는 무엇보다도 그러한 시도를 간파하고 그 부당성을 논증하여 사람들이 그런 주장에 현혹되지 않도록 설득하는 과정, 즉 활발하고 자유로운 사회적 논의에 기초한 여론형성 과정이 필요하다는 뜻이다.

여론 혹은 사회적 논의에 대한 스미스의 관심은 거기에 점차 정치적 역할이 가중되어 가던 당시의 흐름 속에서 이해가능하다. 오늘날 여론 관념은 당연하고 자명하여 이를 강조하는 것이 진부하게 느껴지지만, 스미스의 시대에는 그렇지 않았다. 여론은 새로운 현상이었고 시민의 정치적 역할에 관해서도 상당히 급진적인 정치적 함의를 품고 있었다.

공중의 의견으로서 정치적 영향력을 가지는 여론 개념이 등장한 것은 역사적으로 오래되지 않았다. 이 개념은 18세기에 들어 본격적으로 인정되었다.[151] 그 무렵 여론이라는 새로운 현상이 등장할 수 있었던 것은 공론장의 역할을 담당할 제도적 조건들이 그즈음 뒷받침되었기 때문인데, 특히 그중에서도 신문과 같은 대중매체의 증가, 커피하우스와 선술집, 살롱과 같은 공간의 급증 현상이 두드러졌

---

150) 『국부론(하)』, 958면, 965면.

151) Jürgen Habermas, *Strukturwandel der Öffentlichkeit: Untersuchungen zu einer Kategorie der bürgerlichen Gesellschaft*(Frankfurt am Main: Suhrkamp Verlag, 1990), 한승완 역, 『공론장의 구조변동』(파주: 나남, 2007), 135면. 이하 설명은 하버마스의 논의에 빚진 바가 크다. Raymond Geuss, *Public Goods, Private Goods*(Princeton University Press, 2001), 조승래 옮김, 『공적 선, 사적 선』(서울: 기파랑, 2010), 124면도 참조.

다.152) 이들 공간에서 개인들 간의 지속적인 토론이 활발히 조직되었다. 토론의 대상은 문학을 위시하여 다양했지만 정치도 빼놓을 수 없는 주제였다. 여기서는 왕과 의회에 대한 상시적인 논의와 비판이 이루어졌다. 사회학자 하버마스(Jürgen Habermas)는 당시 이러한 공론장의 논의와 비판이 하나의 제도로서 공고화되었다고 설명했다.153)

이에 힘입어 이른바 '여론을 통한 공중의 정치적 참여'라는 관념이 탄생했다. 정치인들은 자신의 정치활동에서 여론의 힘을 빌리는 것이 유리함을 깨닫게 되었고, 여론에 호소하는 일을 정치적 성공을 위한 효과적인 방도로 여기기 시작했다. 당시 여론은 국민감정, 공공의 목소리, 공적 정신 등으로 표현되었고, 점차 본격적인 정치적 실체로 인정받았다. 이 현상은 영국 의회정치의 양상에도 큰 영향을 끼쳤는데, 특히 의회 내에서 주도권을 상실한 야당에게 의미가 컸다. 여론은 야당이 기댈 정치적 수단이었고, 실제로 월폴 시대에 야당은 여론을 무기로 월폴이 이끌던 집권당을 수차례 굴복시켰다.154)

이러한 흐름들은 스미스가 여론의 존재와 기능을 시민적 참여를 가능하게 하는 새로운 근거로 사고한 배경이 되었다.


## 3. 통치론적 의미

여론 존중이 통치의 기초라면 여론에의 참여는 시민이 공적 삶을 영위하는 유력한 방식일 수 있다. 이것이 스미스의 통치론에서 가지는 몇 가지 실천적 의미들을 짚어본다.

---

152) Kevin Williams, *Read All About It!: A History of the British Newspaper*(New York: Routledge, 2010), pp. 54ff; 박지향, 『클래식 영국사』, 479면; Jürgen Habermas, 『공론장의 구조변동』, 102면.
153) Jürgen Habermas, 『공론장의 구조변동』, 139면.
154) 위의 책, 142~144면.

첫째, 이것은 국가권력에 대한 시민의 영향력과 관련된다. 스미스는 여론 혹은 사회적 논의라는 관념을 통해 시민들의 집합적 의사가 정치의 토대가 됨을, 그리고 정치적 의사결정의 궁극적인 주도권이 사회의 전체 구성원들에게 있음을 시사했다. 시민들은 여론이라는 공적 목소리의 형성에 참여해 국가 중대사에 대해 의견을 제시하고, 올바르지 못한 정책결정을 비판하며, 국가기관을 견제하고 권력의 성찰적 행사를 이끌어 낼 수 있다.

비록 공익을 위한다는 마음이 동일하다 하더라도 무엇이 공익을 위하는 것인지에 관한 각자의 생각은 다르기 마련이다. 여론을 존중한다는 것은, 무엇이 공익을 위한 것인가를 두고 복수의 관점들이 제기될 때 논리와 설득력의 경합을 통해 여론의 지지를 획득한 관점을 공동체의 정치적 의사로 채택한다는 것을 뜻한다. 여론을 얻기 위한 경쟁이 중요해질수록 전체 시민의 정치적 영향력이 커져갈 것이다.

둘째, 이로부터 노동자와 자본가 간의 정치적 불균형에 대한 스미스적인 처방이 모색되었다. 스미스는 두 계급 간의 정치적 불균형에 상당한 우려를 표했고, 이 불균형의 이유를 정치적 참여 혹은 여론주도력의 불균형에서 찾았다. 자본가 계급이 여론을 주도해 입법자들을 압박하는 일에 적극적인 반면, 노동자 계급은 그렇지 못했다. 심지어 노동자임에도 자본가의 당파적 주장에 현혹되고 선동되기까지 했다.

스미스는 통치자들이 현명하게 판단하여 이러한 현상을 막아주기를 희망했지만, 그와 더불어 노동자들이 공적 논의에 보다 적극적으로 참여하여 자본가들에 의한 일방적인 여론주도를 견제하기를 기대했다. 자본가들의 당파적 주장들이 사회의 공적 이익이라는 무늬를 달고 국가정책으로 관철되는 것을 막기 위해서는, 그에 대한 대항력으로서 노동자들의 목소리가 있어야 한다고 여겼기 때문이다. 사회가 자본가들의 일방적 지배로 전락하지 않도록 하기 위해서는,

다시 말해 자본가들이 여론을 기만적으로 조성해 사회를 자신들의 마음대로 조종하려는 시도에 노동자들이 일방적으로 희생당하지 않도록 하기 위해서는 공적 논의에서 노동자들의 목소리가 힘을 얻어야 한다고 생각한 것이다. 다음 장에서 보듯이 스미스는 정치적 불균형 문제를 해결하기 위해서는 여론의 공정성 확보를 위한 국가의 일정한 역할이 필요하다고 보았다.

셋째, 여론 형성에의 참여는 스미스의 자기애적인 개인과 시민적 의무 간의 긴장관계를 상당부분 해소할 수 있다. 스미스는 자기애를 가진 개인이 참여보다는 사적 평온을 더 선호하는 경향이 있다고 하면서도, 공적 실천을 바람직하게 여겼기 때문에 시민적 참여를 상찬하고 이를 독려할 방법을 모색했다.[155] 스미스에게 여론 형성에의 참여는 따라서 고전적 직접참여에 수반된 부담을 완화하면서도 시민적 삶을 실천하는 대안이 될 수 있었다. 폿지(Gianfranco Poggi)는 사리추구에만 관심이 있다고 상정된 개인들로 하여금 공적 삶을 실천하게 하는 것은 "자아의 급격한 전환, 즉 자기 초월이라는 대단히 어렵고 장한 일"임을 주장했는데,[156] 여론에의 참여는 고대 도시국가에서 실천된 참여에 비해 덜 급격한 전환임이 분명하다.

넷째, 여론을 공적 결정의 중심으로 사고하는 스미스의 태도는 제도개혁에 있어서 상대적으로 타협적이고 온건한 그의 입장을 설명해 주는 단서이다.[157] 이 또한 다음 장에서 재차 다루겠지만, 인간의 평등에 관한 스미스의 믿음, 개인의 자유에 대한 확고한 의식, 그리고 당대 현실에 대한 그의 진단을 종합하면 스미스의 시각에는 상당한 급진성이 내포되어 있었다. 반면 그가 해법으로 제안한 제도개혁의 방식과 내용들은 점진적이고 현실적이었다.

---

155) 『도덕감정론』, 347~350면, 408~409면; 『국부론(하)』, 958~966면 등.
156) Gianfranco Poggi, 『근대국가의 발전』, 184면.
157) Emma Rothschild, *Economic Sentiments*, p. 67 참조.

대표적인 예를 들자면, 그는 이성과 설득을 통해서 사람들의 편견을 없앨 수 없을 때 폭력으로 자신의 뜻을 관철하려는 자세에 매우 비판적이었다. 그리고 어떤 특권의 철폐가 원론적으로 타당하다 해도, 그것이 반발과 저항을 불러와 사회의 큰 갈등과 혼란을 야기할 때에는 그 특권의 존재를 용인하는 것이 옳다고도 했다. 그것은 사회의 안정이라는 더 큰 이익을 가져오기 때문이다.158) 이는, 제도의 안정성은 그 나라 귀족들이 그들의 기존 지위를 유지할 수 있는지 여부에 달려있다는 『국부론』의 서술에서도 드러난다.159) 사회의 안전을 보증할 수 있는 점진적 변화만을 지지한 스미스에게 방점은 귀족층의 기득권 보호가 아니라 제도의 안정성과 지속성에 맞추어져 있었다. 사회가 안정되지 못하면 그 속에서 살고 있는 개인들의 삶이 가장 먼저 피폐해진다. 따라서 부당한 특권은 마땅히 없어져야 하지만, 이를 폐지하는 과정에서 특권층의 저항이 유발되어 오히려 사회의 안정이 위협받는다면 차라리 그냥 놔두는 것이 바람직하다는 것이다.

이러한 생각은 어떤 개혁이 아무리 훌륭한 명분을 가진다 하더라도 그것이 권위적이고 일방적인 방식으로 관철되는 것에 대한 강한 거부감과 맥을 같이 한다. 일체의 반대를 무릅쓰고 자신의 생각을 관철하려는 태도, 다시 말해 옳고 그름의 판단에서 자신의 생각만을 유일하게 정당한 것으로 내세우는 태도를 비난한 것은 그 때문이다.160) 스미스는 이러한 사람을 "체제에 매몰된 사람"(man of system)이라고 부르며 날 선 비판을 가했다.

어느 한 체제에 매몰된 사람은 자기 스스로를 매우 총명한 자로 생각하

158) 『도덕감정론』, 438~439면, 442면.
159) 『국부론(하)』, 765~766면.
160) 『도덕감정론』, 444면.

기 쉽고, 그래서 흔히 자기 계획 중의 이상적인 정부계획의 아름다움에 너무나 현혹되어 그 계획 속의 어떤 부분이 조금이라도 계획과 달라지는 것을 참지 못한다. 그는 자기의 계획에 반대될 수도 있는 강력한 편견들이나 커다란 이해관계에 대해서는 아무런 고려도 하지 않은 채, 자신의 계획을 완전히 그리고 전면적으로 추진해 나간다. 그는 이 거대한 사회를 구성하는 서로 다른 구성원들을 마치 장기판 위에서 손으로 말들을 배열하는 것만큼이나 아주 쉽게 배열할 수 있다고 생각하는 것 같다. 그러나 장기판 위의 말들은 사람의 손이 힘을 가하는 대로 움직이는 수밖에 달리 운동 원리가 없지만, **인간사회라는 거대한 장기판에서는 모든 말 하나하나가 자기 자신의 운동 원리를 가지고 있는데**, 이것은 입법기관이 그들에게 부과하는 것과는 전혀 다른 것이다.[161]

스미스는 모든 인간이 자신의 운동 원리, 즉 자유의지에 따른 자율성을 가진다고 여겼고, 국가는 이러한 인간들이 집합된 정치적 공동체이므로 국가의 운영은 전체 구성원의 집합적 의사에 기초할 수밖에 없다고 이해했다. 그래서 그는 통치자가 자신의 의사를 국민들에게 일방적으로 강요하는 방식의 부당성을 강조했다. 각 개인의 생각과 입법기관의 결정이 서로 일치한다면 그 사회는 행복할 것이나, 일치하지 않는다면 사회는 불행해질 것이고 무질서한 상태로 전락할 것이라는 그의 주장은[162] 이러한 의미로 읽을 수 있다.

역설적이지만 이 같은 태도는, 특권집단에 대한 날카로운 문제의

---

161) 위의 책, 443면(강조는 필자에 의함). 이 대목은 1790년에 출간된 제6판에 추가된 내용인데, 이것을 프랑스 혁명에 대한 비판으로 해석하는 시각이 있다. 예컨대, D. D. Raphael and A. L. Macfie, "Introduction", p. 18. 반면 맥클린은 이것을 프로이센의 프리드리히 대왕이나 러시아의 예카테리나 대제 같은 계몽군주에 대한 비판으로 해석한다. Iain McLean, *Adam Smith, Radical and Egalitarian*, p. 58.

162) 『도덕감정론』, 443~444면.

식에도 불구하고 현실에서는 특권집단의 기득권을 용인하는 것과 진배없게 되었다. 오래 지속된 제도의 뒷받침을 받는 기득권을 철폐하는 데 강한 반동이 없을 리 없는데, 그는 반동에 따른 사회의 불안정을 피하고자 개혁성을 양보했기 때문이다. 그러나 이것이 일체의 개혁을 부정하는 의미는 아니다. 안정을 해치지 않는 범위에서 그는 가능한 한 최대의 개혁, 즉 이성과 설득을 통해서 달성할 수 있는 최선의 상태를 추구했다. 이를 위해서는 "옳은 것을 건립할 수 없을 때에는 **틀린 것을 개선하는 것**을 무가치한 일이라고 여기지 않"아야 하고, "최선의 법률제도를 만들 수 없을 때에는 국민들이 **인내할 수 있는 한도** 내에서 최선의 것을 만들기 위해 노력"해야 한다고 주장했다.[163] 아마도 스미스는 특권의 철폐문제를 오랜 시간이 소요되는 과제로 이해하고, 장기적인 관점에서는 인간의 본성적 노력에 힘입어 언젠가 이들 문제가 순조롭게 해결되리라고 기대한 것 같다.

이와 관련하여 그가 고대 아테네의 개혁가 솔론(Solon)의 이름을 거듭 언급한 것에는 큰 시사점이 있다.[164] 솔론은 기원전 6세기 초 빈부 세력 간의 극심한 갈등 상황에 놓였던 아테네에서 어느 일방의 편을 들지 않고 중도적 타협책을 관철한 개혁가였다. 솔론은 어느 일방의 편을 들 경우 다른 편이 이를 받아들이기 힘들 것을 예견하고 사회의 분열이나 내전을 억제하기 위해 중도적 개혁안을 제시했는데, 그의 개혁안은 양측 모두에게 만족스럽지 못했으나 이는 동시에 그것이 양측 모두가 받아들일 만한 것임을 의미했다. 이 개혁은 장기적 관점에서 아테네 사회를 통합하고 아테네인들을 번영케 했으며 훗날 민주정 건설에 초석이 되었다.[165]

정리하자면, 정치에서 여론을 중시하는 태도는 정치적 의사결정

---

163) 위의 책, 443면(강조는 필자에 의함).
164) 위의 책, 443면; 『국부론(상)』, 664면.
165) 솔론의 개혁에 관하여는 Aristoteles, *The Athenian Constitution*, 5~12.

에서 시민의 영향력을 키우고 시민적 참여의 장벽을 낮춘다는 등의
의미와 함께, 아무리 정당한 개혁이라 하더라도 국민들을 설득하지
못한다면 그것을 일방적으로 강요해서는 안 된다는 점진적 개혁성
을 함의했다.

## 제3절 정리

정치적 질서의 창출, 통치권한과 정치적 의무의 근거 등을 해명
하는 것은 근대 초기 통치론의 기본과제였고, 17~18세기 서구의 정치
사상을 지배했던 자연법론은 이 문제에 대하여 제법 그럴싸한 답을
제시했다. 당시 자연법론자들은 사회를 그 기초단위인 개인으로 분
해하고 이로부터 각 개인의 전망에서 정치적 질서의 구축가능성을
검토함으로써 그에 대한 해답을 모색했다.

그런데 자연법론 진영 내에서도 구체적 입장에는 차이가 있었다.
예컨대 계약론자들과 스미스 간에도 여러 차이가 존재했다. 정치적
질서의 창출과 관련하여, 계약론자들은 이를 계약의 효과로 간주하
나 그 같은 계약이 현실적으로 존재할 수 없다고 보았던 스미스는
이를 시간성을 가지는 자연적 진보의 산물로 여겼다. 이러한 진보는
언제 어디서든 자신의 상태를 개선하려는 노력의 산물이므로, 스미
스에게 정치적 질서는 이상적으로 상정된 어떤 우월한 원리의 지도
를 받아 거기로 수렴된 결과물이 아니라 인간 본연의 노력에 의해
부단히 개선되고 영구적으로 발전하는 과정과 같았다.

또한 정치적 의무의 근거와 관련하여, 계약론자들은 계약이라는
자발적 행위, 즉 개인의 자발적 동의로부터 근거를 찾았지만, 스미스
는 권위(군주정)나 효용(민주정)을 그 근거로 여겼다.

다만 통치의 정당성 근거와 관련해서는 계약론자들과 스미스의

입장이 크게 다르지 않았는데, 이들은 공히 피치자들의 동의 혹은 여론을 그러한 정당성의 근거로 사고했다.

국가를 자유와 권리의 보장수단으로 여겼던 스미스는 이 목적에 기여할 수 있는 권력분립, 그중에서도 사법권의 독립을 강조했고 대의제하에서 대표의 불편부당한 판단을 중시했지만, 그와 동시에 시민의 참여와 여론에 기초한 의사결정의 중요성도 인식했다.

부당한 통치에 대한 스미스의 설명은 그의 통치론의 기본입장을 잘 보여준다. 피치자들의 의사를 무시하는 통치가 부당한 통치인 것은 분명하나, 스미스는 그렇다 해도 통치의 공백이 생기는 것보다 나은 경우가 있다는 점에서 이 경우에도 정치적 의무를 일률적으로 부정할 수 없다고 주장했다. 자연상태를 엄혹한 전쟁상태로 이해하는 홉스의 경우 부당한 통치상태라도 전쟁상태보다는 낫기 때문에 정치적 의무는 여전히 긍정될 것이나, 정치적 권위 없이도 질서의 자연적 성립가능성을 인정한 스미스는 상황이 다르다. 그럼에도 그가 부당한 통치에 대한 정치적 의무를 가급적 인정하려 했던 것은 통치가 가져다주는 대체 불가능한 이익 때문이었을 것이다. 부당한 통치가 이루어지는 상태라 해도 그것이 통치가 아예 없는 상태와 비교해 더 많은 이익을 가져다준다면 통치를 해체할 이유가 없다.

이에 스미스가 통치의 이익을 높이 평가한 이유에 관한 물음이 뒤따른다. 이는 다음 장에서 국가에 대해서 여러 공익적 역할을 기대한 스미스의 입장을 살펴봄으로써 답하게 될 것이다.

# 제5장 국가의 역할

스미스를 국가의 간섭에 반대한 자유방임주의자로 보는 전통적 해석에 따르면, 국가권력은 자유에 위협을 초래하므로 그 역할이 최소한에 그치면 그칠수록 좋다는 것이 스미스의 입장으로 간주된다. 국가의 개입은 소위 '보이지 않는 손'(invisible hand)이라는 시장의 자율적 조정기제를 방해할 뿐이라는 것이나, 필자는 이것이 스미스의 실제 주장과는 거리가 있다고 본다.

먼저 이 장에서는 일반적으로 스미스 이론의 중핵으로 인식되는 보이지 않는 손에 관하여 살펴본다(제1절). 이를 통해 보이지 않는 손을 스미스 사상의 중심에 두는 통념을 비판적으로 검토한다. 앞서 본 대로 스미스는 인간의 자유와 권리가 자연적으로는 충분히 보장되고 실현되기 어렵다는 점에서 국가의 통치권이 필요하다고 했다. 이런 국가의 본질은 자유와 권리를 위한 일정한 역할을 국가에 요구하는바 국가의 정당한 역할에 대한 스미스의 주장을 살펴보는 것이 본장의 또 다른 내용이다(제2절). 이 작업을 거쳐 개별적 역할들의 배후에 놓인 보다 근본적인 입장에 접근함으로써 우리는 시장과 국가의 관계에 대한 스미스의 생각을 파악하고, 그의 생각이 실제로 자유방임의 고전적 모델이라 할 18~19세기 영국의 사례 속에서도 확인됨을 살펴본다(제3절).

스미스는 국가개입 자체에 반대하지 않았다. 단지 자유를 부당하게 제약하는 불필요한 개입에 반대했을 뿐이다. 여기서는 '개입인가, 아닌가'의 물음이 아니라, '무엇이 정당한 개입인가'라는 물음이 중요하다. 정치경제학은 그가 이 문제를 다루는 주요한 방식이었음을 본다(제4절).

# 제1절 보이지 않는 손

## Ⅰ. 문제의식

스미스는 자신의 이익을 마음껏 추구할 자연적 자유 체제를 확립함으로써, 즉 자유로운 시장경제를 확립함으로써 개인의 번영과 사회의 발전이 이루어진다고 했다. 실제로 그의 사후 지난 200년간 자본주의 시장경제의 역사를 돌아보면, 인류는 시장경제의 자유롭고 역동적인 작동에 힘입어 놀라운 경제적 혁신과 진보를 성취했음을 알 수 있다. 전반적으로 말해, 역사는 스미스 주장의 타당성을 입증해 주었다. 이로 인해, 시장의 자유를 표상하는 보이지 않는 손의 관념이 스미스 사상의 근간으로 인식되었다. 보이지 않는 손은 사익과 공익의 일치를 산출하는 시장법칙을 상징하는 탁월한 표현으로 널리 회자되어 왔다.

그러나 보이지 않는 손이 스미스의 이론체계에서 어떤 비중을 가지는지는 검토가 필요하다. 논리에 기초한 이론적 모색물인 『국부론』에서 데우스 엑스 마키나처럼 궁극의 난제를 해결해 줄 기제로 상정된 보이지 않는 손에 대한 맹신은 어색한 느낌을 준다. 또 이는 어떤 필요에 따라 인위적으로 소환된 국가를 다시금 주변으로 내몰아 버린다는 모순적 인상을 주기도 한다.

## Ⅱ. 보이지 않는 손

보이지 않는 손은 스미스적인 기획의 핵심으로 알려져 있지만,[1]

---

1) 보이지 않는 손 개념의 역사 및 이 개념의 스미스적 특수성에 관하여는 Peter Harrison, "Adam Smith and the History of the Invisible Hand", *Journal of the History of Ideas*, Vol. 72, No. 1(2011), pp. 29~49. 스미스의 보이지 않는 손 개

사적 욕구의 충족이 공적 차원의 번영을 가져온다는 통찰은 일찍이 몽테스키외나 맨더빌이 보여준 바가 있었고, 보이지 않는 손이라는 표현을 스미스가 최초로 사용한 것도 아니었다. 고전 문헌 속에서 드물게 등장했던 이 표현이 보다 빈번히 나타나기 시작했던 것은 17세기 이후였고, 주로 인간의 역사에 대한 신의 관리, 자연의 운행에 관한 신적 지배 같은 관념을 가리켰다.[2]

흥미로운 점은, 정작 스미스는 이 표현에 그다지 큰 비중을 부여하지 않은 것처럼 보인다는 사실이다. 보이지 않는 손이 스미스 이론의 중핵이라는 대중적 인식과는 달리, 스미스의 전체 저작에서 보이지 않는 손이라는 표현은 단지 세 번 정도 확인될 뿐이다. 또한 18~19세기를 수놓은 맬서스와 리카도, J. S. 밀, 마르크스의 정치경제학 저술에서도 보이지 않는 손이 언급된 적은 없었다.[3] 그뿐만 아니라 스미스 저술 안에서도 그 용법이 일관되지 않다는 사실은 이 개

---

념을 이해하는 데 유용한 문헌으로 A. L. Macfie, "The Invisible Hand of Jupiter", *Journal of the History of Ideas*, Vol. 32, No. 4(1971), pp. 595~599; Gavin Kennedy, "Adam Smith and the Invisible Hand: From Metaphor to Myth", *Econ Journal Watch*, Vol. 6, No. 2(2009)(이하 "Adam Smith and the Invisible Hand"), pp. 239~259; Gavin Kennedy, *Adam Smith*, pp. 210~225; William D. Grampp, "What Did Smith Mean by the Invisible Hand?", *Journal of Political Economy*, Vol. 108, No. 3(2000), pp. 441~465; Eamonn Butler, *Adam Smith: A Primer*(London: Institute of Economic Affairs, 2007), 김정완 옮김, 『애덤 스미스의 이해』(서울: 대영문화사, 2012), 121면 이하. 그램프는 보이지 않는 손에 관한 해석으로서 자신이 확인할 수 있었던 9개의 해석을 정리하면서 시장의 속성, 가격 메커니즘 같은 해석이 가장 일반적임을 지적했다. William D. Grampp, "What Did Smith Mean by the Invisible Hand?", pp. 444~450.

2) Peter Harrison, "Adam Smith and the History of the Invisible Hand", pp. 30~33; D. D. Raphael, 『애덤 스미스』, 105면. 케네디는 스미스에 앞서 보이지 않는 손이라는 표현을 사용한 주요 문헌들을 정리한 바 있다. Gavin Kennedy, "Adam Smith and the Invisible Hand", pp. 242~243.

3) Gavin Kennedy, "Adam Smith and the Invisible Hand", p. 240.

념에 대한 혼란스러움을 자아낸다.

먼저, 『천문학사』(*History of Astronomy*)에 등장하는 보이지 않는 손을 본다. 스미스의 미간행원고 중 하나였다가 그의 사후에 출간되어 세상에 알려진 이 글에서 그는 규명되지 않은 낯선 현상을 설명하는 배후원리를 가리켜 보이지 않는 손이라는 이름으로 불렀다.

> 불은 타오르고, 물은 다시 채워진다. 무거운 물체는 가라앉고, 가벼운 물질은 위로 날아간다. 이것은 자신의 본성이라는 필연성에 따른 것이다. 주피터의 **보이지 않는 손**이 여기에 개입되어 있다고 여겨지지 않았다. 그러나 천둥, 번개, 폭풍, 햇빛 이러한 **불규칙한 현상**들은 그의 호의나 분노 때문이라고 여겨졌다.[4]

이 서술의 저변에는 다신교적 인식론을 열등한 것으로 간주하는 시각이 놓여 있고, 그 행간에는 야만인들의 인식론에 관한 비판이 존재한다.[5] 야만인들의 다신교적 세계관에서는 설명하기 힘든 불규칙적 현상들이 신의 영향력에 의한 것으로 치부되었다는 것이다. 이 보이지 않는 손은 경제와 무관한 영역에서 현상의 '불규칙성'과 관련된 의미로 표현되었는데, 이것은 『도덕감정론』과 『국부론』에서 세상을 질서 있게 만드는 '법칙성'과 관련된 의미로 등장한 보이지 않는 손과 대비를 이룬다.[6]

보이지 않는 손은 『도덕감정론』과 『국부론』에서도 각각 한 번씩 등장하는데, 여기서는 모두 경제와 연관된 영역에 조화와 선한 결과

---

4) Adam Smith, *History of Astronomy*, in: *Essays on Philosophical Subjects*, I. S. Ross(ed.)(Indianapolis: Liberty Classics, 1982), pp. 49~50(강조는 필자에 의함).

5) D. D. Raphael, 『애덤 스미스』, 105면 참조.

6) William D. Grampp, "What Did Smith Mean by the Invisible Hand?", pp. 461~462; A. L. Macfie, "The Invisible Hand of Jupiter", p. 595.

를 가져오는 배후원리를 뜻했다. 이 중 『도덕감정론』에 등장하는 보이지 않는 손은 비의도적으로 달성되는 조화로운 '분배' 상태를 가져오는 자연적 원리였다.

'눈은 배보다 크다'는 소박하고 통속적인 속담이 지주에 대해서보다 더 적합한 경우는 없을 것이다. 그의 위(胃)의 용량은 그의 거대한 욕망에 비례해서 크지 않으며, 단지 가장 비천한 농민의 위(胃)의 용량 정도밖에 받아들이지 못할 것이다. 그 잉여 부분을 그는 … 농민들에게, … 하인들에게, … 나누어주지 않을 수 없다. 이런 사람들은 자신들의 생활필수품 몫을 이렇게 지주의 사치와 변덕으로부터 얻어내는데, 만약 이들이 그것을 지주의 인간애나 정의의 감정에서 얻을 것으로 기대한다면, 그것은 헛일이다.

토지 생산물은 언제나 그것이 먹여 살릴 수 있는 만큼의 주민을 유지할 뿐이다. 부자는 단지 큰 덩어리의 생산물 중에서 가장 값나가고 가장 기분 좋은 것을 선택할 뿐이다. 그들은 가난한 사람보다 별로 많이 소비하지도 못한다. 그리고 그들의 본성적 이기심과 탐욕에도 불구하고, 비록 그들이 자신만의 편의를 생각한다고 하더라도, 또한 그들이 수천 명의 노동자를 고용해서 추구하는 유일한 목적이 그들 자신의 허영심과 만족될 수 없는 욕망임에도 불구하고, 그들은 자신들의 모든 개량의 성과를 가난한 사람들과 나누어 가진다. 그들은 **보이지 않는 손**에 이끌려서 토지가 모든 주민들에게 똑같이 나누어졌을 경우에 있을 수 있는 것과 같은 생활필수품의 분배를 하게 된다. 그리하여 무의식중에 부지불각 중에, 사회의 이익을 증진시키고 인류 번식의 수단을 제공하게 된다.

신의 섭리(Providence)는 대지(大地)를 소수의 귀족과 지주에게 나누어 주면서 이 분배에서 제외되었다고 생각되는 사람들을 망각하지도 방기하지도 않았다.[7]

---

7) 『도덕감정론』, 345~346면(강조는 필자에 의함).

반면에 『국부론』의 보이지 않는 손은 '생산'의 측면에서 개인의 사익추구 행위가 공익의 증진이라는 비의도적 결과로 이어지게 하는 배후원리였다.

> 노동생산물이 최대의 가치를 갖도록 그 노동을 이끈 것은 오로지 자기 자신의 이익을 위해서다. 이 경우 그는, **다른 많은 경우에서처럼**(as in many other cases), **보이지 않는 손**에 이끌려서 그가 전혀 의도하지 않았던 목적을 달성하게 된다. 그가 의도하지 않았던 것이라고 해서 반드시 사회에 좋지 않은 것은 아니다. 그가 자기 자신의 이익을 추구함으로써 흔히, 그 자신이 진실로 사회의 이익을 증진시키려고 의도하는 경우보다, 더욱 효과적으로 그것을 증진시킨다.[8]

스미스는 법과 도덕의 일반원리를 규명함으로써 사회과학 세계에서 뉴턴과 같은 존재가 되고자 했다.[9] 그가 뉴턴의 운동법칙에 상응하는 사회이론의 보편법칙을 규명하려는 의욕을 표현한 것은 그러한 맥락에 있다. 일각에서는 보이지 않는 손을 스미스가 규명하려 했던 보편법칙으로 여겼지만, 보이지 않는 손을 스미스 사상의 기본원리로 이해하는 방식은 여러 측면에서 의문이 있다.

우선, 위에서 본 대로 스미스는 보이지 않는 손을 시장에 관련된 경제적 원리로 국한한 바 없었다. 또 그것의 의미를 시장의 작동원리로 제한하지도 않았다. 그는 여러 상이한 용례로 이 표현을 사용했다.

나아가, 그가 이것을 자신의 이론체계에서 핵심적인 개념으로 상정했다거나, 설사 그렇지 않다 해도 특별히 중시했다고 볼만한 별다

---

8) 『국부론(상)』, 552~553면(강조는 필자에 의함, p. 456).

9) 스미스를 사회영역의 뉴턴으로 비유한 부분은 John Millar, *An Historical View of the English Government*(London, 1787), p. 528(Donald Meek, *Smith, Marx, and After*, p. 21, n. 15에서 재인용).

른 근거도 없다. 그는 여러 저작들 중 단지 세 대목에서, 그것도 특별한 부연이나 추가 설명, 혹은 강조의 전달 없이, 그다지 인상적이지 않게 이 표현을 사용했을 뿐이다. 이러한 사정들은 만약 그가 이 개념을 자기 이론의 전면에 두고자 했다면 이 개념을 그의 책 서두에서부터 본격적으로 다루었을 것이라는 추론에[10] 설득력을 더해준다.

그러나 더 중요한 측면은, 보이지 않는 손이 개념적 엄밀성도 부족하고 의미상 일관성도 없다는 점이다. 『천문학사』에 나오는 보이지 않는 손과 나머지 두 저서에 나오는 보이지 않는 손은 의미가 상반된다. 전자는 규칙적이지 않은 현상을 설명하는 원인으로서 '불규칙성'을 표상하지만, 후자는 그와 반대로 질서를 부여하는 원리로서 '법칙성'을 상징한다.

그뿐 아니라 『도덕감정론』과 『국부론』의 설명에도 차이가 있다. 『도덕감정론』의 보이지 않는 손은 분배에, 『국부론』의 그것은 생산에 관여하는 원리이다. 그러나 더 본질적으로, 전자는 합리적 설명을 뛰어넘은 초월적 낙관론의 원리에 가깝다는 점에서 후자와 구별된다. 그것은 곧바로 이어지는 문장에 등장하는 "신의 섭리"와 궤를 같이 하여, 생산이 누구에 의해 이루어지는지와 무관하게 그것의 분배는 모든 사람들에게 조화롭게 이루어질 것임을 뜻한다. 이는 부유한 인간이 허영심과 욕망에 의해 자신이 모두 소비할 수 없을 만큼의 양을 생산하더라도 그 자신의 소비에는 한계가 있을 수밖에 없으므로 자신이 소비하지 못한 것은 다른 사람들에게 분배될 수밖에 없다는 식의 논법이다. 그러나 이것은 『국부론』이 상정하는 경제적 합리성을 지닌 인간상이나 그것의 전반적 접근법과는 그다지 어울리지 않는다.[11] 어떤 사람이 그처럼 필요이상을 생산하고 그중 상당부

---

10) Samuel Fleischacker, *On Adam Smith's Wealth of Nations*, p. 139.

11) William D. Grampp, "What Did Smith Mean by the Invisible Hand?", pp. 462~463 참조.

분을 자신의 뜻과 달리 타인에게 분배하게 되는 상황임을 안다면, 그는 경제적 합리성에 기초해 같은 과오를 반복하지 않도록 노력할 것이므로 그러한 분배과정이 무한히 반복되리라고 낙관하기 어렵다.

그러나 더 근본적인 문제는, 등가적 교환 원칙에 입각할 때 부자가 자신이 소비할 수 있는 양을 초과해 생산한다 해서 그 초과부분이 아무런 대가 없이 타인에게 이전되지 않는다는 점이다. 그 초과부분을 구매할 수 있는 경제력이 빈자들에게 갖추어 있지 않다면 결코 그 같은 분배는 발생하지 않는다. 그러나 『도덕감정론』의 보이지 않는 손은 이러한 측면들에 대한 해명 없이 막연한 낙관론으로 일관하고 있다.

반면에 『국부론』의 보이지 않는 손은 사익추구가 사회의 이익증진에 기여하는 원리인데, 스미스는 사리추구가 부의 원천인 노동을 최대화하는 원리이며, 본인의 이익증진에 가장 효과적인 방식이자 타인의 이익에도 기여하는 것임을 논증함으로써 그에 대한 근거를 논리적으로 제시했다. 더불어 그는 이를 초월적 원리로 여기지 않고 그 한계를 의식하는 비판적 태도를 취했다. 사익추구가 항상 공익에 기여하는 것은 아니므로, 보이지 않은 손은 단지 '많은 경우에'(in many other cases) 작동하는 것일 뿐 결코 '모든 경우에'(in all cases) 작동한다고 말할 수는 없다.[12] 스미스는 사리추구가 항상 사회의 이익을 증진하는 것은 아님을 잘 알고 있었다. 말하자면, 『국부론』의 보이지 않는 손은 『도덕감정론』의 그것보다 덜 초월적이고, 덜 전능하며, 더 현실적이고, 더 경험적인 개념이었다. 자본가 계급에 대한 그의 비판에서 이미 본 대로 그는 탐욕적인 사리추구가 가져올 사회적 위험성 및 이를 제어할 정책적 해법에 대하여 예리한 문제의식을 품고 있었고, 뒤에서 보게 될 분업 문제나 상비군 문제 같은 중요한 대

---

12) 『국부론(상)』, 552면; Gavin Kennedy, *Adam Smith*, p. 223; Samuel Fleischacker, *On Adam Smith's Wealth of Nations*, p. 139.

목에서 사익추구를 그대로 방치해 둘 경우에 초래될 심각한 결함들을 해결할 정치적 개입, 즉 소위 '보이는 손'의 역할을 강조하기도 했다.

이러한 측면들을 고려한다면, 스미스에게 보이지 않는 손은 엄밀한 학문적 개념이라기보다, 그의 특유의 낙관적 세계관이나 조화적 우주관을 반영하는 수사적 표현 정도로 이해함이 옳다.13) 『국부론』이 불후의 고전 반열에 오르다 보니 거기에 등장하는 보이지 않는 손이 『국부론』의 경제관련 맥락에서 시장의 완전한 자기조정 기제나 가격 메커니즘 등을 가리키는 것으로 이해되었지만, 보이지 않는 손을 스미스적인 세계관에서 비롯된 형이상학적 신념의 소산으로 이해하는 것에 그치지 않고 그것을 그의 학문에서 논리적 골격으로 간주하는 것은 여러모로 부적절하다.14)

그러나 보이지 않는 손에 대한 이 같은 이해와 무관하게, 자유의 행사가 일반적으로 사회의 이익증진에 기여할 수 있다는 스미스의 논증은 유효하다. 그리고 바로 이 점을 중심으로 해서 스미스는 국가에 여러 중요한 역할들을 인정하고 있다.


## 제2절 구체적 역할

### Ⅰ. 개관

스미스는 자신의 저서에서 국가의 다양한 역할을 제시했다. 그램

---

13) 예컨대 Gavin Kennedy, *Adam Smith*, pp. 210, 225. 유사한 취지로서 로스차일드는 이를 반어적 농담으로, 김수행은 독자의 상상력을 자극하기 위한 용어로 풀이한다. Emma Rothschild, *Economic Sentiments*, p. 116; 김수행, "'보이지 않는 손'은 혁명구호", 경향신문, 2009. 4. 20.자 인터넷 입력기사.

14) 같은 취지로 Samuel Fleischacker, *On Adam Smith's Wealth of Nations*, pp. 139f, 297, n. 13.

프(William D. Grampp)의 설명에 따르면, 어떻게 구별하느냐에 따라 다를 수 있겠지만 대체로 35~40가지 정도의 국가개입 사례가 그의 저서에서 정당한 것으로 인정되었다.[15] 더욱 흥미로운 대목은, 사회가 발전할수록 그에 상응하여 국가의 역할이 더욱 증대될 것이라고 스미스가 예상한 부분이다. 향후에는 본인이 인정한 역할보다 더 많은 역할이 국가에 요구된다는 것이다. 막연히 스미스를 자유방임주의자로만 알고 있는 독자라면 그가 국가에 기대하는 역할의 수와 범위에 놀라움을 느낄지도 모른다.

국가의 역할에 관한 스미스의 설명은 『국부론』의 것이 유명하지만, 『도덕감정론』과 『법학강의』에서도 국가의 역할에 관한 설명이 담겨 있다. 우선 『국부론』에서 스미스는 자연적 자유의 체제 즉 자유로운 시장경제하에서 국가는 세 가지 의무를 진다고 말했다. 이 세 가지는, 첫째 타국의 침략으로부터 자국을 지키는 것(국방), 둘째 사회 구성원을 다른 구성원의 폭력이나 침해로부터 보호하는 것(정의), 셋째 일정한 공공사업·공공시설을 건설하고 유지하는 것이다.[16]

『법학강의』의 설명은 이와 유사하면서도 다소 차이를 보인다. 법학을 법과 통치에 관한 일반이론으로 이해한 그는, 법과 통치의 중요한 과제를 정의, 내치, 세입, 군대에 관한 문제로 규정했고 그중에서도 정의를 가장 중요한 과제로 꼽았다.[17]

반면에 『도덕감정론』의 설명은 앞서의 것들보다 좀 더 추상적이다. 이 책에서 그는 국가의 목적을 인간의 행복 증진으로 규정했다. 그리고 국가의 통치제도는 그 아래에서 살아가는 사람들의 행복을 얼마만큼 증진하는가라는 관점에 의해서만 그 가치가 평가된다고도 했다.[18] 인간은 자신의 행복을 추구하는 존재인데, 완전하지 못한 까

---

15) William D. Grampp, "What Did Smith Mean by the Invisible Hand?", p. 460.
16) 『국부론(하)』, 848면.
17) 『법학강의(상)』, 89~92면; 『법학강의(하)』, 7면.

닭에 이기심이 과하여 타인의 권리나 이익을 침해하기도 하고, 공적으로 반드시 필요한 일이라 해도 자기와 무관하다면 나서지 않는 경우 역시 허다하다. 또한 지식의 결핍이나 지적 노력의 소홀, 혹은 순간적인 열정 등으로 인해 무엇이 진정으로 자신과 사회에 이익이 되는 것인지에 관한 판단을 그르칠 때도 있다. 다시 말해, 인간은 여러모로 불완전한 탓에 지혜와 덕성이 부족하기 마련인데 스미스에게 국가는 바로 이러한 상황을 해결하기 위한 제도적 조치의 일환이었다. 국가의 통치는 따라서 그에게 지혜와 덕성의 결핍에 대비한 불완전한 처방(imperfect remedy)이었다.19) 『도덕감정론』의 설명 속에서 국가는, 비록 그 자신도 완전할 수는 없겠지만, 인간의 불완전성을 보완함으로써 궁극적으로 인간의 행복을 추구하는 존재로 상정되었다. 특히 덕성의 결핍을 세분화하자면, 정의의 결핍에 대비한 처방은 개인의 권리 보호에 관한 역할로, 자혜의 결핍에 대비한 처방은 타인이나 국가의 이익 추구에 관한 역할로 나타날 것이다.

이상의 내용을 종합하면 국가의 역할에 대한 스미스의 설명은 개인과 사회에 관한 부분으로 구분된다. 가장 중요한 것은 개인의 자유, 권리, 이익, 안전 등을 위한 역할이다. 그러나 이와 같은 개인의 상태는 사회의 안전과 이익에 상당부분 의존한다는 점에서 사회의 안전과 이익을 추구하는 역할 또한 국가에 필수적이다.

## II. 권리의 보장과 실현

### 1. 권리 보호

사람들이 자연적 자유의 체제하에서 자유롭게 자신의 이익을 추

---

18) 『도덕감정론』, 347~348면.
19) 위의 책, 351면(p. 187).

구하기 위해서는 무엇보다도 '정의의 법'을 위반하지 않아야 한다.[20] 스미스에게 정의를 관철하는 일은 국가의 가장 기본적인 과제였다. 개인의 권리는 다른 사회구성원으로부터도, 혹은 국가권력으로부터도, 혹은 타국의 침입으로부터도 침해될 수 있다. 타국의 침입으로부터 보호하는 것은 후술하게 될 국방과 관련되므로, 여기서는 앞의 두 가지에 국한한다.

타인으로부터의 침해와 관련하여, 스미스는 이로부터 개인을 보호할 수 있는 엄정한 사법권의 행사를 국가에 요구했다. 만약 개인의 권리가 타인의 침해로부터 보호될 수 없다면 스미스가 강조했던 완전히 자유롭게 경쟁할 수 있는 조건은 유지될 수 없고, 결국은 각자가 자신의 자유와 권리를 보호하기 위한 자구책들의 각축 속에서 사회는 무질서 상태로 전락하게 될 것이다. 사법권은 국가권력이 타인의 침해로부터 권리를 보호할 수 있는 가장 대표적인 수단이었다.

또한 개인의 권리는 국가에 의해 침해되기도 한다. 사법권은 국가권력으로부터 개인의 권리를 보호하는 데에도 결정적인 역할을 한다. 18세기 영국의 상황에서 개인의 자유에 가장 위협적인 국가기관은 왕 혹은 행정부였다. 스미스는 사법부가 행정부를 견제하는 역할을 충실히 수행해 주길 기대하면서, 법원이 이 역할을 잘 해내기 위해서는 반드시 행정권으로부터 조직적으로 '분리'되어야 하고 더 나아가 기능적으로 '독립'되어야 함을 주장했다.

권리 보호를 위해 엄정하고 공정한 사법권 행사가 필요하다 해도, 권리를 위한 국가의 역할이 그것으로 충분한 것은 아니다. 그 이전에 사법제도를 형성하고, 개인들의 권리관계를 조형하는 등 개인의 권리를 실현하기 위한 보다 포괄적인 국가의 역할이 필요하다. 이는 아래에서 보듯이 그에 필요한 제도의 형성과 일정한 급부 활동을 필요로 했다.

---

20) 『국부론(하)』, 848면.

## 2. 제도의 형성과 운영

### 가. 권리의 제도화

스미스에게 개인의 자유와 권리의 함의는 개인의 주관적 차원에만 국한되지 않았다. 그것은 국가 성립의 토대가 되는 기초이자 동시에 국가의 목적이기도 했다. 또한 그것은 국가질서의 제도적 형성 과정에서 그 조형을 지도하는 원리로서 역할을 수행했다. 자유와 권리의 보호를 국가의 목적으로 삼는다면, 그에 합당한 제도를 조직하고 운영하는 과제도 국가에 주어진다.

특히 권리의 제도화 즉 실정화가 필수적이다. 제도화 이전의 상태만으로는 권리가 충분히 보호될 수 없다. 국가는 소유물의 법적 보호필요성에 따라 출현했고 그로부터 성립된 국가의 통치에 의해 비로소 재산권이 확립되었다는 스미스의 설명은 권리의 제도화에 관한 국가의 역할을 잘 보여준다. 그는 사회와 경제가 발전해갈수록 재산관계는 복잡해질 수밖에 없으므로 국가가 이에 상응하여 더 많은 법률을 제정해야 한다고 보는데, 이는 권리의 제도화가 부단히 변화하는 상황에 따른 국가의 지속적인 과제임을 의미하는 것이다.

그뿐만 아니라 생명, 신체, 자유, 명예에 관한 권리처럼 스미스가 자연권으로 파악했던 것들도 실정화를 통해서만 법적으로 보장받게 된다. 스미스가 민법과 형법 같은 실정법의 기능을 높이 평가한 것은[21] 바로 그러한 이유에서였다. 이를 통해 개인이 어떤 권리를 가지며, 그 권리가 어느 정도로 타인의 침해로부터 보호받는지, 그리고 그가 국가에 요구할 수 있는 바는 무엇인지를 분명히 할 수 있었다. 이 과정에서 부당한 특혜나 제한 없이 모든 개인의 권리를 평등하게

---

21) 『도덕감정론』, 413면.

대우하기 위한 노력도 국가의 몫이다.

### 나. 권리 보호에 필요한 제도

이렇게 제도화된 권리는 또한 그 보호를 위한 수단의 제도화를 필요로 한다. 가장 대표적인 것이 바로 사법제도이다. 스미스는 권리구제에 효과적인 사법적 구제절차의 존재를 특별히 강조했다. 개인의 권리가 효과적으로 보호되려면 그 침해를 해소할 수 있는 법적 구제절차가 필수적이다. 따라서 이러한 제도를 올바르게 형성하는 것은 국가의 중요한 역할이다.

사법제도에서 중요한 것은 공정성이다. 사법은 당사자의 신분과 계급에 무관심해야 하며, 그 지위고하를 막론하고 평등하게 운영되어야 한다. 사법의 공정성이 확보될 때 시민들은 서로 대등한 관계로 살아갈 수 있다.[22] 누군가의 침해로부터 자신의 권리를 보호받지 못한다면 두 주체는 결코 평등한 지위일 수 없다.

공정한 사법은 또한 개인과 국가의 부를 증진하는 데에도 필수적이다. 사법의 공정성이 확보될 때 개인은 자기 노동의 결실을 안전하게 소유할 수 있으며, 이는 개인의 근면을 끌어내는 동력이 된다.[23]

특히 상업사회의 중심인 거래행위는 공정하고 엄정한 사법제도 없이는 가능하지 않은데, 이에 대해 스미스는 아래와 같이 설명했다.

> 사법이 정상적으로 운영되지 않고, 사람들이 소유재산에 대해 안전을 느끼지 못하고, 계약 준수에 대한 믿음이 법률의 뒷받침을 받지 못하고, 채무 상환 능력이 있는 사람들로 하여금 채무를 상환하도록 강제하는 데 국가의 권위를 언제든지 이용할 수 있을 것으로 기대할 수 없는 어떤 나라에서도

---

22) 『국부론(하)』, 752면 참조.
23) 위의 책, 752면.

상업과 제조업이 장기간 번성할 수는 없다. 요컨대 상업과 제조업은 국가
의 **사법에 대한 일정한 정도의 신뢰**가 없는 나라에서는 번성할 수 없다.[24]

이와 관련된 여러 사례들이 소개되는데, 스미스는 16~17세기 유럽
의 강국이었던 스페인과 포르투갈이 쇠망하게 된 이유 중 하나가 불
공정한 사법제도임을 주장했다. 한때 유럽경제의 선두에 있었던 스
페인과 포르투갈은 나쁜 정책들로 일관한 탓에 경제적으로 쇠퇴하
게 되었는데, 그중에서도 사법의 자의적이고 편파적인 운영이 치명
적이었다는 것이다. 이들 국가에서는 사법제도가 공정성을 상실한
채 부유한 권력자들에게 유리하게 작동했기 때문에 모든 국민들의
경제적 자유가 충실히 보호되지 못했다.[25]
 같은 맥락에서, 터키와 인도 같은 아시아 국가와 유럽의 봉건제
도에서 존재한 일반적인 관습에 관한 예화 역시 눈에 띈다. 권리침
해로부터 개인을 보호해 줄 제도가 마땅치 않은 나라에서는 권력자
들의 포학을 두려워하는 사람들이 자신의 재고(stock)를 땅속에 묻어
두는 관습이 있는데, 이는 재난을 당하는 경우 재고를 가지고 안전
한 곳으로 도망갈 수 있도록 그것을 늘 자기 가까이에 두고자 함이
었다.[26] 그 결과로 재고가 은폐되거나 감소되어 그만큼 개인과 국가
의 부가 증진되지 못하고, 매장된 재고가 타인에 의해 발견되어 원
소유자가 권리를 상실하는 일이 발생하기도 했다.[27] 공정한 사법제
도가 존재한다면 사람들이 굳이 그러한 관습을 따를 이유가 없으므
로, 위 사례는 실효적인 사법제도의 부재가 국부증진을 저해하는 원
인이 됨을 잘 알려준다.

---

24) 위의 책, 1134면(강조는 필자에 의한 것이고, 일부 수정하여 인용함, p. 910).
25) 위의 책, 751면.
26) 『국부론(상)』, 346면.
27) 당시 유럽에서 매장물은 군주의 것으로 간주되었다. 위의 책, 346면.

한편 스미스는 대외적 측면에서 야만적이고 문명화되지 않은 사람들과의 교역활동에 특별한 보호가 필요하다고 보면서, 이들의 활동을 보호하는 대비책을 마련하는 것 역시 국가의 역할로 언급했다.[28] 당시 문명화되지 않은 나라에서 마주칠 폭력으로부터 자국 상인들의 생명과 재산을 보호할 필요가 있었기 때문이다.

### 다. 권리 실현에 필요한 제도

#### 1) 권리 행사를 위해 필요한 제도

일반적으로 권리는 행사되어야 실현될 수 있는데, 권리 중에는 제도적 도움 없이도 행사 가능한 것이 있는 반면, 그 행사를 위하여 일정한 제도적 도움을 필요로 하는 것도 있다. 앞서 언급한 제도들이 권리 그 자체를 실정화한 제도나 권리보호의 수단에 관한 제도라면, 여기서 말하는 제도는 권리의 행사에 필요한 제도를 뜻한다. 스미스가 이에 관하여 특별히 설명한 바는 없으나, 그는 분명 이러한 역할에 관해 언급했고 이로부터 그가 이 점을 인식했음을 추론할 수 있다.

예를 들면, 스미스는 혼인의 자유를 자연권의 일종으로 이해하면서도 결혼과 이혼이 그 사회의 제도형태에 따라 상이한 모습으로 이루어진다는 점도 설명했다.[29] 이는 혼인의 자유가 행사되는 방식이 그 사회에서 형성된 결혼제도나 가족제도 같은 사회적 제도들에 의존함을 뜻한다. 당연한 말이겠으나, 가령 일부일처제 사회와 일부다처제 사회 간에는 혼인의 자유가 행사되는 방식이 다를 수밖에 없다.

스미스는 공립대학이나 공공교육에 관한 제도, 그리고 종교기관의 운영에 관한 제도에도 큰 관심을 보였고, 그에 관하여 상당한 분량의 설명을 남겼다. 그중에는 대학교육제도의 개선을 위한 제안들

---

28) 『국부론(하)』, 902면 이하.
29) 『법학강의(하)』, 96면 이하.

도 있었고, 뒤에서 다시 보겠지만 공공교육에 관한 주장들도 있었다. 예컨대 대학교육과 관련하여, 그는 교수에 대한 외부(예: 중앙정부의 장관 등)의 감독에 부정적이었고, 학생의 지도교수를 강제적으로 지정하는 것, 자비로 등록한 학생의 전학을 금지하는 것, 늘 일정한 수의 학생을 대학에 입학시키는 것, 강의에 대한 출석을 강제하는 것 등에 대해서도 비판적이었다.[30]

종교와 관련하여, 그는 통치자가 특정 종파의 교리를 지지해서는 안 된다고 하면서 모든 종파를 불편부당하게 취급해 종파 간의 관용을 키우고 종파 간의 균형을 확보해 공공의 평온을 유지할 수 있다고 했다. 또 소종파들의 비인간적이고 지나치게 엄격한 도덕으로부터 국민들을 구제하기 위하여 국가가 일정한 직업종사자에게 그에 상응하는 과학적 지식을 테스트한다거나 흥겨운 공중오락을 국민들에게 제공할 필요가 있다는 대안을 제시하기도 했다.[31]

이러한 언급에는 국가의 직접적인 역할에 관한 것도 있고 그렇지 않은 것도 있다. 그러나 그가 이들 제도를 합리적으로 조형하고 개선하기 위해 노력한 것은 그와 관련된 자유들(학문의 자유, 종교의 자유 등)의 행사방식과 제한양상이 이들 제도에 의존하고 있음을 인식했기 때문이며, 필요한 경우에는 국가가 그에 관한 일정한 역할을 수행해야 함을 인정했기 때문으로 보인다.

2) 권리 실현을 위해 필요한 제도

권리에 관한 스미스의 더욱 중요한 통찰은, 이것이 단지 외부의 침해가 없는 것만으로는, 혹은 침해로부터 구제해 줄 수 있는 사법제도의 존재만으로는 실현될 수 없다는 측면, 권리의 행사는 사회경제적 조건에 의지하므로 권리의 평등한 실현을 위해서는 국가의 급

---

30) 『국부론(하)』, 935~939면.
31) 위의 책, 970~977면.

부를 일정부분 필요로 한다는 측면에 있다. 이는 여러 사회적 불평등 문제를 바라보는 그의 시각과도 밀접한 관련을 가진다.

이 점은 정치적 자유에 관한 스미스의 설명에서 잘 드러난다. 자본가, 지주, 노동자라는 세 계급을 중심으로 구성되는 상업사회에서, 하나의 계급이 다른 계급보다 정치적 자유의 행사에서 더 유리한 상황에 있다면 그래서 그 계급에 속한 사람들만이 더 고양된 수준의 정치적 자유를 향유한다면, 설사 형식적으로는 모든 사람들에게 정치적 자유의 행사기회가 동등하게 인정된다 해도 정치적 자유의 실질적인 동등성은 유지되지 않는다. 정치적 자유의 불평등한 행사는 정치적 영향력의 불균형을 초래하고, 정치적 영향력의 차이는 사회구성원으로서 갖는 대등한 지위를 훼손할 위험이 크다. 이것이 중상주의의 주요한 원인이 되었다는 스미스의 비판은 이미 살펴본 대로이다.

스미스는 분업현상의 폐해와 노동자들의 열악한 사회경제적 조건이 정치적 자유의 불균형을 초래하는 원인임을 주장했다. 분업은 인간에게 경이로운 경제적 진보를 가져다주지만, 그 폐해 역시 치명적이라는 것이 그의 문제의식이다. 분업에 참여하는 사람은 제조공정의 전체를 관리하지 못한 채 자신이 담당하는 일부 작업만을 반복적으로 행하므로, 이 단순 작업은 사람을 무지하고 둔하게 만들고 나아가 국가의 중대한 이해관계에 대한 판단력을 상실케 한다. 스미스는 이 현상을 '덕성의 상실'로 요약했다.[32] 이에 관한 스미스의 설명이다.

그들의 정신은 마비상태에 빠져서 어떤 합리적인 대화를 이해하거나 그런 대화에 참가할 수 없을 뿐 아니라, 어떤 관대하고 고상하고 온화한 감

---

32) 분업에 따른 덕성의 상실에 관한 스미스의 문제의식은 시민적 전통 혹은 시민적 인문주의(고전적 공화주의)의 영향을 보여주는 대목으로 언급된다. 이에 관한 대표적 설명은, Donald Winch, *Adam Smith's Politics*, pp. 103ff.

정을 느낄 수 없게 되며, 따라서 사생활 방면의 수많은 일상적 의무들에 대해서도 정당한 판단을 내릴 수 없게 된다. 그는 자기 나라의 중대하고 광범한 이해관계를 전혀 판단할 수 없게 되며, … 전쟁 시에도 자기 나라를 방어할 수 없게 된다. 그의 변화 없는 단조로운 생활은 자연히 그의 정신적 용기도 상실케 하며, … 그의 신체의 활동력을 부식시켜서 그때까지 그가 배워 온 직업 이외의 어떤 직업에서도 활기 있고 참을성 있게 자기의 역량을 발휘할 수 없게 만든다. 이처럼 그의 특수한 직무상의 숙련과 기교는 **자신의 지적·사회적·군사적 덕성들을 희생시켜서** 획득한 것으로 보인다.[33]

또 노동자들의 열악한 생활 상태는 교양과 학식을 쌓고 견문을 넓힐 여유를 앗아가 노동자들로 하여금 자신의 이익을 제대로 파악하기 어렵게 만든다.[34] 노동자들은 이런 정신적 무능상태와 열악한 사회경제적 조건으로 인해 사회의 중요한 정치적 논쟁에 제대로 참여하지 못하고 참여한다 해도 존중받지 못하여, 자신들의 이해관계가 맞물린 정치적 사안에서 자본가들의 일방적 논리가 관철되는 것을 제어할 수 없었다.

이에 스미스는 "진보하고 문명화된 모든 사회에서는 노동빈민, 즉 대다수의 인민들은, **정부에서 이를 방지하기 위해서 노력하지 않는 한** 필연적으로 이런 상황에 빠지게 된다."는 점에서, 국가는 사람들이 이 같은 타락과 퇴보에 빠지지 않도록 주의해야 한다고 했다.[35] 그는 이 문제에 대한 해법으로 국가에 의한 공공교육을 제안했고, 발달한 상업사회일수록 그것의 필요성이 더욱 증대된다고도 했다. 교육을 통해 노동자들의 정신적 무능화 상태를 개선하고 지성과 판

---

33) 『국부론(하)』, 958면(강조는 필자에 의한 것이고, 일부 수정하여 인용함, p. 782).
34) 위의 책, 961면.
35) 위의 책, 958~959면(강조는 필자에 의함).

단력을 키울 수 있다고 본 스미스는 이로써 노동자들이 정치인들의 당파적 주장을 비판적으로 검토하고 올바른 정치적 판단을 내릴 수 있을 것으로 기대했다.[36] 상업사회 노동자들의 정치적 자유를 위해서는 국가의 관심과 개입이 특별히 필요하다는 그의 주장에는 권리의 실현을 위한 일정한 적극적 역할이 국가에 요구된다는 관념이 반영되어 있다.

노동자·빈민의 자녀 교육에 대한 스미스의 관심도 같은 취지일 것이다. 초기 자본주의 현실에서 서민들은 경제적 어려움으로 자녀 교육에 신경을 쓰지 못했고 그 자녀들은 이른 나이에 생업에 종사해야 했다. 이에 스미스는 발전된 상업사회에서 노동자의 덕성의 상실이나 정신적 무능화가 대물림될 가능성을 우려했다. 공공교육은 이 문제에 대한 해법이기도 했다. 국가는 무상으로 혹은 사실상 그와 다를 바 없는 비용으로 빈자의 자녀에게 교육을 제공해야 한다는 주장은 거의 1세기 후에 존 스튜어트 밀에 의해서도 되풀이되었다.[37]

실제로 영국에서 공공교육이 제도적으로 정착된 것은 그보다 훨씬 훗날의 일인데, 공공교육의 도입으로 노동자·빈민의 정신적 무능화 상태가 충분히 해결되었는지, 그에 힘입어 노동자·빈민이 자유를 더욱 원활하게 행사할 수 있게 되었는지는 여러모로 의문스럽다. 그러나 스미스에게 공공교육은 그것의 실제적 효용과 무관하게 그 자체로서 상당히 중요한 헌법적 함의를 갖는다. 다시 말해, 그것은 사회경제적 조건에 의해 초래된 자유의 불평등 문제를 해결하기 위해서는 국가의 일정한 역할이 필요함을 의미하는 것이기 때문이다. 이는 약자 배려를 위한 국가의 역할과도 관련되는데, 이에 관하여는 뒤에서 다시 다루기로 한다.

---

36) 위의 책, 961면 이하, 965면.
37) John Stuart Mill, 『정치경제학 원리 4』, 389면.

## 라. 불필요한 제도의 철폐

이상에서 말한 역할이 권리의 보장과 실현에 기여하는 제도에 관한 것이었다면, 반대로 권리에 해가 되는 제도의 문제도 존재한다. 우선, 한때는 필요했던 제도가 사회발전 과정에서 현실적합성을 상실해 오히려 개인의 자유와 권리를 제약하는 방해물로 전락하는 경우가 있다. 스미스는 어떤 제도가 시대의 변화로 인해 현실에서 부적합해졌음이 드러난다 해도 그것이 쉽게 사라지지 않는다는 사실을 지적했다. "법률이라는 것은 종종 그것을 만들어 내고 합리화할 수 있었던 상황들이 사라진 뒤에도 오랫동안 효력을 발휘"한다는 것이다.[38]

그는 이처럼 시대에 맞지 않는 제도를 철폐하는 일에 국가의 역할을 요구했다. 특히 이 역할은 아직 봉건시대의 잔존물들이 사회 곳곳에 남아있던 당시의 시대적 상황에서 큰 의미가 있었다. 이러한 구시대의 유물들은 스미스가 새로운 시대정신으로 본 상업원리에 부합하지 않았고, 오히려 상업사회에 필요한 권리를 제한하고 방해하는 결과를 낳았다. 장자상속제와 한정상속제가 대표적이다.[39] 이들은 모두 한때 과거의 필요에 따른 것인데, 전자는 토지가 상속에 의해 분할되는 것을 억제하고 후자는 양도에 의해 토지가 작은 부분으로 나뉘는 것을 차단한다는 점에서 상업시대에는 부적합했다. 농업을 가장 유익한 자본활용처로 본 스미스에게[40] 토지의 자유로운 배분을 저해하는 것은 자유와 권리의 보장과 실현의 측면에서도 국부증진의 측면에서도 문제가 있었다.

그뿐만 아니라 사람들이 필요하다고 생각해 도입한 제도가 실제

---

38) 『국부론(상)』, 471면.
39) 위의 책, 470~472면.
40) 위의 책, 446~447면.

로는 긍정적인 기능을 하지 못하고 오히려 개인의 자유와 권리를 제약해 사회에 유해한 경우도 있다. 이러한 제도도 폐지되어야 하는데, 이 역시 스미스가 국가에 주문한 역할이었다. 특히 당시의 중상주의 정책들이 여기에 해당했다. 이에 그는 동업조합의 특권, 도제법, 정주법 같은 부당한 제도들을 제거하기 위한 적극적인 노력을 국가에 당부했다.[41]

스미스에게 동업조합의 특권은 부당한 특혜의 대표적 사례였다. 도제법(Statute of Apprenticeship)은 1563년에 제정된 것으로, 7년 이상 도제로 봉사한 사람에게만 당시 영국에서 행해지던 직업·수공업·기술을 수행할 수 있도록 허용했던 법이었는데, 스미스는 이 법에 매우 비판적이었다. 이것은 동일한 지역에서조차도 노동자들이 한 업종에서 다른 업종으로 자유롭게 이동하는 것을 제한하기 때문이다. 그는 이를 노동자와 그 고용인의 자유에 대한 침해로 규정했다.[42]

영국은 빈민문제의 해결을 위해 빈민법(Poor Law)을 제정해 시행했는데, 1601년 제정된 엘리자베스 빈민법은 빈민구제를 교구에 일률적으로 맡겼다는 점에 특징이 있었다. 이렇게 되자 빈민들은 혜택을 볼 수 있는 교구를 찾아 이동하기 시작했고, 특히 빈민들의 도시 유입이 확대되어 사회적 문제로 비화되자 1662년 빈민들의 이동을 막기 위한 정주법(Law of Settlements)이 제정되었다. 스미스는 이 정주법이 거주이전에 관한 자연적 자유를 침해한다고 비판했다.[43]

이러한 제도들의 폐지는 저절로 이루어지지 않는다. 특혜를 누리는 집단들의 저항이 클수록 폐지하기는 더욱 어렵다. 이는 상업사회에 맞는 새 질서를 만들기 위한 의도적 개입을 요하는 일이다.

---

41) 위의 책, 571면.
42) 위의 책, 159면, 175면.
43) 위의 책, 183면.

### 3. 공공사업 등

국가는 공공사업과 공공시설 같은 일종의 대국민적 서비스를 제공하는 역할을 하는데, 이는 스미스가 『국부론』에서 국가의 임무로 제시한 것들 중 세 번째 것이다. 개인은 사익 증진이라는 전망에서 움직이므로, 이들에게 도로와 교량, 항구, 운하 같은 공공시설의 건립이나 공공사업을 기대하기 힘들다. "그것의 이득은 사회 전체에 대해서는 그것의 비용을 보상하고도 남는 경우가 종종 있지만, 어느 개인이나 소수 개인들에 대해서는 결코 비용을 보상할 수 없을 것이기 때문이다."[44] 그러나 공공사업과 공공시설은 개인의 자유와 사회의 발전을 위해 반드시 필요하므로, 그에 관한 역할은 결국 국가의 몫이다.

특히 상업사회에서 이 역할은 큰 의미를 갖는다. 도로, 항만, 교량, 운하 등 기반시설은 교역과 거래의 자유 행사를 용이하게 만들고 상업활동을 촉진하기 때문이다. 화폐의 발행 역시 상업활동을 편리하게 하는 국가의 역할이다.[45]

## III. 사회의 안전

또 다른 중요한 국가의 역할로는 사회의 안전을 위한 역할 즉 국방이 있다. 스미스는 "사회를 다른 독립사회의 폭력·침략으로부터 보호할 의무"로서 국방을 매우 중요한 국가의 역할로 설명했다. 국방은 외세의 침략으로부터 사회의 안전을 지키는 일이나, 이는 궁극적으로 개인의 권리와 행복에 있어서도 긴요한 의미를 갖는다. 국가가 타국의 피지배 상태로 전락한다면 혹은 경제적 이익을 노린 타국

---

44) 『국부론(하)』, 848면. 같은 책의 891면도 함께 참조.
45) 『국부론(상)』, 892면 이하.

의 침략에 속수무책으로 당한다면, 국민의 자유와 권리는 제대로 향유되기 어렵고, 국민의 재산 혹은 경제적 이익은 충분히 보호되지 못한다. 부유한 국가일수록 주변국으로부터의 약탈 위험이 크므로 주변국의 침략은 부의 증진을 제약하는 큰 장애였다.[46] 그래서 자유가 더 폭넓게 보장된 국가일수록, 경제적으로 더 발전된 국가일수록 국방에 더 큰 신경을 써야 했다.

국방에 관한 스미스의 설명에는 단순히 국가가 국방업무를 담당해야 한다는 주장을 넘어 결코 간단하지 않은 통찰이 담겨 있다. 즉 국방업무에는 자연적 진행을 역행하는 인위적이고 정치적인 결단이 요구된다는 것이다. 스미스의 설명에 따르면, 강한 국방력을 위해서는 두 가지가 필요한데, 첫째는 무기의 발전이고, 둘째는 시민의 군사적 덕성이다. 무기의 발전은 사회가 발전하고 기술이 개발되어 감에 따라 자연스럽게 달성된다. 반면에 시민의 군사적 덕성은 사회가 발전할수록 약화된다는 것이 스미스의 진단이었다. 우리는 이를 앞서 본 분업의 폐해 부분에서 확인했다. 분업으로 인해 사람들의 용기가 약화된 국가는 타국의 침략을 막아내지 못한다는 우려였다. 상업문화가 성숙될수록 사람들은 상업에 몰두하기 위해 군사적 측면의 관심과 역량을 상실하게 된다고도 했다. 이 문제를 해결하기 위해 스미스는 시민들의 덕성과 역량을 증진할 수 있는 별도의 인위적이고 정치적인 결단이 필요하다고 주장했고, 시민들의 상무정신을 배양하기 위한 국가의 의무와 교육노력을 강조했다.[47]

나아가, 스미스는 과거의 시민군 체제가 새로운 상업사회와는 맞지 않다고 했다. 전통적으로 공화주의자들은 시민들의 상무정신과 군사적 덕성을 유지하기 위해 상비군이 아닌 시민군 제도를 지지했으나, 이는 대규모 분업체계가 불가피해진 18세기 사회에서 더 이상

---

46) 『국부론(하)』, 861면; 『법학강의(하)』, 248면.
47) 『국부론(하)』, 963~965면.

유지되기 힘든 방식이라는 것이다. 그의 대안은 상비군 체제였다.[48] 흥미로운 부분은, 상비군 체제로의 전환은 사회 발전에 따라 자연스럽게 달성되지 않으며 인위적이고 정치적인 결단을 요구한다는 주장이다. 스미스가 말한 '국가의 지혜'는 바로 이러한 결단을 의미했다.[49] 이것은 사회적 문제에 적극적으로 대처하기 위한 개입적인 정치적 판단을 뜻하는데, 스미스는 특히 국방 분야에서 이러한 지혜로운 판단이 필요하다고 본 것이다.

스미스가 사회의 안전을 자유를 규제할 수 있는 주요한 공익으로 간주한 측면은 또 다른 이유에서 흥미를 끈다. 그는 거래와 무역의 자유를 중시했지만, 그럼에도 외국 선박을 금지하거나 그에 무겁게 과세함으로써 영국 선박에 독점권을 부여하는 항해법을 정당한 것으로 인정했다.[50] 영국은 섬나라이다 보니 국방력이 해군력과 직결되었고, 이에 선원과 선박의 규모가 중요했다. 따라서 항해 경험이 많은 선원을 확보하고 선박 건설 설비와 기술을 유지, 발전시켜 나가는 것은 국가 안보를 위해 반드시 필요했다.

그러나 해운업을 자유방임에 맡겨 둘 경우 영국 회사가 외국 회사, 특히 당대 해운업의 최강자였던 네덜란드 회사와의 경쟁에서 살아남지 못할 가능성이 컸다.[51] 만약 교역의 자유와 부의 증진만을 중시해 해운업을 자유경쟁체제로 운영할 경우에는 영국의 해운회사와 그 인력, 기술, 설비가 모두 사멸할 수 있는데, 이는 섬나라인 영국의 국방력에 치명적인 결과가 될 것이다. 이에 스미스는 영국의

---

48) 위의 책, 862면 이하.
49) 위의 책, 860~861면. 스미스는 유사한 의미로서 '정치가와 입법자의 지혜', '의회의 지혜' 같은 표현들을 쓰기도 했다. 같은 책, 746면, 895면.
50) 『국부론(상)』, 561~563면.
51) Duncan K. Foley, *Adam's fallacy: A Guide to Economic Theology*(Cambridge, Mass.: Belknap Harvard, 2008), 김덕민·김민수 옮김, 『아담의 오류』(서울: 후마니타스, 2011), 57~58면.

선원과 선박에 특혜를 주는 항해법을 적극적으로 옹호했다. 이 법에 대해, "가장 사려 깊은 지혜로 만들어진 것처럼 현명하다"거나, "아마도 영국의 모든 무역규제 중에서 가장 현명한 규제"라는 찬사를 아끼지 않았다.[52]

그가 이 법을 상찬한 이유는, 이 법이 사회 안전을 위해 필수적이었기 때문이다. 즉 국방이 경제보다 훨씬 더 중요하다는 것이다.[53] 자유는 더 큰 공익적 가치를 위해 제한될 수 있다는 것인데, 이는 자유를 추구하기 위해서는 여타의 공적 가치들의 비중도 함께 규명되어야 함을 의미한다. 『국부론』의 관심이 그저 부의 문제에 그치지 않는 이유가 여기에 있다.

## IV. 공익을 위한 사익의 규제와 조정

스미스가 제시한 국가의 또 다른 역할은 공공복리를 위해 사익을 규제하고 조정하는 일이었다. 그는 중요한 공적 이익을 위한 국가의 여러 규제적 역할을 옹호했다. 사실 『국부론』의 설명에서 스미스가 명시한 국가의 역할은 정의, 국방, 공공시설과 공공사업이라는 세 업무였고, 일각에서는 이를 자본주의 시장경제에서 필요로 하는 국가의 역할을 한정적으로 규정한 것으로 이해했다. 그러나 『국부론』 전반에 걸쳐 스미스는 다양한 국가의 역할을 제안하고 있으므로, 『국부론』의 위 설명만으로 스미스의 진의를 풀이하는 것은 적절하지 않다.

원래 자유는 그것을 행사해 타인에게 해를 끼치지 않는다면 원칙

---

52) 『국부론(상)』, 563면. 이는 스미스에 대하여 자유 시장에 대한 교리적 신념보다 영국의 번영에 대한 현실주의적 의지가 더 강했다는 평가의 여지를 제공한다. Ha-Joon Chang, *Bad Samaritans*(2007), 이순희 옮김, 『나쁜 사마리아인들』(서울: 부키, 2007), 78면의 각주 참조.
53) 『국부론(상)』, 563면.

적으로 존중되어야 한다. 그러나 경우에 따라서는 자유가 공익을 훼손할 수도 있는데, 이때 자유의 행사라는 이유로 수수방관한다면 공익이 훼손됨으로써 결국 사회가 위태로워지고 그 결과 자유의 토대가 손상된다. 따라서 국가는 중요한 공익을 위해, 그리고 궁극적으로 자유의 보존을 위해 자유를 일정부분 제한하고 사익을 규제해야 한다.

은행권의 발행 규제에 관한 설명이 전형적이다. 그는 자유로운 시장경제질서에서 원칙적으로 은행은 작은 액수이든 큰 액수이든 원하는 대로 은행권을 발행할 자유가 있다고 했다.[54] 관련 당사자들의 합의가 성립된다면 은행권을 발행할 은행의 자유와 이를 제공받아서 사용할 개인의 자유가 부정되어야 할 이유는 없다. 이들의 합의는 제3자의 권리를 침해하지 않는 까닭이다. 그러나 소액은행권의 발행이 자유롭게 되면 자본력이 충분하지 못한 평범한 사람들도 이 은행권을 발행할 수 있게 되는데, 그러한 사람들이 파산을 겪는 경우가 적지 않다는 점에서 이는 상당한 사회적 문제를 야기할 위험이 있었다. 그들이 파산하면 그들의 은행권을 가지고 있었던 많은 가난한 사람들의 형편이 더욱 어려워지고, 때로는 이 문제가 크나큰 사회적 재난으로 이어진다.[55]

이러한 측면들을 고려해 스미스는 소액은행권의 발행이 자연적 자유에 속하고 그 발행의 금지가 자유의 침해에 해당됨을 인정하면서도, 그런 금지는 공익적 목적을 위하여 용인될 수 있다고 주장했다.[56] 또한 은행권이 제시되었을 때 즉각적이고 무조건적인 지불을 강제하는 것도 마찬가지 이유로 허용된다고 했다.[57] 자연적 자유의

---

54) 위의 책, 397면.
55) 위의 책, 395면.
56) 위의 책, 397면.
57) 위의 책, 402~403면.

행사가 정의의 법에 위반되지 않는다 해도 그것이 사회 안전 등 공익을 크게 위협한다면 그런 자유는 제한되어야 한다는 것이다. 이 같은 법률은 자유의 행사로 인해 공동체 전체의 이익이 위태로워지는 것을 막는 안전장치에 해당한다. 스미스는 이것을 불길이 번지는 것을 막기 위한 '방화벽'에 비유했다.58) 이런 규제는 마치 화재가 사회 전체로 확산되는 것을 막기 위한 방화벽처럼 자유의 행사로 인한 위험이 사회 전반을 위태롭게 하는 것을 차단하는 역할을 수행하기 때문이다.

이 방화벽의 비유는 국가의 역할에 관한 스미스의 입장에서 중요한 함의를 가진다. 불이 난 후 소방작업을 하는 것이 사후 처방이라면, 애초에 불길의 전염을 막기 위해 방화벽을 설치하는 것은 예방적 조치이자 사전 대비책이다. 자신이 원하는 바대로 살아가고 이익을 추구할 자유를 원칙적으로 존중한다 해도, 그 자유가 매우 유해한 사회적 위험을 만들어 낸다면 국가는 이 위험에 대한 대비책을 미리 마련해야 한다. 실제의 방화벽이 물적 기반시설이라면, 위와 같은 법률은 **법제도적 기반시설**인 셈이다.

스미스는 '사회 전체의 안전', '공공의 안전'을 방화벽과 관련된 자유의 제한 사유로 언급했지만,59) 이것은 자유의 제한 사유를 의미하는 일반적 공익의 예시로 이해해도 크게 어긋나지 않을 것이다. 예컨대, 그는 고용주가 노동자에게 임금을 지불할 때 현물이 아니라 현금으로 지급할 것을 명하는 법률이 정당하고 공평하다고 했다.60) 임금지불방식은 노사 간의 자유로운 합의의 대상이므로, 양측이 현물지급방식에 합의했다면 이는 자유를 정당하게 행사한 결과이다. 그러나 고용주와의 관계에서 열세에 있는 노동자들의 의사가 평등

---

58) 위의 책, 397면.
59) 위의 책, 397면, 403면.
60) 위의 책, 185면.

하게 자유롭다고 보기 어렵고, 이 지급방식은 정확한 액수를 산정하기 힘들어 노동자들이 실질적인 임금을 확보하기 어렵게 한다는 문제가 있었다. 스미스처럼 노동자의 처우개선에 큰 공익적 가치를 인정한다면, 노동자에게 일방적으로 불리한 임금지불방식은 상당한 사회적 문제를 야기할 위험이 있었다. 현물지급을 금지하는 법적 규제는 따라서 경제적 약자인 노동자의 임금 보호라는 공익적 목적을 위한 제도적 장치인 셈이다.

또 그는 노예주가 노예를 관리하는 것은 사유재산 관리에 해당하고 그 관리에 간섭하는 것은 사유재산 관리에 간섭하는 것이라고 했지만, 그럼에도 법률을 통해 노예를 노예주의 학대로부터 보호할 필요가 있다고 주장했다.[61] 그뿐만 아니라 그는 고리대에 의한 수탈을 억제하기 위해 최고이자율을 최저 시장이자율보다 약간 높은 수준에서 법률로 정할 필요가 있다고도 했다.[62] 또한 독점시장에서 이루어지는 중요한 생활필수품의 가격을 규제하는 것 역시 정당하다고 주장했다.[63] 금은제품의 순도 표시, 아마포와 모직물에 찍는 검인처럼 사기 거래를 방지하기 위하여 특정 제품의 품질을 보증하는 것도 국가의 몫이다.[64] 이로써 개인은 그 제품이 제대로 만들어졌는지를

---

61) 『국부론(하)』, 721면.
62) 『국부론(상)』, 437~439면. 매우 높게 규정한다면 낭비자나 투기사업자들만이 그러한 이자를 감당하려 할 것이고, 약간 높게 규정한다면 그러한 사람들보다 성실한 사람들이 차입자로서 더 선호될 것인데, 후자가 사회의 자본을 더 유리한 방식으로 사용하는 경우이기 때문이다. 벤담은 1787년 3월 스미스에게 보낸 서신에서 이자규제에 대한 스미스의 주장에 반대를 표했다. 재미있는 것은, 벤담은 스미스가 자신의 주장에 설득된 것으로 생각했지만 스미스는 『국부론』의 후속개정판에서도 주장을 변경하지 않았다는 점이다. Adam Smith, *An Inquiry into the Nature and Causes of the Wealth of Nations*, R. H. Campbell and A. S. Skinner(eds.)(Indianapolis: Liberty Classics, 1981), pp. 357~358, n. 19.
63) 『국부론(상)』, 186면.
64) 위의 책, 159면. 그는 이 검사를 주화의 금속량을 공인하는 국가의 역할과

확인하기 위한 별도의 노력을 기울이지 않아도 된다. 이는 거래를 더욱 원활하게 만들어 줄 것이다.

## V. 약자 배려

앞서 살펴본 대로 스미스는 상업사회에서 약자라 할 노동자·빈민에 대한 국가의 관심과 배려가 필요함을 주장하면서 공공교육을 대안으로 제시했다. 물론 그가 오늘날 수준의 복지국가를 마음속에 두었던 것은 아니나, 그의 주장은 18세기에 개진된 것이고 그의 논의의 중심에는 상업사회의 구조적 약자라 할 노동자 계급이 있었다는 점에서 그러한 국가의 역할을 모색했다는 것 자체만으로도 결코 간과할 수 없는 의미를 갖는다. 특히 통치론과 관련해서는 두 가지 측면에서 의미를 짚어볼 수 있다.

먼저, 그는 빈곤문제에 대한 인식을 새롭게 했다. 전통적으로 빈민에 대한 서구인들의 시선은 이중적이었다. 한편으로 빈민은 기독교적 전통에서 연민과 자선의 대상이었고, 빈민의 구호는 이웃에 대한 사랑이라는 신의 언명을 실천하는 방식이었다. 그러나 다른 한편으로 빈민은 타락한 존재이기도 했다. 이들은 사회질서를 훼손할 우려가 있으므로 추방, 억압, 규율, 통제의 대상으로 여겨졌다. 실제로 빈민들에 대한 가혹한 사회적 통제가 이루어지기도 했다.[65] 푸코가 말한 17세기 유럽의 대감금(grand enfermement)은 이를 배경으로 한다.[66]

---

동일한 성격을 갖는 것이라고 했다. 같은 책, 31면.

65) 당시의 구체적인 사례들을 전하는 문헌으로, Karl Marx, *Capital I*, Ben Fowkes (tr.)(Penguin Books, 1976), 김수행 역, 『자본론 제 I 권(下)』(서울: 비봉출판사, 2000), 923~924면; Karl Marx, Friedrich Engels, *Deutsche Ideologie*, 김대웅 역, 『독일 이데올로기 I』(서울: 두레, 1989), 104면; 주경철, 『네덜란드』(서울: 산처럼, 2003), 234~235면 참조.

66) Michel Foucault, *Histoire de la folie à l'âge classique*(Paris: Gallimard, 1972), 이규현

또 전통적 입장에 따르면, 빈곤은 노동력의 확보를 용이하게 하는 필요악과 같은 것이었다.[67] 따라서 저임금의 당위가 설파되었고 실제 현실에서도 노동자들은 빈곤한 생활을 면하기 힘들었다. 19세기까지 노동자를 가리키는 말로 빈민이라는 표현을 사용하는 관습이 존재했던 것은[68] 이 대목에서 시사점이 크다.

스미스는 노동자·빈민에 대한 그러한 시각이 잘못된 것임을 지적하려 했다. 무엇보다도 그는 천부적 재능의 면에서 인간의 평등성을 신뢰하여, 현실에서 확인되는 불평등과 능력상 차이를 선천적인 것이 아니라 후천적인 것, 사회문화적인 것으로 이해했다.[69] 이는 플라톤으로 대표되는 전통적 시각의 전복이었다. 『국가』에서 플라톤이 계급 간의 사회적 분업을 능력의 차이에 따른 논리적 귀결로 간주했다면, 스미스는 오히려 능력의 차이를 분업에 따른 문화적 산물로 이해했기 때문이다.[70] 이는 빈곤현상의 본질을 개인적인 문제가 아니라 사회구조적인 문제로 인식하게 만드는 데 일조했다.

또 그는 노동을 가치의 척도로 삼음으로써 노동의 경제적 중요성을 환기시켰다. 그에 따르면, 상품의 가치는 "그 상품이 그로 하여금 구매하거나 지배할 수 있게 해 주는 노동의 양과 같"으므로, "노동은 모든 상품의 교환가치를 측정하는 진실한 척도"이다. "노동은 상품의 진실가격이고 화폐는 상품의 명목가격일 뿐이다." 따라서 "한 나라 국민의 연간 노동은 그들이 연간 소비하는 생활필수품과 편의품 모두를 공급하는 원천"이다.[71] 노동을 가치의 근원으로 여긴다면 더

---

옮김, 『광기의 역사』(서울: 나남출판, 2004), 113~164면.

67) Bronislaw Geremek, *La potence ou la pitié*(Gallimard, 1987), 이성재 옮김, 『빈곤의 역사: 교수대인가 연민인가』(서울: 도서출판 길, 2010)(이하 『빈곤의 역사』), 284면 이하 참조.

68) 위의 책, 287면.

69) 『국부론(상)』, 20~21면.

70) Gertrude Himmelfarb, *The Idea of Poverty*, p. 54.

욱 비판적인 문제의식으로 노동자들의 불평등 문제를 바라볼 수 있게 된다.

이처럼 스미스는 부만큼이나 빈곤에 관하여도 당대의 지배관념에 도전했다.[72] 그에게 정치경제학의 목적은 사람들에게 풍부한 수입과 생계수단을 제공하는 것이고 여기서 말하는 사람들의 대부분은 가난한 노동자이므로,[73] 빈곤문제가 스미스 정치경제학의 관심사가 된 것은 자연스러운 일이었다.

다음으로, 스미스는 불평등 문제의 해결을 위한 국가의 역할에 관하여 그 나름의 유의미한 인식을 보여주었다. 전반적으로 말해, 그는 국가의 직접개입이 아니라 시장법칙에 따른 부의 합리적 분배 가능성을 신뢰했다. 그는 노동자에 대한 저임금이 경제발전에 유리하다는 통념을 논박하면서 오히려 고임금 정책을 바탕으로 출산과 육아를 장려하여 노동인구가 증가하도록 하고 노동자들에게 적절한 휴식을 보장하여 노동자들의 건강을 지키면서 작업능률을 올리는 것이 타당한 방향이라고 주장했지만, 이를 달성하기 위한 방도로서 국가개입 대신 고용주의 이성과 인도주의 정신에 기대를 걸었다. 또한 경제성장을 통해 노동자·빈민들의 처우개선이 자연스럽게 이루어질 것으로도 생각했다.[74]

반면에 분업의 폐해 문제에 있어서는 태도를 달리했다. 분업의

---

71) 이상 『국부론(상)』, 1면, 37면, 42면. 노동에 기초한 스미스 경제이론에 대한 높은 평가로는 Michel Foucault, *Les Mots et Les Choses: Une Archéologie des Sciences Humaines*(Gallimard, 1966), 이규현 옮김, 『말과 사물』(서울: 민음사, 2012), 313면; Joseph A. Schumpeter, 『경제분석의 역사 1』, 481~482면.

72) Gertrude Himmelfarb, *The Idea of Poverty*, p. 46; Samuel Fleischacker, *On Adam Smith's Wealth of Nations*, pp. 207~208 참조. 폴라니는 『국부론』이 빈민구제를 문제로 인식조차 하지 않았다고 하나(Karl Polanyi, 『거대한 전환』, 337면), 반드시 그런 것인지는 의문이다.

73) 『국부론(상)』, 102면, 517면; Gertrude Himmelfarb, *The Idea of Poverty*, p. 63.

74) 『국부론(상)』, 91면, 96~108면; 『국부론(하)』, 694면.

폐해 문제는 시장의 내재적 속성 때문에 발생한 것이므로, 이 문제의 해결을 위해 시장 원리를 더욱 강화하는 것은 문제의 원인을 다시금 처방으로 제시하는 것에 불과했다. 이 대목에서 그가 시장이 아니라 국가에 의지하려 했던 것은 시장 원리가 결코 이 문제의 처방이 될 수 없음을 알고 있었기 때문이다. 다시 말해, 스미스는 노동자·빈민에 관련된 모든 문제의 해결을 시장에 맡긴 것이 아니었다. 경제성장을 통해 혹은 계산적 합리성을 통해 해결될 문제는 시장에 맡긴 반면, 시장의 본질적 속성에 의해 야기된 문제의 해결은 시장이 아니라 국가에 맡기고자 했다. 그가 노동자·빈민 문제와 관련해 전반적으로 시장을 통한 해법을 강조했던 것은 당시 시대적 상황에서 전자의 문제들이 훨씬 많았기 때문이다. 그러나 스미스는 시장 원리에 내재한 문제를 잘 알고 있었으며, 이 대목에서 드러난 그의 문제의식에는 야경국가를 뛰어넘어 국가의 적극적 역할론을 정당화할 잠재력이 있었다.

스미스가 노동자·빈민에 관한 사회문제를 해결하기 위해 국가에 요구한 역할이 오직 공공교육에 국한되는지가 문제될 수 있는데, 그렇다고 볼 증거는 뚜렷하지 않다는 것이 필자의 생각이다. 스미스는 이 문제를 위해 필요한 모든 조치들을 제시했다고 말한 적이 없기 때문이다.[75] 공공교육에 대한 강조는, 그 시대의 자본주의 경제하에서 드러난 교훈에 따를 때 공공교육을 위한 국가의 의식적인 노력이 있어야 한다는 그의 생각을 담고 있을 뿐이다. 그 시대에 스미스가 공공교육 이외의 대안을 모두 거부했다고 볼 근거도 없고, 설령 그가 공공교육을 그 당시 국가가 수행해야 할 유일한 조치로 여겼다 하더라도 역사발전에 따른 가변성과 상대성을 중시했던 스미스가 시대와 사회를 막론하고 항상 공공교육만이 대안이라고 생각했을

---

75) 같은 취지로, Charles L. Griswold, *Adam Smith and The Virtues of Enlightenment*, p. 294.

것으로 보이지도 않는다. 상황이 다르다면 국가의 역할도 달라야 한다.[76] 스미스의 제안이 공공교육에 국한되었다 하더라도, 이 제안은 아직 공공교육 시스템이 갖추어지지 못했던 18세기의 맥락에서 이해되어야 한다. 따라서 우리는 스미스의 문제의식을 21세기로 옮겨옴으로써 오늘날 상황에서 요구되는 또 다른 조치의 가능성을 모색할 수 있다.

실제 역사를 보더라도 국가에 의한 재분배 관념은 프랑스 혁명 이후에나 본격적으로 나타났고, 국가의 개입에 상대적으로 우호적인 공화주의 전통에서도 개인의 사회경제적 자립을 위한 적극적인 역할을 국가에 인정하기 시작한 것은 비교적 근래의 일이다.[77] 이에 비추어 본다면, 18세기 인물인 스미스가 보여준 위와 같은 입장은 이론사적으로 결코 가볍지 않은 함의를 갖는다.

## VI. 과세

이와 같은 국가의 역할을 수행하기 위해서는 재정적으로 뒷받침되어야 하는데, 통상 필요한 재정적 수요는 조세로서 확보된다.[78] 과세는 공평하게 이루어져야 하는데, 이에 관한 스미스의 주장에는 오늘날 부의 재분배에 관한 국가의 역할을 연상케 하는 것들이 존재했다. 그는 과세에 관한 네 가지 기본원리로, 공평할 것, 확정적일 것(자의적이지 않을 것), 납부하기 편리할 것, 징수비가 적게 들 것을 제시했는데,[79] 이 중 앞의 두 가지는 오늘날 헌법상 조세평등주의와

---

76) 『국부론(하)』, 957면.
77) Samuel Fleischacker, *On Adam Smith's Wealth of Nations*, p. 213; Philip Pettit, 『신공화주의』, 307면. 그 전에도 공적 기관에 의한 빈민구호가 없었던 것은 아니나 그 성격이 다소 달랐다. Bronislaw Geremek, 『빈곤의 역사』, 179면 이하 참조.
78) 『국부론(하)』, 1016면.

조세법률주의의 내용과 유사한 면이 있다.

그는 과세의 공평과 관련하여, 이를 국민들 간의 형식적 평등이 아니라 실질적 평등으로 해석함으로써 기본적으로 '비례적인'(proportional) 조세정책을 지지했다. 비례적이라는 말은 조세가 수입에 비례해서 책정되어야 한다는 의미였다.

> 한 국가의 국민이라면 마땅히 가능한 한 **각자의 능력에 비례하여**(in proportion to) 정부를 유지하기 위해 기여를 해야 한다. 즉 국가의 보호 하에 각자가 획득하는 수입의 크기에 비례해 조세를 부담해야 한다. … 이른바 과세의 공평 또는 불공평은 이 원칙의 준수 여하에 달려 있다.[80]

그러나 그는 경우에 따라서는 소득금액이 커질수록 더 높은 세율을 적용하는 것도 가능하다고 보았다. 즉 "부자들이 수입에 비례해서뿐 아니라 그 비례를 약간 초과해서 공공수입에 기여하는 것은 그렇게 불합리한 일이 아닐 것"이라고 말하기도 했다.[81] 이는 누진적인 조세정책의 필요성을 긍정한 대목으로 읽힌다. 누진적 조세정책의 역사에서 스미스의 이름이 등장하는 이유가 바로 여기에 있다.[82] 동시에 그는 창문세(window-tax)와 같이 역진적 효과를 보이는 과세에 대해서는 명확한 반대의사를 표현했다.[83]

스미스의 통치론에서 조세가 특별한 의미를 갖는 것은, 조세가 단순히 국가수입의 창출수단으로만 간주되지 않고 온건한 방식으로 자유를 규제하거나 촉진하는 수단이자 부의 불평등 문제를 일정부

---

79) 위의 책, 1017~1018면.

80) 위의 책, 1017면(강조는 필자에 의함).

81) 위의 책, 1040면.

82) Richard A. Westin, "The Historical Origins of Progressive Taxation", *The Journal Jurisprudence*, Vol. 23(2014), pp. 217~218.

83) 『국부론(하)』, 1045~1046면.

분 교정하는 수단으로도 사고되었기 때문이다. 사치품 소비가 바람직하지 않다 해도 국가가 사치품 소비를 법으로 금지하는 것은 자유의 침해가 될 것이다. 그러나 국가가 사치품에 높은 세금을 부과하여 사치품의 소비가 감소되도록 유도하는 것은,[84] 이 역시 국가가 개인의 삶에 개입하는 것은 맞지만, 법적 금지보다 완화된 방식임이 분명하다. 상대적으로 건강에 더 해가 되는 증류주를 맥주보다 더 비싸게 만들어 증류주의 소비를 감소하게 만드는 과세방식도 마찬가지이다.[85]

더불어 그는 부자들이 소유하는 사치스러운 마차에 통상의 경우보다 더 무거운 통행료를 부과함으로써 가난한 서민들의 이용료를 낮출 수 있다고 했다. 이는 서민들의 이용료를 낮추어 그들의 마차 이용이 금전적 이유로 위축되지 않도록 함과 동시에 그도 표현한 바와 같이 "빈민들의 구제"에도 기여하는 것이다.[86] 이처럼 비례적 혹은 일부 누진적 방식으로 거두어들인 세금을 공공시설·공공사업의 건설과 유지, 빈자들에 대한 지원을 위해 사용한다면, 이는 일종의 재분배에 가까운 효과를 일정부분 가져올 수 있다.

독점적 이익에 대한 중과세 역시 정책적 측면에서 설명가능하다. 그는 독점 이익에 대한 과세를 바람직하게 여겼는데,[87] 독점적 지위를 이용한 인위적 가격상승으로 거둔 수익을 환수함으로써 독점적 이익이 사회에 끼친 해악을 교정할 수 있기 때문이다.

이처럼 조세 전반에 관한 스미스의 설명 속에서 국가는 상당한 범위의 개입적인 역할을 수행하는 존재임을 확인할 수 있었다.

---

84) 위의 책, 1082~1083면.
85) 위의 책, 1107면.
86) 위의 책, 893면.
87) 위의 책, 1110면. 독점의 해악에 관한 설명은 『국부론(상)』, 80~81, 『국부론(하)』, 752~755면, 779면 참조.

## Ⅶ. 국내 산업의 보호

교역의 자유를 주장했던 스미스가 자국 산업 보호를 주장했다는 것은 어색하게 들리기도 한다. 그러나 그는 교역의 자유를 강조함과 동시에 자국 산업을 보호하기 위한 국가의 일정한 역할을 주문하기도 했다. 이로부터 스미스가 자유무역에 있어서 교조적 원리주의자가 아니라 여러 현실적 변수를 고려하는 비교적 유연한 사고의 소유자임을 엿볼 수 있다.

그가 그 당시 해운업의 최강자였던 네덜란드 회사들과의 경쟁에서 열세에 있었던 영국의 선박에 특혜를 주는 항해법에 격찬을 아끼지 않았음은 이미 설명하였다. 항해법은 섬나라인 영국의 국방력 유지를 위해 반드시 필요했기 때문이다.

스미스는 국내 산업의 생산물에 세금이 부과되고 있을 때, 외국으로부터 수입된 동종의 상품에 대하여 동일한 세금을 부과함으로써 자국 산업의 생산물이 경쟁력을 잃지 않도록 해야 한다고도 주장했다.[88] 그렇게 하지 않는다면 그러한 상품시장의 영역에서 자국 산업은 고전을 면치 못하게 되고, 거기에 투입된 자본은 부득이하게 다른 곳으로 옮겨갈 수밖에 없다. 이때 국가는 외국상품에 대한 적절한 과세를 통해 자국 상품의 과세로 인한 자국 산업의 불리함을 제거함으로써 국내외 산업 간의 경쟁을 과세 이전의 상태처럼 유지하고, 동시에 납세로 인한 국내 생산자들의 불평을 막을 수 있다. 이 대목에서 다시 확인할 수 있는 것은, 스미스가 중상주의처럼 공정한 경쟁의 조건을 훼손하는 국가개입에는 반대했지만 공정한 경쟁의 조건을 형성하기 위한 국가개입에 관해서는 그렇지 않았다는 점이다.

스미스가 자국의 생산물에 대하여 고율의 관세나 금지조치를 부

---

88) 『국부론(상)』, 564면.

과하는 타국에 일종의 무역보복조치를 가할 필요성을 언급한 대목
또한 흥미롭다. 그는 단순한 복수심에 의한 보복조치에 대해서는 대
체로 부정적이었지만, 그러한 조치를 통해 상대 국가의 높은 관세나
금지조치를 취소시키는 것이 가능하다면 그러한 보복조치는 좋은
선택이 될 수 있다고 했다.[89] 이를 통해 자국 상품에 불이익을 가하
는 타국의 부당한 행태를 교정함으로써 자국 산업의 대외경쟁력을
확보할 수 있는 까닭이다.

다만 그는 어떤 개별적 보복조치가 그러한 효과를 발휘할 수 있
을 것인가에 대한 판단은 불변의 원칙을 탐구하는 학문의 몫이 아니
라 정세의 순간적인 변화에 맞는 결정을 담당하는 정치가의 몫이라
고 규정하면서, 구체적 문제들에 관해서는 말을 아꼈다.[90]

# 제3절 시장경제와 국가

## Ⅰ. 스미스의 기본입장

이상의 내용을 바탕으로 시장경제와 국가의 관계에 관한 스미스
의 입장을 정리해 볼 수 있다. 스미스의 기본적 관심은 개인의 자유
와 권리의 고양된 향유에 있었으므로, 일단 그의 기본입장은 국가가
개인의 자유로운 권리행사를 최대한 존중해야 한다는 것이라고 말
할 수 있다. 그는 경제활동의 자유, 즉 자기 자신의 자본과 노동을
자신에게 가장 유리한 방식으로 사용할 자유를 인간의 가장 신성한
권리로 규정할 정도로 이 자유의 가치를 높이 샀고, 이 권리를 존중
하는 것이 그 개인과 사회에 가장 이익이 되는 일임을 강조했다.[91]

---

89) 위의 책, 567~568면.
90) 위의 책, 568면.

자유를 향한 규범적 요청은 국부증진이라는 이익의 측면과도 긴밀히 연관되었다. 따라서 상업사회에서 이익추구의 방식을 결정하는 것은 그 누구도 아닌 본인 자신이어야 한다. 이 점에서 개인의 자유와 판단을 존중하고 개입을 자제할 의무가 국가에 요구되는 바였다(존중의무).

그러나 이를 스미스의 전체 생각으로 간주해서는 안 된다. 앞서 본대로 자유를 보장하기 위한 국가개입의 필요성, 즉 국가의 자유보장적인 역할이 그의 생각의 또 다른 축이었고,[92] 실제로 그는 자유를 보장하고 실현하기 위한 다양한 역할들을 국가에 요구했다(개입의무).

무엇보다도 자유로운 시장경제는 결코 저절로 확립되지 않는다.[93] 자유로운 시장경제를 확립하기 위해서는 시장경제와 맞지 않는 기존 제도를 폐지해 시장경제에 적합한 환경을 조성해야 하는데, 이는 국가의 역할을 필요로 하는 일이었다. 시장경제는 타국의 침해로부터 보호될 수 있어야만 작동할 수 있는데(국방), 이 역시 국가에 요구되는 과제이다.

또한 시장경제는 법제도적 공백상태에서 작동할 수 없다. 시장경제는 자신의 이익을 추구할 자유를 보장하는 다양한 제도와 이러한 자유의 행사가 가져올 위험성으로부터 사회를 보호하는 제도를 필요로 한다.[94] 사리추구의 자유는 타인의 자유를 침해할 수도 있고,

---

91) 위의 책, 553면; 『국부론(하)』, 715면.

92) 『국부론(하)』, 986면, 1182면 등 참조.

93) Dieter Grimm, *Die Zukunft der Verfassung*, S. 92~93; Jürgen Habermas, *Theorie und Praxis*(Frankfurt am Main: Suhrkamp Verlag, 1978), S. 123(국역본은 홍윤기·이정원 옮김, 『이론과 실천』(서울: 종로서적, 1994), 118면) 참조. 스미스와 관련해서는 Giovanni Arrighi, *Adam Smith in Beijing: Lineages of the 21st Century*(Verso, 2007), 강진아 옮김, 『베이징의 애덤 스미스』(서울: 도서출판 길, 2009), 72~73면 참조.

사회의 이익에 위해를 가할 수도 있기 때문이다(정의, 소액은행권 발행문제 등). 이를 위한 제도를 형성하고 유지하고 개선하는 일도 국가의 몫이다. 시장의 작동을 돕는 여러 물적 시설을 확보하는 일도 마찬가지이다(공공시설 등). 그뿐만 아니라 스미스는 시장경제가 야기하는 문제 중 분업문제처럼 시장 원리를 강화하는 것만으로는 해결할 수 없는 사안에 대처하기 위해 국가의 개입적인 역할을 적극적으로 옹호했다. 또 수입상품에 대한 과세처럼 시장의 경쟁적 조건을 유지하기 위해 국가개입이 필요한 영역이라면 그러한 개입의 필요성을 승인했다. 이러한 내용들은 모두 역동적이고 공정한 시장경제를 가능하게 하는 조건을 확립하고 유지하면서 그 부작용을 최소화함으로써 시장경제를 지속가능하도록 만들기 위해 스미스가 국가에 인정했던 역할들이다.

사실 스미스가 열거했던 구체적인 내용은 오늘날 그다지 중요하지 않을지도 모른다. 그 역할은 지금으로부터 200년이 훨씬 넘은 시간적 간격을 두고 영국이라는 사회를 배경으로 제안된 것일 뿐이다. 스미스가 설명한 것 중 많은 부분은 현재 너무나 당연한 것으로 인정되어 논란의 여지가 없다. 소액은행권의 발행 금지나 공공교육이 그렇다. 또 많은 부분은 현시대에 적합하지 않아 무용해졌다. 가령 도제법, 정주법, 곡물법과 같은 당시의 악법들, 동업조합의 특권 같은 것들은 과거의 시대착오적 이야기에 불과하여 오늘날에는 더 이상 거론할 이유가 없다.

이런 상황에서 우리가 집중해야 할 곳은 스미스가 나열한 구체적 사항이 아니라, 이들의 기저에 놓여 있는 기본원리, 즉 국가의 역할에 대한 그의 기본시각이어야 한다. 앞서 스미스가 영국 정부에 요구한 역할은 이러한 국가와 통치에 관한 기본원리를 18세기라는 시

---

94) Dieter Grimm, *Die Zukunft der Verfassung*, S. 93, 99~100 참조.

대적 배경과 영국이라는 공간적 배경 속에 투사시켜 도출한 산출값에 불과하다. 18세기가 아닌 다른 시대였다면, 영국이 아닌 다른 국가였다면, 산출값은 달라졌을 것이다. 그런 측면에서, 그의 통치론의 기본원리, 즉 국가는 개인의 자유와 권리, 안전과 행복, 그리고 개인이 의지하는 사회의 안전과 번영을 위한 수단이라는 인식으로 돌아가는 것은 그와는 상이한 시대와 사회를 살아가는 사람들이 그의 논의에서 교훈을 얻을 수 있는 좋은 방도이다.

우리는 지금까지 살펴본 스미스의 설명으로부터 그가 상정한 국가가 흔히 일컬어지는 야경국가의 모습과는 거리가 있음을 느낄 수 있었다. 그러나 더욱 주목할 부분은, 국가의 역할이 시대와 사회의 변화에 따라 달라지고 특히 문명화가 진전될수록 한층 더 다양해질 것이라는 그의 설명이다. 사회가 발전하면, 재산의 항목이 증가하여 그에 따라 법률의 수도 늘어나야 하고, 그에 따라 전반적으로 사법부의 역할도 증대될 것이다. 또한 상업화와 분업이 더 진전되면 될수록 상무정신이 사멸되고 개인의 덕성과 정신적 역량도 약화되므로, 국가는 갈수록 이 문제에 더 큰 관심을 쏟아야 한다. 상업자본이나 제조업자본이 거대화됨으로써 가속화되는 불평등 문제에 대처해야할 필요성도 커진다. 또 사회가 발전할수록 공공시설이나 국방에 소요되는 비용 역시 더불어 증가할 것이고, 그 밖에 문명화에 상응하는 국가의 여러 서비스들이 확대되어 국가는 더 큰 규모의 조직을 유지해야 한다.[95] 이는 시장경제가 발전할수록 더 많은 역할이 국가에 요구됨을 의미하는 것이다.

기본적으로 통치자들에 대한 회의와 의심이 컸던 스미스가 동시에 국가에 여러 중요한 역할을 기대했다는 것이 언뜻 어색해 보이기도 한다. 그러나 이론상 국가의 본질이 바로 그런 역할에 있는 점,

---

95) 『국부론(상)』, 320~323면;『국부론(하)』, 875면 이하, 873면, 890면, 892면, 957~966면, 1135면; 『법학강의(상)』, 105~106면; 『법학강의(하)』, 267면 등.

달리 그런 역할을 수행할 대안적 권위체가 없는 점에 더하여, 중농
주의자, 백과전서파, 볼테르주의자 그리고 칸트주의자를 위시하여
그 당시 개혁을 꿈꾸었던 여러 사조들이 공히 국가를 그러한 개혁의
주체로 상정한 점을[96] 종합해 보면, 현실의 통치자들이 보여주었던
불의한 모습에도 불구하고 국가의 본질과 그에 따른 규범적 역할에
대한 고려와 기대가 스미스를 비롯한 그 무렵 지식인들에게 널리 받
아들여졌던 것으로 보인다.

　한편 국가개입에 대한 스미스의 강한 거부감은, 실인즉 18세기 영
국의 중상주의를 향한 것이었음을 상기할 필요가 있다.[97] 엄밀히 말
해 스미스는 국가의 경제상 역할에 반대하지 않았으며, 단지 중상주
의 같은 부당한 국가개입에 반대했을 뿐이다. 스미스는 "한 쪽으로
심하게 굽어진 막대기를 바로잡으려면 그만큼 심하게 반대쪽으로
굽히지 않으면 안 된다."는 속담을 빌려[98] 농업이 국부의 유일한 원
천이라는 중농주의자들의 주장이 실은 콜베르(Jean-Baptiste Colbert) 정
책의 중상주의적 편향을 비판하기 위한 또 다른 편향임을 지적했다.
이 속담은 스미스를 읽을 때에도 마찬가지로 적용되어야 한다.[99] 즉
국가개입에 대한 스미스의 비판은 당시 지배적이던 중상주의 정책
을 공격하기 위한 것이므로, 중상주의라는 굽어진 막대기를 바로잡
기 위해 그만큼 심하게 반대쪽으로 굽힌 행위로 이해되어야 한다.
이러한 전후사정을 고려함이 없이 국가개입에 대한 스미스의 거부

---

96) Dieter Grimm, *Die Zukunft der Verfassung*, S. 42 참조. 그림은 그러한 기대를
　　받는 주체로서 절대군주를 언급했지만, 이를 국가로 이해해도 무방하다고
　　보인다.
97) 같은 지적으로, 김수행, "역자서문(1)", 『국부론(상)』, xii면.
98) 『국부론(하)』, 819면.
99) 같은 취지로, 박순성, "스미스의 정치경제학과 자유주의", 이근식·황경식 편
　　저, 『자유주의의 원류: 18세기 이전의 자유주의』(서울: 철학과현실사, 2003),
　　253면.

감을 탈맥락화하는 것은 그의 사고를 지나치게 단순하게 만들어 본연의 뜻을 왜곡할 위험이 있다.

정리하자면, 자유가 자유롭게 행사되도록 국가가 부당히 개입해서는 안 된다는 것(존중의무)과 자유를 보장하고 실현하기 위해 국가가 일정한 역할을 해야 한다는 것(개입의무)은 스미스에게 양립가능한 원리였다. 스미스에게 궁극적으로 자유는 국가의 부재가 아니라 국가의 존재에 의해서 보장될 수 있는 것이었다. 이러한 관점에 의하면 자유로운 시장도 국가의 적극적 역할을 필요로 한다. 그리고 이는 18~19세기 영국이라는 실제 역사 속에서 확인되는 바이기도 했다.

## II. 영국의 사례

### 1. 18~19세기 영국의 자유방임주의

자유방임주의는 18세기 말부터 19세기 중반 사이에 영국 사회의 지배적인 이데올로기로 부상했다.[100] 실제로 이 시기 영국 정부는 종래의 간섭주의적인 태도와 점차 거리를 두면서 개인의 경제적 삶에서 차지하던 역할을 줄여 갔으며, 해군의 조선소나 군수공장 같은 것을 제외하고는 산업발전의 과제를 시장에 맡겼다.[101] 이로부터 이 무렵 영국이 시장의 자율을 최상의 가치로 두고 국가의 역할을 최소화하는 야경국가로 변모했다고 설명되곤 한다. 그러나 당시 실상을 살펴보면 작은 정부를 지향했다는 일반적인 통념과는 달리, 영국 정부가 초기 산업자본주의의 발전에 필요한 다양한 역할을 적극적으

---

100) Richard Brown, *Society and Economy in Modern Britain 1700-1850*(London: Routledge, 1991)(이하 *Society and Economy in Modern Britain*), p. 222.
101) Peter Lane, *The Industrial Revolution: The Birth of the Modern Age*(London: Weidenfeld and Nicolson, 1978)(이하 *The Industrial Revolution*), pp. 83~86.

로 수행했다는 측면이 곳곳에서 발견된다.

## 2. 법제도 일반

효율적인 시장경제를 확립하기 위해서는 무엇보다도 이를 위한
법제도적 기반이 요구되는데, 이 무렵 영국은 이런 모습을 잘 보여
주었다. 종래 영국에는 수다한 개입주의적인 법률들이 있었으나,
1760년부터 1850년 사이에 경제활동에 관한 상당한 제약과 법규들이
사라졌다. 상품을 어떻게 제조하여 어떻게 판매해야 하는가에 관한
세부적 규정들의 다수가 없어졌고, 도제제도, 임금, 고리대금, 교역
등을 규율하던 수많은 후견적 법률들이 폐지되었다.[102] 이들 중에는
저절로 효력을 상실하게 된 것도 있겠지만, 상당수는 자유로운 시장
경제체제를 만들어 가기 위한 영국 정부의 의식적이고 적극적인 노
력의 산물이었다.

특히 토지소유관계의 획정에서 의회가 중요한 역할을 수행했다.
16~17세기에 본격화되었던 소위 제1차 인클로저 운동이 지주나 농민
을 중심으로 진행되었다면, 18세기 이후 발생한 제2차 인클로저 운
동은 '의회 인클로저'(Parliamentary Enclosure)라고 불릴 정도로 국가의
적극적 개입이 그 중심에 있었다. 전자가 관련 당사자들 간에 이루
어지는 민간의 자율적 합의를 바탕으로 했다면, 후자는 의회의 논의
와 의결이라는 공적 절차에 기초했다. 1720~1750년에는 약 100건, 1760~

---

102) Richard Brown, *Society and Economy in Modern Britain*, p. 222; Phyllis Deane, *The First Industrial Revolution*, 2$^{nd}$ ed.(Cambridge University Press, 1979), 나경수·이정우 옮김, 『영국의 산업혁명』(서울: 민음사, 1987), 222~230면; Peter Lane, *The Industrial Revolution*, pp. 87~92; Ron Harris, "Government and the Economy, 1688-1850", Roderick Floud, Paul Johnson(eds.), *The Cambridge Economic History of Modern Britain, Vol. 1: Industrialisation, 1700-1860*(Cambridge: Cambridge University Press, 2004), p. 206.

1790년에는 약 900건, 1793~1815년에는 약 2,000건의 인클로저 법안이 가결되었고, 그 결과 1830년에는 영국의 대부분 토지가 종획되었다. 이를 통해 영국인들은 토지의 법률관계를 정비했고, 생산적으로 이용가능한 토지면적을 넓혔으며, 생산물의 증가는 그 무렵 급속히 증가하던 인구의 부양에 기여했다. 또 이 과정에서 탄생한 농촌 프롤레타리아트는 새로운 산업을 위한 노동력의 기반이 되었다.[103]

그뿐만 아니라 19세기 초 영국 정부는 지역에서 통용되던 무게와 수치 단위를 완전히 폐지하고 전국적 단위로 대체함으로써 상업 활동의 효율성을 제고했다. 통화제도와 은행제도에 대한 규율에서도 점차로 영국 정부가 중심에 섰다.

### 3. 교육과 아동노동

제도적 기반의 측면에서 특히 주목을 끄는 대목은 교육과 아동노동에 대한 규율이었다. 이 무렵 교육이 국가의 관심사가 되어 국가 개입의 대상이 되었기 때문이다.[104] 스미스가 공공교육에 관한 주장을 펼친 지 반세기가 지난 후인 1833년, 의회는 민간 종교 교육단체인 국교회의 빈민교육진흥전국협회(National Society for Promoting the Education of the Poor in the Principles of the Established Church)와 비국교

---

103) 이상 박지향, 『클래식 영국사』, 473~474면; Phyllis Deane, 『영국의 산업혁명』, 54~57면; 송병건, 『영국 근대화의 재구성』(서울: 해남, 2008), 83~110면; 김종현, 『영국 산업혁명의 재조명』(서울: 서울대출판문화원, 2013), 308면 이하 참조. 딘은 인클로저 운동이 값싼 노동예비군을 만들어 산업혁명에 일조했다는 기존 설명의 타당성에 의문을 표했다.

104) 영국 공공교육제도 형성에서 국가의 역할에 대해서는 Sydney Checkland, *British Public Policy, 1776-1939: An Economic, Social, and Political Perspective*(New York: Cambridge University Press, 2000)(이하 *British Public Policy*), pp. 99ff; 전일우, "산업혁명시기 영국 민중교육기관", 『대구사학』 제71집(2003), 293면 이하.

회의 영국 및 해외교육협회(British and Foreign School Society)에 연간 20,000파운드의 교육보조금을 지급한다는 법안을 가결했다. 비록 보조금의 금액 자체는 크지 않았지만 국가가 교육에 직접 개입하기 시작했다는 점에서 이 보조금은 역사적 의미가 있었다.[105] 정부는 1840년 공공교육에 관한 업무부서로서 추밀원 교육위원회(Committee of the Privy Council for Education)를 설치했고 이 위원회에 보조금 감독업무를 맡겼다. 그와 동시에 정부는 보조금도 큰 폭으로 증액하기 시작했다.

이러한 흐름은 1870년 일명 포스터법으로 불리는 초등교육법(Elementary Education Act)의 제정으로 이어졌다. 이 법에 의해 영국은 본격적으로 기초교육제도를 갖추게 되었다. 1880년에는 10세 이하 어린이들에 대한 의무교육이 확립되었고, 1891년에는 초등교육에 국가재정이 투입됨으로써 초등교육이 무상으로 이루어지게 되었다.

당시 영국에서 교육은 노동자·빈민의 복지 문제와 밀접한 관련이 있었고, 특히 초등교육은 아동노동 문제와 얽혀 있었다. 1802년 이래 제정되고 수차례 개정되었던 공장법(Factory Acts)은 이 문제의 해결을 위한 정부 차원의 적극적 노력이 맺은 결실이었다.[106] 공장법은 1840년 굴뚝청소부법(chimney-sweeps), 1842년 탄광법(mines), 1847년~1850년 10시간법(ten hours) 등과 더불어 19세기 영국 정부가 노동자들의 안전과 교육, 근로조건을 개선하기 위해 제정한 대표적 법률이었다.[107]

1802년에 제정된 도제의 건강과 도덕에 관한 법률(Health and Morals of Apprentices Act)이 공장법의 효시로 알려져 있다. 이 법은 근로시간

---

105) Sydney Checkland, *British Public Policy*, p. 99; 전일우, "산업혁명시기 영국 민중교육기관", 295면.

106) 공장법에 대해서는 Sydney Checkland, *British Public Policy*, pp. 94~97; 이영석, 『공장의 역사』(서울: 푸른역사, 2013), 201면 이하.

107) Phyllis Deane, 『영국의 산업혁명』, 234면(p. 233).

과 근로조건, 노동자에 대한 교육을 규정했고, 이후 정부는 이러한 규제를 강화했다. 1819년 공장법에서는 9세 미만 아동의 고용이 금지되었고, 9세 이상 16세 이하 연소자의 일일 노동시간이 12시간 이내로 제한되었으며 야간노동이 금지되었다. 그러나 당시 이 공장법의 규율을 강제하는 수단이 마땅치 않았고, 기업가들 및 그들의 자유방임주의 원칙에 동조했던 사람들은 자유를 침해한다는 이유로 이 같은 규제에 반대했다. 그러나 이 공장법은 연소자의 근로조건에 관한 의회의 개입의지를 보여준 시도로서 점차 받아들여져 갔다.

그 후 의회는 실효성을 보완한 1833년 공장법을 통해 9세 미만 아동의 고용을 금지했고, 9세에서 13세 사이의 아동 및 14세에서 18세 사이의 아동에 대해서는 각각 일일 노동시간이 9시간 및 12시간을 초과할 수 없도록 했으며 야간노동도 금했다. 이 공장법은 실효성을 확보하기 위한 법적 장치로서, 고용주로 하여금 아동으로부터 연령에 관한 확인서를 받도록 했고 공장감독관을 임명해 위의 법적 규율이 준수되도록 했다. 1864년 공장법은 종래 섬유공장 중심의 규율대상을 확대해 도자기 산업과 성냥제조업 등도 포괄했고, 1867년 공장법은 50인 이상의 노동자를 고용하는 모든 공장으로 법적용 대상을 넓혔다.

이러한 입법 흐름에는 시장경제의 발전으로 야기된 사회문제에 적극적으로 대처하기 위한 영국 정부의 개입의지가 담겨 있다.

### 4. 교통시설

교통시설은 교역의 활성화를 위해 반드시 갖추어야 할 사회적 인프라이다. 영국에서 교통시설에 대한 국가의 책임이 자각된 것은 비교적 근래의 일이었다. 전통적으로 도로 관리는 교구에 맡겨져 있었으나, 이러한 방식만으로는 도로 관리에 한계가 있었다. 반면 도시가 발달하면서 도시 간의 이동이 중요해졌고, 경제가 성장하면서 교역을 위한 교통시설의 필요성이 커졌다. 이에 18~19세기 영국에서는 교통시설의 혁신적인 발전이 이루어졌고, 유료도로(Turnpike)와 운하, 철도가 이 혁신의 중심에 있었다.[108]

  유료도로는 의회의 승인을 통해 설립된 유료도로 트러스트에 의해 건설되었는데, 17세기부터 모습을 드러내기 시작해 18~19세기에 이르러 본격화되었다. 유료도로의 활발한 건설을 통해 1750년에는 3,400마일, 1770년에는 15,000마일, 1830년에는 22,000마일에 이르는 유료도로가 확충되었다. 그 결과 1750년과 1830년 사이에 영국인들의 교통시간이 큰 폭으로 단축되었고 교통량도 크게 증가했다. 런던에서 요크까지 가는 데 4일 걸렸던 것이 24시간으로, 런던에서 에든버러까지 가는 시간은 10~12일에서 45.5시간으로, 런던에서 옥스퍼드 간에는 2일에서 6시간으로 각각 단축되었다.

  도로 발전이 화물 수송에 기여한 것은 분명하나, 무게와 부피를 가진 물자의 이동을 보다 용이하게 했던 것은 수상운송의 발전이었다. 그중에서도 18~19세기에 개발된 운하가 큰 역할을 했다. 철도의 시대가 아직 오기 전인 1830년대 중반까지 운하는 화물의 핵심적인 운송수단이었다. 운하 건설은 1760년대부터 1770년대 초까지, 그리고 1780년대부터 1790년대까지 두 차례에 걸쳐 폭발적으로 이루어져 18세기 말에는 약 2,000마일의 수로가 갖추어졌고, 1858년에는 거의 4,250마일에 달했다.

  그러나 영국 산업혁명 시대의 대표적인 교통수단은 단연 철도였다. 철도를 통해 지역 간을 연결하는 교통이 더욱 강화되었으며, 인

---

108) 유료도로와 운하, 철도에 대한 이하의 내용은 위의 책, 83면 이하; 김종현, 『영국 산업혁명의 재조명』, 261면 이하, 280~281면; Richard Brown, *Society and Economy in Modern Britain*, pp. 242~243; Ron Harris, "Government and the Economy, 1688-1850", pp. 213~214 참조.

력과 물자의 수송에서도 혁신을 가져왔다. 영국의 철도건설은 1830 년대를 기점으로 본격화되었고, 이는 철도 건설 붐으로 이어졌다. 1840년대 10년간 755개의 철도회사가 의회에 의해 인가되었을 만큼 철도건설의 열기는 뜨거웠다. 영국 철도의 길이는 1830년 무렵에는 375마일에 불과했으나, 1844년 2,000마일로 확장되었고, 1852년에는 7,500마일에 이르렀다.

18~19세기 영국에서 유료도로, 운하, 철도 같은 교통체계의 발전은 민간자본에 의해 이루어졌다. 그래서 이 시기에 영국의 교통체계 확립에서 국가의 역할이 그리 크지 않았다는 평가도 존재한다.[109] 그러나 이와 관련하여 국가가 행한 역할의 의미가 간과될 수는 없다. 이들 건설사업의 승인과 이 사업에 필요한 권한을 부여하는 역할이 국가에 일임되어 있었기 때문이다. 의회는 입법을 통해 유료도로 트러스트를 설립하고, 그 도로의 유지와 보수를 위해 도로이용자에게 이용료를 징수할 수 있는 권한을 부여했다. 유료도로에 관한 이러한 입법은 18세기 중엽 이후 급격히 증가해, 연평균으로 보면 1750~1770년 사이에는 40건, 1770~1790년 사이에는 37건, 1791~1810년 사이에는 55건이 가결되었고, 트러스트의 수는 1750년 143개, 1770년 500개, 1830년 약 1,000개에 이르렀다. 또한 의회는 운하를 건설할 주식회사의 설립을 인가하고, 토지매입권한을 부여하는 한편, 회사 자체의 운송업을 금지하고 통행료의 상한을 규제했다.

의회의 개입이 보다 뚜렷하게 나타난 곳은 철도였다. 의회가 그 건설을 인가하고 이에 필요한 토지매입권한을 부여하고 운임의 상한을 규제한 부분은 철도사업의 경우에도 다르지 않았다. 그러나 철도사업의 운영에서 국가개입은 유료도로나 운하에 비해 더욱 두드러졌다. 영국의 19세기 초중반은 흔히 자유방임주의가 본격적으로

---

109) 김종현, 『영국 산업혁명의 재조명』, 258면, 269면, 278면.

전개되던 시대로서 기업 간 경쟁이 활발히 진행되었다고 알려져 있
지만, 철도체계의 운영은 이 시기부터 이미 독점단계로 접어들고 있
었다. 의회는 철도에서는 유료도로나 운하에서와 같은 경쟁체제를
유지하기 어려움을 직시하여, 조사위원회를 구성해 이 문제에 적극
적으로 대처하려 했다. 철도법(Railway Act)은 이러한 노력의 산물이
었다. 이 법을 통해 1840년에는 철도 문제를 전문적으로 다룰 전문부
서로서 철도부를 설립했고, 1842년에는 안전에 관한 규제를 확대했
으며, 1844년에는 신노선의 경우 수익이 자본의 10%를 상회하지 못하
게 했고, 영국 상무성에 객차요금을 인하할 수 있는 권한을 인정했
으며, 모든 회사는 매일 열차를 왕복 운행해야 하고 각 역에 정차해
야 하며 마일 당 최고운임을 1페니로 해야 한다는 등의 규제도 정했
다. 이 시기의 철도운영은 비교적 강력한 의회규제를 특징으로 했기
때문에, 이른바 '의회 기차'(parliamentary train)라고 불리기도 했다. 자
유주의자 J. S. 밀이 '결코 철도에 대한 통제는 국가의 손을 완전히
떠나서는 안 된다'고 주장한 것에는 이러한 배경이 있었다.110)


## 5. 수도시설

또 다른 사회적 인프라 영역으로서 수도시설 분야를 살펴본다. 18
세기의 스미스가 수도공급을 민간 회사의 업무로 분류한 반면,111) 19
세기 영국인들은 수도공급에도 국가의 일정한 역할이 필요할 수 있
다고 여겼다. 의회는 두 측면, 시공회사가 수도시설을 설치하기 위
해 필요로 하는 수용권한 등의 범위를 결정하는 부분과 지역적 독점

---

110) John Stuart Mill, *Principles of Political Economy*, with Some of Their Applications
    to Social Philosophy, V. W. Bladen(intro.), J. M. Robson(ed.)(University of Toronto
    Press, 1965), 박동천 옮김, 『정치경제학 원리 1』(파주: 나남, 2010), 237면.
111) 『국부론(하)』, 929~931면.

의 범위를 결정하는 부분에서 중심적인 역할을 수행했다.[112]

　19세기 런던을 예로 든다면, 19세기 초 런던의 수도공급에서는 뉴 리버 컴퍼니(New River Company)가 지배적 지위에 있었지만, 의회는 1806년 웨스트 미들섹스 컴퍼니(West Middlesex Waterworks Company)와 이스트 런던 컴퍼니(East London Waterworks Company)의 설립을 승인함으로써 각각 런던의 서부와 동부에서 뉴 리버 컴퍼니와 경쟁구도를 형성하려 했다. 그런데 경쟁의 심화로 인해 서비스의 질이 하락하자, 이제 의회는 런던을 여러 지역으로 구획해 지역별 독점체제를 도입함으로써 국면을 전환했다. 그러나 전염병과 폐수 같은 수도공급에 관한 사회적 문제들이 지속적으로 제기되자 이 문제를 해결하기 위한 전문적인 왕립위원회를 설치했고, 의회는 필요한 법률을 제정했다. 이처럼 자유방임주의의 절정기라고 불리던 시대에도 수도공급에서는 대규모의 국가개입이 이루어지고 있었다.[113]

　이러한 시대적 상황은 19세기의 J. S. 밀이 18세기의 스미스와 달리 수도공급을 공적 주체에 맡겨야 한다고 주장하게 된 배경을 짐작케 한다. 밀은 "그런 일은 한꺼번에 하나의 공공기능(public function)으로 취급하는 것이 훨씬 낫다."고 했다.[114] 일견 스미스의 진단이 틀렸을지도 모르지만, 이는 19세기에 이르러 수도공급에 대한 공적 통제의 필요성이 새로이 인식되었기 때문에 생긴 현상이므로, 이것은 오히려 시대에 따라 국가의 역할이 달라진다는 스미스의 시각에 부합하는 바이기도 하다.

---

112) 이하 내용은 Ron Harris, "Government and the Economy, 1688-1850", pp. 212ff을 참조함.
113) 위의 논문, p. 213.
114) John Stuart Mill, 『정치경제학 원리 1』, 237면.

## 6. 평가

18~19세기 영국의 자유방임주의 시장경제는 결코 국가권력의 자제나 부작위만으로 확립된 것이 아니다. 당시 영국의 시장경제질서에서 시장 활동에 대한 개입, 달리 말해 경제적 자유의 행사에 대한 국가개입을 자제하는 흐름이 있었던 것은 사실이나, 이것은 자유로운 시장경제가 필요로 하는 부분적 내용에 불과했다. 다른 한편에서 자유로운 시장경제는 그 작동에 필요한 제반 조건을 형성하고 유지하기 위한 국가의 적극적인 개입과 작위를 필요로 하는 까닭이다.

간단히 하자면, 자유로운 시장경제질서는 이 무렵 영국 정부의 의식적 활동의 결실이었다. 당시 영국 정부는 그러한 시장경제질서를 운영하는 것이 국민들을 더욱 행복하게 만들고 국가에 더 유리하다고 판단했던 것이다. 스미스 같은 개혁가들의 목소리가 사회에 울림을 가져왔고, 국가가 이에 반응하여 자유로운 시장경제에 필요한 사항을 추진하며 장애가 되는 것을 개선해 감으로써 그러한 경제질서가 탄생할 수 있었다. 18세기 후반에 대서양의 양편에서 등장했던 근대 사회의 정치적 청사진들이 곧바로 현실화되지 못했던 반면, 그 무렵 출현했던 경제적 청사진들은 비교적 빨리 위정자들의 마음을 사로잡아 현실에서 실현되었다.[115] 자유로운 시장을 추구하는 방임주의의 전면화 과정은 따라서 결코 국가와 무관하지 않았다. "인간 만사를 그야말로 제 갈길 가도록 내버려두기만 한다면, 결코 자유시장이란 나타날 수가 없는 것"이므로, "자유방임이란 전혀 자연적인 것이 아니"며 오히려 "의도적인 국가 활동의 산물"이었다.[116] 폴라니는 이를 아래와 같이 썼다.

---

115) Robert L. Heilbroner, 『세속의 철학자들』, 51~52면.
116) Karl Polanyi, 『거대한 전환』, 391면, 394면.

자유시장으로 가는 길을 뚫고 또 그것을 유지·보수했던 것은 중앙에서
조직하고 통제하는 지속적인 정부 개입이었으며, 그 과정에서 정부 개입은
엄청나게 증대되고 말았다. 스미스는 "단순하고도 자연적인 자유"라고 말
했지만, 그것을 인간 사회의 여러 필요들과 양립할 수 있게 하는 일은 지
극히 복잡한 과제가 아닐 수 없었다.[117]

영국 정부는 한편으로는 불필요한 제도를 폐지하고 교통시설과
같이 시장경제의 발전에 필수적인 조건을 마련하는 일에 적극적이
었으며, 다른 한편으로는 아동노동이나 철도 독점과 같은 시장의 폐
해를 개선하는 일을 자신의 소임으로 받아들였다. 시장경제가 발전
할수록 시장의 변화된 상황과 폐해문제에 대처하기 위해 필요한 일
들이 증가하는데, 시장경제가 지속되려면 이러한 과제들이 성공적으
로 수행되어야 했다. 18~19세기 영국은 오늘날과 같은 수준의 시장의
폐해나 독과점 문제가 전면화되기 전이었지만, 그럼에도 시장의 폐
해가 초래할 사회적 위험성을 직시하고 그에 대처하기 위한 개입을
보여준 데에는 충분한 역사적 의미가 있었다.

이러한 상황으로 인해, 자유방임을 추구하는 시장경제의 시대에
오히려 국가의 역할이 줄지 않았다는, 혹은 더 증가했다는 일견 모
순적인 현상도 발생했다. 국가는 시장이라는 유용한 기제를 최대한
효율적으로 사용하기 위해, 필요한 조건의 형성, 작동방식의 디자인,
폐해의 교정 등에 관한 전례 없는 숙고와 노력을 해야 했기 때문이
다. 따라서 자유방임주의가 역사가들로부터 중상주의보다 더 규제
적인 경제시스템을 일컫는 것으로서 간주될 것이라는 평가는[118] 언
뜻 역설적으로 들리지만 실상은 그리 역설적이지 않다. 그리고 무엇

---

117) 위의 책, 393면.
118) Richard Brown, *Society and Economy in Modern Britain*, p. 223. 같은 취지로 박
지향, 『클래식 영국사』, 527면.

보다도 이러한 국가의 역할은 당시 스미스와 같은 이른바 자유주의
자들이 자유로운 시장을 만들어가기 위해 원하던 바이기도 했다.

요컨대, 국가는 자유로운 시장경제를 운영하기 위한 여러 중요한
과제를 실천해야 한다는 스미스의 생각은 18~19세기 영국의 현실에
서도 실제로 확인되는 바였다고 말할 수 있다.

## 제4절 정치경제학의 헌법학적 함의

### Ⅰ. 통치론적 문제의식

이처럼 스미스는 국가의 '부당한 개입'만을 반대했을 뿐, 자신이
필요하다고 여기는 '정당한 개입'을 국가에 적극적으로 주문했다. 그
렇다면 국가의 개입 중 정당한 것과 부당한 것의 기준이 무엇인가라
는 문제가 이어진다. 공익을 추구하기 위한 국가의 행위는 불가피하
게 자유의 제한을 초래하므로, 자유의 제한이라는 징표가 곧바로 국
가개입의 부당성을 입증하는 것은 아니다. 따라서 어떤 제한이 정당
한 것이고 어떤 제한이 부당한 것인지를 식별하는 일은 국가의 정당
한 개입을 보증하기 위해서도 반드시 필요하다.

국가권력을 어떻게 행사하는 것이 정당한 것인가에 관해서는 사
실 오랜 논의의 역사가 있었다. 플라톤은 처음에는『국가』에서 지혜
에 입각한 통치를 정당한 것으로 여겼지만 그 후에 저술한『정치가』
에서는 견해를 달리해 법을 존중하는 것을 정당한 통치의 기준으로
보았고, 아리스토텔레스는 공익추구 여부를 기준으로 정당한 통치를
가려냈다.[119] 근대에 이르러서는, 가령『군주론』의 마키아벨리처럼

---

119) Platon, *Republic*, 473c~d; Platon, *Statesman*, 301a~303b; Aristoteles, *Politics*, 1279a.

정치공학적인 관점에서 통치권 행사의 정당성 문제를 이해하려는 시
도도 있었고, 권력분립론의 관점에서 분할된 범위를 일탈하는 권력행
사의 부당성을 설파했던 몽테스키외식의 논의도 있었다.[120] 반면 홉
스처럼 통치권의 한계를 논하는 것에 전반적으로 부정적이었던 자들
도 있었는데,[121] 이들은 대체로 절대주의 체제에 우호적이었다.

스미스처럼 국가는 개인의 행복을 얼마나 증진하느냐에 따라 그
가치가 측정된다고 본다면 개인의 행복에 대한 기여를 얼마나 산출
해 내는지가 국가개입의 정당성을 판단하는 기준이 될 것이고, 이익
과 풍요, 경제적 번영이 개인의 행복에 있어서 큰 비중을 차지하는
상업사회에서는 특히 경제적 이익의 증진여부가 중요한 기준이 될
것이다. 정치경제학은 이 기준을 정교화하는 논리를 제공했다. 그의
정치경제학적 분석은 기본적으로 경제적 풍요를 달성하는 효과적인
방도가 무엇인지를 탐구하는 것이지만, 그 논의가 입법자와 정치가
의 관점으로 전개된다는 점에서 국가권력의 정당한 작동방식에 관
한 탐색으로서의 성격도 가졌다. 스미스는 정치경제학의 계산적 지
식에 의지하여 경제적 풍요라는 목적에 부합하는 국가권력의 작동
방식과 그렇지 못한 작동방식을 식별하고 후자의 부당성을 논증했
다. 또 경제적 풍요에 직접적으로 기여하지 못한다 하더라도, 풍요
보다 더 중요한 가치라 할 사회의 안전이나 정의와 같은 공익을 위
해 필수적이라면 그 또한 정당한 권력행사임을 주장했다.

스미스의 분석 속에서 특정 상공업자들에 대하여 국가가 지원하
고 특혜를 인정하는 중상주의적 규제는 국부증진을 저해한다는 점

---

120) Niccolò Machiavelli, *The Prince*, Quentin Skinner and Russell Price(eds.)(Cambridge: Cambridge University Press, 1988), 강정인/김경희(옮김), 『군주론』 제3판(서울: 까치, 2009); C. S. Montesquieu, 『법의 정신 I』.

121) 홉스조차도 개인의 자기보존을 해하는 권력행사만큼은 허용될 수 없다고 했다. Thomas Hobbes, 『리바이어던 1』, 232면, 235면 이하, 294면; Edgar Bodenheimer, 『법철학개론』, 63면.

에서 부당한 것이지만, 발명자와 저술가 등에게 허용되는 일시적 독점, 법정 이자율에 대한 규율은 사회의 이익을 증진하는 것이므로 정당화되었다.[122] 노동자들과 그 자녀에 대한 공공교육의 제공, 국방력 유지를 위한 개입, 금융규제 등은 비록 경제적 이익을 직접적으로 증진하는 것은 아니지만 사회의 통합이나 안전, 국가정책의 대중수용력 향상, 공적 논의에 대한 참여 확대 같은 다른 중요한 공익적 가치를 위한 것이므로 또한 정당화될 수 있었다.[123]

나아가 이것은 국가권력의 제한이라는 실천적 문제와도 직결되었다. 국가권력이 부당하게 행사됨을 안다 해도, 스미스의 시대에는 그것을 억제할 방도가 불확실했다. 그는 국가권력의 남용으로부터 개인의 자유와 권리를 보호해 줄 수 있는 사법의 역할을 높이 평가했으나, 다른 한편 자신의 시대에 최고 권력자가 가진 권력의 한계가 무엇인지를 논하는 것은 불가능하다고도 말했다.[124] 그때까지 법원이 이 문제를 제대로 판단해 본 적이 없었기 때문이다. 국가권력의 한계를 인정한다 해도 그 한계를 벗어난 권력행사를 제어할 방도가 불명확하다면, 이때 선택지는 크게 두 가지가 있다. 하나는 오늘날의 헌법재판이나 행정재판처럼 한계를 벗어난 권력행사를 규제할 법적 구제수단을 확보하는 것이고, 다른 하나는 애초에 권력자로 하여금 한계를 벗어나지 않는 권력행사를 하도록 스스로 자제하게 만드는 것이다.

스미스의 정치경제학은 후자에 기여하는 것이었다. 이익증진이 국가의 긴요한 과제로 간주되는 상황이라면, 그러한 과제를 달성할 수 있도록 국가권력을 행사해야 한다는 일종의 관념적 당위가 통치자에게 부여될 수 있다. 이는 담론의 차원에서 존재하는 것이나 통

---

122) 『국부론(상)』, 438~439면; 『국부론(하)』, 927면.
123) 『국부론(상)』, 397면, 563면; 『국부론(하)』, 957~966면.
124) 『국부론(하)』, 891면; 『법학강의(하)』, 86~87면.

치자의 권력행사를 제약할 수 있는 잠재력을 가진다. 국민이 이익증진을 위한 국가의 역할을 자명한 것으로서 받아들인다면, 그리고 국민이 그런 역할에 충실하지 않은 정부에 호의적이지 않음을 통치자들이 잘 알고 있다면, 통치자들은 국민의 호의를 얻기 위해 이익증진에 가장 효과적인 방식으로 권력을 행사하려 들 것이기 때문이다. 이때 이익증진에 기여하는 권력행사가 어떤 것인지를 설득력 있게 보여주는 것은 그러한 특정한 방향으로 국가권력이 행사되도록 만드는 유효한 수단이 된다. 바꾸어 말하면, 이것은 이익증진에 유해한 권력행사를 억제하게 만드는 수단이 되기도 한다.

## II. 통치론적 성격

이러한 취지에서 유용성이라는 기준으로 국가의 행위를 평가하려는 정치경제학은 스미스 통치론의 일환이었다.[125] 말하자면, 이는 통치권 행사의 당부를 평가하는 다른 방식의 접근법이었다. 실제로 『국부론』 전반에 걸쳐 국가개입이 요구되는 지점과 억제되어야 할 지점을 가려내는 세심한 작업이 진행되었다. 통치권의 정당한 행사 여부를 판별하는 논의는 여기서 효용 즉 이익의[126] 관점으로 재편된

---

125) 앞서도 밝혔듯이 이 부분은 푸코의 해석에서 도움을 얻었다. Michel Foucault, 『생명관리정치의 탄생』, 38~39면, 69~72면 참조. 자연권의 구성에서 정치경제학의 역할에 관한 언급으로는 Jürgen Habermas, *Theorie und Praxis*, S. 115 (『이론과 실천』, 111면).

126) 스미스는 적정성이 아니라 이익이나 효용을 도덕 판단의 기준으로 삼는 태도를 비판했지만, 이익이나 효용은 그의 이론에서도 적정성 판단이나 덕성의 우위 판단, 충돌하는 공감들 중 선호되어야 할 공감에 대한 판단, 저항권 이론 등에서 중요한 역할을 했다. 『도덕감정론』, 167~168면, 255면, 337면, 347면, 586면; 『법학강의(상)』, 588면; Knud Haakonssen, *The Science of A Legislator*, pp. 87~88; Dugald Stewart, *Life and Writings of Adam Smith*, p. 289; Knud Haakonssen, *The Science of A Legislator*, pp. 87ff 참조.

다. 법적 규율이나 정치적 대항력의 존재로 정치권력의 제한을 도모했던 것이 기존 방식이라면, 스미스의 정치경제학은 이익의 계산과 논증에 기초해 권력의 제한적이고 성찰적인 행사를 이끌어내려 했다.

이러한 이해는 정치경제학이라는 학문의 성립배경과도 관련된다. 일반적으로 정치경제학은 오늘날 경제학과 동일한 학문적 정체성을 갖는다고 알려져 있다. 현재 통념상 경제학은 정치와 절연된 고유한 논의로 구성된다고 이해되는 까닭에, 경제논리와 통치문제는 서로 무관하다고 여겨지는 경향이 있다. 그러나 스미스는 정치경제학을 통치와 법에 관한 학문의 일부로서 사고했다. 그의 정치경제학은 『국부론』에서 본격적으로 다루어졌지만, 그 생각의 기본줄기는 이미 글래스고 대학에서 했던 1760년대 강의에서부터 확인된다. 이 강의를 정리한 노트인 『법학강의』의 내용 중 내치에 관한 장에는 훗날 『국부론』의 골간을 이루는 주요 논의들이 상당부분 담겨 있었다. 이것은, 재차 강조하지만, 부의 증진을 도모하는 정치경제학의 관점이 법과 통치에 관한 그의 학문적 관심 속에서 애초부터 중요한 위치에 있었음을 보여준다. 정치경제학이 정치가나 입법자의 학문의 한 분야로서 국민과 국가 모두를 부유하게 하려는 것을 목적으로 한다는 스미스의 설명으로부터 내치에 관한 당시의 관념을 엿볼 수 있다.[127]

스미스가 근대 경제학의 창시자로 불리기는 하나, 정치경제학이 스미스의 독창적인 작품인 것은 아니다. 그것은 정치산술(political arithmetic)의 등장 이후 국가통치학의 분야에서 지속적으로 논의되어 왔던 학문적 조류였다. 주지하다시피 17세기 중엽 베스트팔렌 조약 이후 유럽은 주권국가들의 공존체제로 접어들면서 개별 국가들 간

---

127) 『국부론(상)』, 517면. 이 글에서 내치로 옮긴 police의 그리스적 유래와 근대적 의미에 관하여는 Michel Foucault, *Sécurité, territoire, population: cours au Collège de France, 1977-1978*(Paris: Gallimard, 2004), 심세광, 전혜리, 조성은 옮김, 『안전, 영토, 인구』(서울: 난장, 2011), 422~423면.

의 전면적 경쟁이 불가피해졌다. 이제 한 국가는 군사, 외교, 경제 등에서 다른 국가들과 경쟁을 펼쳐 살아남아야 하는 상황을 맞이했다. 한 사회의 인구와 부가 국가의 관심대상이 된 것에는 이러한 배경이 있었다. 국가 간 경쟁체제 속에서 국가를 부강하게 만드는 통치기술의 필요성에 대한 인식이 자라났다. 그 속에서 "나라의 번영이라고 불리는 무언가가 이해 가능한 연구 영역"임이 서서히 자각되었고, 통치자들 역시 국가경제의 효율적 관리를 위한 정치적 조언의 필요성을 직감하게 되었다.[128] 이 무렵 정밀한 국가의 통치에 필요한 지식의 일환으로 도입된 것이 바로 통계학(statistics)이다. 이 학문명이 이 무렵 등장했다는 사실은[129] 이 문제와 관련하여 함의하는 바가 크다. 부의 증진을 위한 국가의 노력이 국가의 힘을 키우는 매우 효과적인 방도가 되었기 때문이다. 이로써 그에 부합하는 방식으로 권력을 행사해야 한다는 관념적 구속이 국가에 가해지기 시작했다.

## III. 헌법학적 의미

스미스는 원칙적으로 국가가 개인의 자유를 존중할 때 그 사회가 가장 행복해진다고 믿었다. 한편으로, 자유를 존중함으로써 개인의 자율성이 보장된다. 이 자율성은 개인이 자신이 원하는 바대로, 자신의 본성에 부합하는 삶을 영위할 수 있는 기회를 제공한다. 다른 한편으로, 자유의 존중은 자본주의 사회에서 모든 인간이 관심을 갖

---

128) J. G. A. Pocock, 『마키아벨리언 모멘트 2』, 158면; Ha-Joon Chang, *Globalization, Economic Development, and the Role of the State*(Zed Books, 2003), 이종태·황해선 옮김, 『국가의 역할』(서울: 부키, 2006), 37면.

129) statistics라는 학문명은 1749년 독일 학자 아헨발(Gottfried Achenwall)에 의해 최초로 사용되었다고 알려져 있다. 이 어휘는 국가(Staat, state)에 관한 정보의 산술적 표현을 의미했다. Frederick L. Coolidge, *Statistics: A Gentle Introduction* (Thousand Oaks: Sage Publications, 2013), p. 28.

는 주제인 이익증진에 매우 효과적으로 기여한다. 어떤 사람에게 가장 이익이 되는 선택이 무엇인지는 어느 누구보다도 그 자신이 가장 정통하므로, 개인에게 그 선택권을 우선적으로 보장하는 것은 사회 전체의 이익을 증진하는 첩경이다.

이상의 논의에 내포된 헌법학적 의미로서 두 가지를 살펴본다. 먼저, 자유를 행사하는 방식을 정할 때 원칙적으로 개인의 판단은 국가의 그것보다 우선한다는 점이다. 국가의 본질은 개인과 그가 속한 사회의 이익에 봉사하는 것이고 개인의 이익은 그 자신이 가장 정통하므로, 국가는 원칙적으로 그 개인의 자유를 존중해야 한다. 다만 예외적으로 자유에 대한 개입이 그로 인한 자유의 제한이라는 손실보다 더 큰 사회의 이익을 가져올 때 그러한 개입은 허용될 수 있다. 논리상 이러한 예외에 해당함을 입증할 책임은 개입을 하려는 측(국가)에게 부과되어야 한다.[130]

사회의 이익을 증진하는 개입만이 허용된다는 것은, 국가의 부작위로 얻는 사회의 이익보다 국가의 개입으로 획득하는 사회의 이익이 더 클 때 개입이 정당화된다는 의미이다. 국가개입으로 사회의 전체이익이 감소되면 그런 개입은 정당화되지 않고, 국가개입으로 개입 이전보다 더 나은 상황이 조성된다면 그런 개입은 정당화된다. 이 정당화 판단은 개입을 통해 발생하는 손실(예: 자유가 제약된 개인들의 손실)과 개입을 통해 달성되는 이익(예: 사회안전, 질서유지, 공공복리의 추구를 통해 얻게 되는 전체 구성원들의 이익)의 손익계산, 즉 비교형량을 통해 이루어진다. 스미스는 중상주의적 개입을 포함한 당시의 후견적인 국가개입들이 사회의 전체이익에 손실을 초래한다고 생각했지만, 소액은행권 발행의 제한, 저작물 등에 대한

---

130) 정치경제학 분석과 국가권력 행사에 관한 입증책임론을 연관시키는 해석은 그리스월드로부터 도움을 얻었다. Charles L. Griswold, *Adam Smith and The Virtues of Enlightenment*, p. 295.

일시적 독점의 인정, 법정이자율 규제, 독점시장에서의 생활필수품 가격 규제, 비례적(혹은 일부 누진적) 조세정책, 공공교육정책, 사치품에 대한 차별적 과세나 사치물품 이용자에 대한 사회적 비용부담 전가정책 등은 개입 전후를 비교할 때 전체 사회의 이익이 증진된다는 점에서 정당한 개입이라고 본 것이다.

그러나 어떤 국가개입이 있을 때 그것이 사회의 이익을 증진하는가, 그렇지 않은가를 판단하는 일은 말처럼 쉽지 않다. 스미스는 이 부분에 관하여 특별한 언급을 남기지 않았다. 사실 개입을 통해 침해되는 자유의 손실을 능가할 공익적 성취가 존재하는지 여부는 불명확한 경우가 많다. 자유의 손실이나 사회의 이익 같은 개념은 계량화하기가 쉽지 않은 까닭이다. 따라서 이 문제는 결국 그 사회의 공적 논의와 정치적 의사결정의 대상이 되어야 할 것이다. 대개의 경우 어떤 개입을 정당하다고 여기는 측과 그렇지 않은 측이 논쟁을 펼치게 될 것인데, 전자 측은 개입이 가져오는 좋은 효과를 주장할 것이나 후자 측은 이에 반대하거나 이를 논박할 것이다. 이때는 충돌하는 견해들 간의 논리 경합을 거쳐 더 합리적이고 설득력을 갖춘 견해를 채택할 수밖에 없다. 이는 결국 공론의 영역에서 더 많은 사람들의 지지를 얻기 위한 경쟁을 뜻한다. 스미스의 표현처럼 통치의 안전성이 국민들의 정치적 지지에 의존하는 국가라면,[131] 정견들이 여론의 호의를 얻기 위해 펼치는 경쟁은 여러 이해관계가 얽힌 복잡한 사회문제를 해결하는 가장 합당한 방식이다. 이미 아는 바와 같이, 중상주의는 계급적 불평등 문제로 이러한 논리경쟁이 공정하게 치러지지 못해 발생한 결과라는 것이 스미스의 진단이었다.

둘째, 입증책임의 존재로 인해, 개입의 정당성에 대한 입증이 완전하지 못하다면 국가는 자유를 존중해 개입을 자제하는 것이 타당

---

131) 『국부론(하)』, 965~966면.

하다는 점이다. 이러한 사안에서는 '의심스러울 때에는 자유의 이익으로'(in dubio pro libertate) 원칙이 적용되어야 한다.

만약 우리 헌법재판제도에 입증책임론이 도입되고, 개인의 자유와 권리를 제한하는 법령에 대한 엄격심사에서 그 제한의 정당화 의무를 국가 측이 부담하게 만든다면, 국가가 이러한 입증책임을 다하지 못할 때 자유와 권리에 대한 제한이 위헌무효로 선언될 가능성이 생긴다. 그러나 헌법재판은 권리구제 수단일 뿐 아니라 객관적 헌법질서의 유지, 수호기능도 아울러 수행하고 있으므로 입증책임론에 따른 재판은 적절하지 않은 측면이 있다. 입증책임론을 채택하지 않더라도, '의심스러울 때에는 자유의 이익으로' 원칙을 적극적으로 활용한다면 입증책임론을 통해 달성하고자 하는 자유 존중의 정신을 실무상 충분히 구현할 수 있다고 본다. 입법목적으로 내세우는 공익 달성이 추상적이고, 그로 인해 침해되는 사익과의 관계가 균형을 갖춘 것인지가 모호하다면, 위 원칙에 의해 개입의 위헌성을 판정할 수 있다.

## 제5절 정리

### Ⅰ. 스미스의 국가상

국가와 통치에 관한 스미스의 논의를 이해하는 가장 중요한 토대는 18세기 유럽의 지성계를 풍미했던 자연법론이다. 인간은 동일한 본성을 가지며 국가 이전에 자유롭고 평등한 존재라는 점, 이 본성에는 자기보존성과 사회성이라는 두 측면이 있는 점, 국가는 개인들이 더 나은 공동의 삶을 위해 인위적으로 고안한 제도적 장치라는 점, 정부가 본연의 목적을 위반하는 경우 시민들은 새로운 정부를 구성할 수 있는 점 등을 중심으로 한 이론적 서사에서 스미스와 당시 자연법론자들은 상당부분 일치했다. 다만 자연권을 당연하고 자명하게 주어진 것으로 이해했던 당시 견해들과 달리, 스미스는 공감작용에 기초해 자연권의 형성과 귀속 원리를 해명하려고 했다는 점에서 차이가 있었다. 자연권을 인간의 사회적 삶 속에서 형성되는 것으로 본 데에 스미스 이론의 특색이 있다.

평등한 개인들의 자유와 권리가 국가의 기초이자 국가의 궁극적인 목적이라는 점에서 자연법론 진영이 공통의 토대를 가졌던 것은 맞지만, 스미스의 이론을 특징짓는 고유한 내용들도 존재했다. 많은 자연법론자들이 사회계약론에 기초해 국가(정부)의 성립을 설명했지만, 스미스는 그 같은 사회계약의 관념 자체를 인정하지 않았다. 또한 이론적으로 구성되는 특정한 이상적인 정치적 원리를 가정하는 태도에 비판적이었으며, 단지 어제보다 더 나은 오늘을, 그리고 오늘보다 더 나은 내일을 만들어 가고자 하는 부단한 노력 그 자체를 인간의 본질적인 특성으로 간주하고 이를 국가와 정치체제의 역사적 발전을 가능하게 만드는 원동력으로 파악했다. 스미스는 초월적 이상론을 받아들이지 않았으며, 그때그때의 현실을 개선하기 위한 부단한 의지를 인류역사의 기본원리로 이해했다는 점에서 홉스나 로크류의 계약론과는 입장을 달리했다.

현재를 기준으로 스미스를 완전한 민주주의자로 보기 어렵겠지만, 그는 군주정이 확고했던 당시 상황에서 인민의 지배라는 정치적 이념에 기여할 수 있는 제안들을 개진하는 데 적극적이었다. 그는 인간이 평등하고 자유로운 존재라는 것을 출발점으로 삼았다는 점에서 기본적으로 민주주의적 지향을 가지고 있었다. 국가운영의 기초를 여론, 즉 공적 논의에서 찾았던 점, 선거권의 확대 및 선거주기의 단축에 우호적이었던 점, 대의제하에서 이루어지는 대표들의 결정권을 무제약적인 것으로 여기지 않고 인민으로부터 나오는 규범

적 준칙(자연적 정의의 준칙)이나 정치적 원리(평등대우 의무)에 구
속된다고 보았던 점, 국가는 신분이나 계급을 떠나 모든 국민을 평
등하게 고려해야 하고 국가권력은 공익을 위하여 행사되어야 한다
고 생각한 점, 통치자의 폭압에 항거할 수 있는 국민의 저항권을 인
정한 점 등은 그의 정치적 입장에 내재된 민주주의적 방향성을 암시
한다.

　또한 스미스의 이론에서 빼놓을 수 없는 것이 바로 자유론이다.
자유는 자연적으로 주어지지만, 이를 존중하고 보호하고 돌보고 실
현하는 것은 국가의 중요한 과제였다. 개인의 자유는 국가의 존재에
힘입어 충분히 향유될 수 있다는 것이 스미스의 기본입장이었다.[132]
국가는 개인의 자유를 존중해야 하나, 자유를 보장하기 위해 국가에
요구되는 바는 단순한 부작위나 소극적 자제에 그치지 않는다. 자유
에 관한 권리를 제도화하는 일, 자유의 평등한 향유를 위해 필요한
제도적 기반을 정비하는 일에는 국가의 적극적인 역할이 요구된다.
특히 그는 인간의 자유를 억압하는 것은 단지 타인으로부터의 침해
나 국가로부터의 간섭만이 아니라고 생각했다. 그는 계몽주의자답
게 여태껏 잔존하고 있었던 봉건제도와 신분제적 질서, 불합리한 관
습과 법제도, 불충분한 공공시설과 공공사업, 빈곤, 빈부격차, 부유
층의 특권 같은 것들이 모두 인간의 자유를 억압한다고 여겼다.[133]
이러한 제약을 해소하는 과제의 중심에는 국가가 있었다.


## Ⅱ. 전통적 이념의 쇄신

　신의 계시나 절대적 지배자의 권위적 판단에 의지함이 없이 동등
한 사회구성원들을 전제로 공적 의사결정의 방식을 모색하는 정치

---

132) 위의 책, 986면, 1182면 등
133) Emma Rothschild, *Economic Sentiments*, p. 71 참조.

이념(이를 흔히 공화주의 이념이라고 부르기도 한다)에서 시민의 정치적 역할은 매우 중요한 논제이다. 실제로 이 논의는 오랜 역사를 가지며 다양한 모습으로 전개되어 왔다. 고대 아테네인들처럼 직접 참여를 기본으로 간주했던 예도 있고, 아퀴나스처럼 통치자에 대한 선출 혹은 통치행위에 대한 동의를 바람직한 역할로 여겼던 예도 있었다.[134] 그러나 다소간의 관점 차이는 있었지만, 적어도 공동체의 문제를 외면하고 사익추구에 매몰되는 모습에 대하여 비판적 입장을 취했다는 점에서 대체로 일치했다.

고대 그리스인들은 공적 업무에 관심을 가지는 자를 *polites*로, 그렇지 않고 사적인 관심사에만 매몰된 사람을 *idiotes*로 불렀는데, 후자가 영어 idiot(백치, 바보)의 어원이 되었음은 이 관념의 서구적 맥락에 관하여 암시하는 바가 크다. 전통적으로 사익보다 공익을 우선시하는 태도가 바람직한 시민의 모습으로 간주되어 왔다. 공적 이익을 위한 헌신에서 일정한 사익의 희생이 불가피하므로, 전통적으로 그런 희생을 감내할 수 있는 '남성성'과 '강인함'이 시민적 덕성으로 칭송되었다. 이러한 전통적 이념은 신학적 보증에서 벗어난 세계의 정치적 사유를 지도하게 된 계몽주의와 자연법론을 통해 쇄신되었는데, 스미스의 이론은 이러한 역사적 배경하에 있었다.

가장 두드러지는 쇄신의 대목은 인간에 대한 평등주의적 이해에 있었다. 전통적 이념이 위계적 사회구조를 전제로 한 반면, 근대 자연법론은 수평적 관계에서 출발했다. 고전적 공화주의 이념이 수직적 계급구조를 기초로 정치권력의 분점적 편성(혼합정)을 기획해 왕, 귀족, 평민이라는 세 계급의 정치적 공존과 균형을 모색했다면, 근대 자연법론은 자연권이라는 새로운 관념에 기초해 정치적 공존과 동등화의 가능성을 추구했다. 그 전제는 수평화된 사회였다.

---

134) Thomas Aquinas, *Summa Theologica*, 1-2.105.1.

그러나 더욱 눈여겨볼 부분은 시민의 사익고려를 평가하는 관점 상의 변화였다. 스미스는 인간의 자기보존성과 그로부터 연유하는 물질적 이익추구의 정당성을 인정했고, 자신의 현세적 안락과 행복 에 관심을 두는 행위 역시 칭송될 자격이 있다고 했다. 이에 따라 사 익추구와 부의 축적이 시민으로서 추구할 수 있는 정당한 가치로 받 아들여졌다. 이는 새롭게 정립된 근대적 맥락의 정치이념을 뒷받침 하는 철학적, 윤리학적 토대로 작용했다. 이제 덕성을 지닌 시민의 공적 정신이라는 전통적 관념은, 사익추구의 용인이라는 조건에 의 해 재정립됨으로써 부분적으로 제한된 의미를 지니게 되었다.[135] 시 민은 여전히 공적 이익을 추구해야 하는 존재이지만, 그와 동시에 자기애를 가진 존재로서 자신이 원하는 바에 따라 사적 이익을 추구 할 수 있는 윤리적 공간을 인정받게 된 것이다.

이러한 스미스의 입장은 18세기 서구 정신문화의 한 측면을 반영 한다. 대표적으로, 18세기 후반 미국혁명기의 논의는 시민에 대한 새 로운 이해를 바탕으로 전통적 이념을 쇄신해 가는 과정을 잘 보여준 다. 새로운 국가를 건설하려 했던 미국인들은 시민의 덕성에 기초한 고전적 이상을 존중하면서도, 그와 더불어 사리추구를 위한 본성적 경향을 정치윤리적으로 승인했다. 일찍이 고전적 공화주의를 미국 혁명의 이념적 기원으로 주장했던 베일린(Bernard Bailyn)이 훗날에 가서 미국 혁명에 대한 자연법론의 커다란 영향을 부인하지 못했던 것에는 그러한 배경이 있었다. 그 당시 미국인들이 "시민적 인문주 의자인 동시에 자유주의자"였다는 그의 평가는[136] 미국의 독립혁명 기를 지도했던 정치이념의 주소를 잘 보여준다. 이를 토대로 새롭게 쇄신된 정치이념은 공적 삶과 사적 삶 간의 긴장관계 위에서 두 삶 의 공존과 조화를 모색했다. 주커트(Michael P. Zuckert)의 말을 빌리

---

135) Samuel Fleischacker, "Adam Smith's Reception", p. 919 참조.
136) Bernard Bailyn, 『미국 혁명의 이데올로기적 기원』, 8면.

면, 그것은 "인민의 의사에 근거한, 상업적인, 평화롭지만 무저항주
의는 아닌, 공적 정신으로 무장했지만 그 기저에 있어서는 공적이지
않은, 국가는 필요한 존재이나 동시에 위험한 존재라는 양가적 관점
으로 이해하는, 평등주의적이지만 차이를 부정하지는 않는, 그러한
새로운 공화국"을 지향하는 것이었다.[137] 스미스적인 국가는 이러한
공화국이었다.

---

137) Michael P. Zuckert, *Natural Rights and the New Republicanism*(Princeton: Princeton
    University Press, 1994), p. 319.

# 제6장 애덤 스미스와 헌법학

본장은 이상의 논지를 전제로 스미스의 주장, 그중에서도 자유와 국가의 관계에 관한 통찰의 헌법학적 의미를 짚어본다. 그러나 이는 여전히 널리 받아들여지고 있는 스미스에 대한 자유방임주의적 해석과 일정부분 충돌한다. 이에 먼저 지금까지 살펴본 논지에 입각해 자유방임주의적 해석을 비판적으로 살펴본다(제1절). 이어서 자유는 국가의 통치 작용을 필요로 한다는 스미스의 문제의식을 토대로 오늘날 경제적 자유와 정치적 자유에 관하여 도출할 수 있는 여러 함의들을 음미해 보고자 한다(제2, 3, 4절).

## 제1절 자유방임주의적 해석 비판

### I. 스미스의 두 측면

스미스는 자유의 옹호자였다. 그런데 자유는 한편으로 시민계급이 봉건체제의 권력자들과 싸워 구질서를 극복하는 데 기여했던 명분이지만, 다른 한편으로는 그들이 어느덧 새로운 세계에서 강자가 되었을 때 그들의 기득권을 보호하는 역할을 했다. 자유는 인간의 해방을 기획하는 저항의 언어이면서도, 비대칭 지위에 있는 당사자들 간의 계약이나 합의에 잠복한 불평등 문제를 은폐해 기성의 질서에 복무한 보수의 담론이기도 했다.

통치와 관련해 특히 유의미한 점은, 자유가 비록 개인의 삶을 가치 있게 만드는 것이라 해도 그것의 행사로 타인과 사회에 일정한 위험이 초래될 수 있다는 것이다. 따라서 자유는 폭넓게 보장되어야 하지만, 1인의 자유가 만인의 자유와 양립가능하기 위해 그리고 사회의 유지를 위해 일정한 제한이 불가피하다. 그런 면에서, 국가는 개인의 자유(특히 시장경쟁을 통해 이익을 추구할 자유)를 존중해야 한다는 원칙과, 평등한 자유의 보장이라는 가치를 포함해 여러 공익적 가치를 실현하기 위해 국가의 일정한 개입이 필요하다는 원칙은 스미스에게 충분히 조화될 수 있었다. 스미스의 입장을 이처럼 이해한다면, 관건은 그 '일정한 제한'의 범위를 어떻게 이해할 것인가이다.

이와 관련하여 로스차일드가 소개해 준 사례는 여러 함의를 던져준다.[1] 스미스 사후인 1795년 영국의 개혁적 정치가였던 휘트브레드(Samuel Whitbread)는 최저임금제를 도입하는 법률안을 발의했는데, 이 안은 당시 수상이었던 피트의 반대로 통과되지 못했다. 흥미로운 것은, 최저임금제를 지지했던 휘트브레드나 이를 반대했던 피트나 모두 스미스를 주장의 주요한 논거로 원용했다는 점이다. 휘트브레드는 스미스가 형평의 관점에서 노동자들에 대한 고임금의 필요성을 지지했고 노동자들의 이익을 위한 규제에 우호적이었다는 측면을 내세웠던 반면, 피트는 스미스의 권위를 빌려 자유에 제한을 가하는 정책의 문제점을 강조했다. 피트는 자신이 스미스의 가르침을 따르는 확고한 신도임을 자임하면서 시장의 자유를 지지한 인물이었다.[2] 로스차일드는 "이 논쟁은 두 개의 상이한 '스미스', 즉 휘트브레드의 스미스와 피트의 스미스 간의 충돌로 해석될 수 있다."고 했다.[3] 그녀는 휘트브레드의 스미스가 여러 면에서 진짜 스미스 혹은 진짜 『국부론』에 더 가깝다고 했지만, 이 일화는 상반된 두 결론을 공히 뒷받침할 수 있는 양가적 측면이 스미스에게 있음을 잘 보여준다.

---

1) 이하 소개되는 사례의 내용은 Emma Rothschild, *Economic Sentiments*, pp. 61~63. 이 사례는 플레이쉐커 역시 인용, 소개한 바가 있다. Samuel Fleischacker, *On Adam Smith's Wealth of Nations*, p. 264.

2) John Rae, *Life of Adam Smith*, p. 404.

3) Emma Rothschild, *Economic Sentiments*, p. 63.

이런 현상은 스미스의 이론에 내재된 상충하는 두 측면들의 긴장관계에서 비롯되었다고 말할 수 있다. 인간 본성의 두 측면, 즉 자기보존성과 사회성이 형성하는 긴장관계가 밑바탕을 이룰 것이나, 통치론에 있어서는 인간의 본성이 가져올 사회의 자연적 발전과 번영에 대한 낙관과, 이 자연적 진행에 의해 사회적 공존의 조건과 자유의 토대가 파괴될지 모른다는 우려가 긴장의 두 축을 형성한다. 이로부터 자유방임주의적 시장경제의 원리적 토대를 도출하는 해석의 가능성도, 그러한 해석을 허물어뜨릴 비판적인 독해의 가능성도 모두 주어질 수 있다.[4]

사정이 이와 같다면, 스미스가 개인의 자유를 우선시했다는 시각과 그가 자유의 지속가능한 보장과 실현을 위해 국가의 역할을 중시했다는 시각은 모두 그 나름의 타당성을 갖는다. 그런데 앞서 본 휘트브레드의 사례처럼 동일한 문제를 두고도 두 시각이 서로 충돌할수 있는데, 이 같은 실천적 판단의 어려움이 바로 스미스에 대한 이해의 난맥을 구성한다. 스미스의 어떤 측면에 주목하는가에 따라 그를 원용하는 맥락이 달라질 수 있으며, 때로는 전적으로 상반될 수도 있는 까닭이다.

---

4) 스미스의 역사관에 존재하는 낙관론과 비관론의 공존에 관해서는 James E. Alevy, "Adam Smith's View of History: Consistent or Paradoxical?", *History of the Human Sciences*, Vol. 16, No. 2(2003), pp. 1~25. 분업에 대한 스미스의 이중적 관점에 관해서는 E. G. West, "Adam Smith's Two Views on the Division of Labour", *Economica*, Vol. 31, No. 121(1964), pp. 23ff. 자유방임주의적 해석을 취하는 자들을 스미스에 대한 우파적 흐름으로, 이 해석을 반박하는 자들을 좌파적 흐름으로 보는 설명은 Samuel Fleischacker, *On Adam Smith's Wealth of Nations*, p. 265(다만 그는 좌파적 흐름이 진실에 더 가깝다고 평가함).

## II. 보수적 해석의 승리

이러한 두 측면의 관계를 어떻게 이해할 것인가는 스미스에 대한 해석에서 매우 중요한 문제가 아닐 수 없다. 필자는 이 관계를 이해하기 위해서 스미스가 품었던 문제의식의 출발점, 즉 인간의 자유와 평등이라는 기본전제로 돌아갈 필요가 있다고 본다. 인간의 목적은 자신과 그가 속한 사회의 행복이며, 국가는 원래 평등하고 자유로운 인간들이 더욱 행복해지기 위해 고안한 제도적 수단이라는 것이 기본적 입장이었다. 따라서 국가는 인간을 더욱 행복하게 만들기 위해 인간이 전국가적 상태만으로는 얻지 못하는 것들을 제공할 수 있어야 한다. 국가에 대하여 비개입이나 부작위만을 요구하는 것, 혹은 국가개입을 어쩔 수 없는 필요악으로 이해하는 것은 인간이 국가라는 인위적 장치를 구태여 도입한 목적과 잘 부합하지 않는다. 실제로 스미스는 사회 문제의 원인과 해법을 분석하고 여러 정책적 제안들을 제시했는데, 그 기본바탕에는 인간의 자유와 평등에 대한 지향이 있었다. 중상주의적 개입에 대한 비판이 가장 유명하지만 이것만이 유일한 것은 아니었다. 이 제안들은 특히 사회의 강자와 약자 간의 이해관계가 충돌하는 지점에서 대체로 약자의 편에 서 있던 것들이라 당대의 기득권자들과 불화를 자아낼 가능성이 많았다.

인간은 천부적으로 대등한 능력을 가지며 인간들 간의 재능 차이는 천부적인 것이 아니라 사회적·문화적으로 형성된 후천적인 것이라는 그의 평등주의적 신조는 그 당시 사회 상류층의 세계관과 충돌했다. 그는 상공업자들의 기만적 행태를 폭로하기를 주저하지 않았으며, 이들과 정치권력이 유착되어 나타난 중상주의 정책에 대해 누구보다도 혹독한 비판을 가했다. 그와 동시에 그는 지배층과 기득권자의 이익을 양보해 약자의 이익을 증진하는 정책들을 적극적으로 옹호했다. 자본가와 노동자는 공히 한 사회의 주축세력이지만 노동자는 자본가와의 관계에서 일방적으로 열등한 지위에 처해 있기 때문에, 의회의 의견이 자본가가 아니라 노동자에게 유리하다면 그것은 정당하고 공평하다고 주장했다. 그는 노동자들의 처우개선을 위한 시도를 지지했고, 부자보다 빈자에게 부담이 되는 세금에는 반대했으나 부유층에게 가중된 조세부담은 정당화했다. 또한 영국이 식민지에 대한 모든 권한을 자발적으로 포기하는 것이 타당하다고 주장했고, 영국 본국의 의회에 미국 식민지인들의 대표가 참석해야 한다고 했으며, 이때 대표자의 수는 납세액에 비례해야 한다고도 말했다. 장래에 식민지인들의 납세액이 영국인들의 그것을 초과하는 때가 온다면 미국이 제국의 중심지가 될 것이라는 파격적인 주장도 내놓았다. 그뿐만 아니라 당시는 아직 산업자본주의가 고조에 이르기 이전이었지만 자본주의 체제에 내재된 구조적 문제를 인식하고 그 해결책을 모색했으며, 사회의 기득권 집단들이 주도권을 쥐고 사회를 일방적으로 운영하는 상황을 비판하면서 노동자·서민들의 사회적, 정치적 힘을 증대시켜 기득세력의 영향력을 견제하고자 했다는 점도 간과될 수 없다.[5]

당시를 기준으로, 이 같은 스미스의 문제의식과 주장은 꽤나 급진적으로 보이기에 충분했다. 실제로 스미스는 빈민들의 동반자나 자유의 옹호자로 불리며 전복적인 인물로 알려져 있었다.[6] 그러나 어느 순간 현실에 대한 날카로운 비판자이자 개혁가라는 평가는 종적을 감추었고, 거래의 자유를 신봉하는 보수적인 이론가이자 근대 자본주의의 사상적 영웅으로 자리매김했다.[7] 그리고 현재 스미스는

---

5) 이상 『국부론(상)』, 102면 이하, 185면; 『국부론(하)』, 759면, 766면, 769면, 770면, 1046면, 1082면, 1102면 등.

6) Emma Rothschild, *Economic Sentiments*, pp. 62~63, 71, 82; Perry E. Gresham, "Natural Liberty", Andres Marroquin(ed.), *Invisible Hand: The Wealth of Adam Smith*(Honolulu: University Press of the Pacific, 2002), pp. 62~63.

7) Emma Rothschild, *Economic Sentiments*, pp. 52, 64.

경제영역에서 국가를 몰아내고 보이지 않는 손이 작동하는 시장법칙을 사회운영의 근본원리로 옹호한 대표적 인물로 받아들여져 보수진영의 주장을 뒷받침하는 사상가로 원용되고 있다.[8]

그렇다면 어떠한 연유로 당대의 스미스와 오늘날의 스미스 간에 이러한 간극이 생긴 것인가라는 의문이 들게 된다. 이에 관하여 정확한 대답이 존재할 수 있는지부터가 논쟁의 대상이 될 것이나, 이는 일종의 해석투쟁의 결과로 생각된다.

앞서 본 대로 스미스에게는 자유방임주의적 해석의 토대와 그에 반대되는 해석의 토대가 공히 존재한다. 스미스에 대한 인식의 변화는 전자에 기초한 해석이 후자를 토대로 한 해석과의 경쟁에서 승리한 결과이다. 자유방임주의를 주장하는 진영과 국가의 적극적 역할을 일정부분 인정하는 진영은 모두 스미스를 전거로 원용할 수 있었는데, 두 해석 간의 경합에서 전자의 해석이 우위를 점하게 되었다는 것이다. 여러 이유가 있겠지만, 이는 중상주의 체제를 탈피하여 본격적으로 자유방임주의 체제를 갖추기 시작한 19세기 이후의 서구 자본주의에서 전자의 스미스가 현실적으로 더 유용했기 때문일 것이다.

그러나 자유에 대한 평등주의적 이해는 그 본질상 국가의 역할론과 쉽게 조화될 수 있었다. 국가를 자연적으로 주어진 평등한 자유와 권리를 보장하고 실현하기 위한 장치로 본다면, 그 본질상 평등한 자유와 권리를 위한 노력의무가 수반된다. 특히 시장경제의 작동과정에서 초래되는 자유의 불평등 문제는 국가의 역할을 더욱 긴절하게 필요로 한다. 자유의 실현을 위해 필요한 국가개입의 중요성에

---

8) 일례로 1980년대 미국에서 신자유주의 경제정책을 추진했던 레이건 대통령 진영이 스미스의 옆모습이 새겨진 넥타이를 매고 다닌 일이 있었다. Todd G. Buchholz, *New Ideas From Dead Economists*, 이승환 옮김, 『죽은 경제학자의 살아있는 아이디어』(서울: 김영사, 2002), 31면.

관하여 전 독일연방헌법재판소 재판관 그림(Dieter Grimm)은 다음과 같이 설명했다.

> 모든 사람들이 자유를 가진다 해도 그 자유의 행사가 재산과 교육수준에 의해 좌우된다면, 그러한 자유에 대한 보호는 그것을 실현하기 위해 필수적인 **전제조건**(Voraussetzungen)으로까지 확장되어야 한다. 그러한 요구는 평등한 자유를 위한 **자유의 제한 없이는**, 그리고 실질적인 자유를 위한 **소득재분배 없이는** 실현될 수 없다.[9]

근대 시민계급이 자연법론에 의지함으로써 자신들의 정치적 지위를 강화하는 데 성공을 거두었던 것은 분명하다. 그러나 자연법론에 내재된 평등주의적 지향은 어느 순간 부메랑이 되어 이들 시민계급을 불편하게 만들었다.[10] 자유의 평등주의적 기초를 승인하는 것은 시민계급의 이익을 위협하는 불온한 일이었으므로 당연히 시민계급의 반발을 야기했다.[11] 이들은 자유로부터 평등의 함의를 지워내기 위해 노력했다. 그 결과 차등적인 자유의 이질성에 대한 사회적 감각이 무뎌짐에 따라 불평등 문제가 점차 시야에서 사라져 갔다.

이러한 흐름은 스미스에 대한 평가가 왜 그처럼 뒤바뀌게 된 것인지를 상당부분 설명해 준다. 시장으로부터 국가를 축출하기 위해 노력했던 보수적 이론가들은 자신들의 논리를 뒷받침하기 위한 논거로서 스미스가 유용함을 깨닫고 그러한 목적으로 끊임없이 그를 동원해 왔다.[12] 이들의 승리는 스미스에 대한 보수적 독해방식이 마치 유일한 독법인 것처럼 보이도록 만들었다. 이들의 목적이 달성됨

---

9) Dieter Grimm, *Die Zukunft der Verfassung*, S. 97(강조는 필자에 의함).
10) Gianfranco Poggi, 『근대국가의 발전』, 169면.
11) Dieter Grimm, *Die Zukunft der Verfassung*, S. 97.
12) Amartya Sen, "Adam Smith and the contemporary world", p. 54.

과 동시에, 불평등에 대한 고려 없이 빈곤문제를 생각할 수 없다는 스미스의 생각이나 공적 삶에 대한 참여를 위해 요구되는 재력 문제에 관한 그의 비판적 인식이 소실되었다.[13] 이러한 상황은 스미스로부터 빈곤문제에 대한 전향적 시선, 약자를 향한 포용적이고 평등적인 세계관, 경제적 불평등에 따른 정치적 불균형 문제 및 이를 교정하기 위한 국가개입의 필요성 등에 관한 심오한 문제의식들을 제거해 버렸다는 점에서 안타까움을 준다. 이 문제의식들은 오늘날 현실에서도 여전한 생명력을 가진다는 점에서 더욱 그러하다.

스미스가 시장의 자유를 강력히 옹호했던 것은 분명하나, 이는 스미스 주장의 일부에 불과했다. 시장의 자유는 인간의 행복을 위한 하나의 효과적인 수단이었을 뿐이다. 그러나 스미스에 대한 보수적 독해가 승리하는 과정에서 시장의 자유라는 수단이 오히려 목적이 되어버렸다. 이에 국가의 본질이 망각되고 국가의 개입자제라는 부분적인 결론만이 스미스적인 교훈의 전부가 되고 말았다.

## III. 스미스 통치론의 이념적 좌표

### 1. 권리에 기초한 정치체제

권리에 토대를 둔 스미스의 이론에서 정치의 중요한 목적은 권리의 보장과 실현에 있는데, 사실 이를 위한 국가의 역할이 무엇인지에 관하여는 다양한 입장이 존재한다. 국가가 타인과 타국의 침해로부터 권리를 보호해 주기만 하면 충분하다는 입장도 있을 수 있고, 권리의 실현을 위해서는 그 이상의 역할이 국가에 요구된다는 입장도 가능하다. 이처럼 권리에 기초한 정치체제가 구체적으로 어떤 체제형태와 운영방식을 요구하는지에 관하여는 기실 상당한 폭의 실

---

13) 위의 책, p. 52 참조.

천적 재량이 인정된다.[14) 따라서 자유를 위시한 권리 일반에 대한 스미스의 존중이 반드시 야경국가 원리로 귀결되어야 할 필연적 이유는 없다.

오히려 지금까지 살펴본 스미스의 주장을 종합할 때, 스미스의 입장을 야경국가론으로 보는 해석이 스미스의 전체적 구상에 비추어 타당한지에 관해 정당한 의문이 제기될 수 있고, 나아가 자유로운 시장경제질서를 실현하기 위해 그가 중상주의와 분업문제에 대해 품었던 문제의식을 지금의 현실로 옮겨올 때 그의 주장에는 오늘날 시장규제나 복지국가 이념과 맥락을 같이 한다고 볼 지점들이 존재함을 알 수 있다. 이것이 스미스가 오늘날의 시장규제나 복지국가를 명시적으로 옹호했다는 뜻은 아니다. 다만 그의 권리론이나 통치론에는 그 같은 해석의 잠재력이 내재되어 있다는 의미이다.

한편으로 그가 재산의 불평등 문제를 당연한 것으로 받아들인 것은 맞지만, 다른 한편으로 그는 이러한 불평등으로 인해 인간의 자유와 평등에 초래되는 문제를 비판적으로 숙고했다는 점에서 사회적 약자에 대한 배려 관념이나 오늘날 수정자본주의의 이념과 친할 수 있는 사유의 기초가 존재한다. 특히 국가는 자유의 행사가 재산과 교육수준에 의해 좌우되는 것을 막기 위해 필요한 조건들을 제공해야 한다는 그의 주장에 초점을 둔다면, 자유와 권리에 기초한 정치이론이라 해서 반드시 국가의 개입에 적대적이어야 한다고 일반화하기는 어렵다. 앞서 우리는 근래의 스미스 연구에서 그러한 해석을 시도하는 흐름들이 나타나고 있음을 확인한 바 있다.

---

14) Michael P. Zuckert, "Natural Rights in the American Revolution: The American Amalgam", Jeffrey Wasserstrom, Lynn Hunt, and Marilyn Young(eds.), *Human Rights and Revolutions*(Lanham, Md.: Rowman & Littlefield, 2000)(이하 "Natural Rights in the American Revolution"), p. 68 참조.

## 2. 반론과 검토

전통적으로 스미스 연구에서는 시장의 자유를 강조하는 자유방임주의적 해석이 강세를 보였으나, 현재는 사회경제적 약자에 대한 전향적 시선과 공익의 구현자로서 국가에 걸었던 그의 기대에 주목해 그가 국가의 적극적 역할에 부정적이지 않았다는 소위 비(非)자유방임주의적 해석이 제기되고 있다. 최근에는 전자의 입장에 서서 후자의 해석을 반박하는 시도들 또한 등장하고 있는 중이다.15) 스미스의 논의를 하이에크적인 자생적 질서론의 기초로 이해했던 크레이그 스미스가 최근 논문 "애덤 스미스: 좌파인가 우파인가?"("Adam Smith: Left or Right?")에서 애덤 스미스를 오늘날 복지국가에 우호적인 사상가로 해석하는 일련의 시도들을 정면으로 논박하고 나선 것이 대표적이다. 이들이 제시한 논거들은 이 책의 기본논지와 대립되므로, 아래에서는 이 논거들을 정리하고 그 타당성 여부를 검토해 본다.

첫째, 스미스가 법과 도덕을 구분해 법의 대상이 되는 정의를 교환적 정의로 국한하고 분배적 정의는 도덕의 영역으로 남겨두었다는 것이다. 이 구도 속에서는 교환적 정의의 관철을 위한 국가의 역할만이 정당한 것으로 인정된다는 주장이다.16)

스미스가 국가의 핵심 과제로 본 정의의 의미를 교환적 정의로 국한한 것은 맞지만, 그가 국가의 역할을 거기에 한정했다고 볼 수 있는지는 의문이다. 국가는 정의의 유지뿐만 아니라 내치와 조세 같은 여러 다른 정책적 영역에도 관여한다. 스미스는 국가의 통치를 덕성의 결핍에 대비한 불완전한 처방으로 이해했는데, 여기서 결핍

---

15) 예컨대 Craig Smith, "Adam Smith: Left or Right?", *Political Studies*, Vol. 61(2013), pp. 784ff; James R. Otteson, *Adam Smith*(Bloomsbury Academic, 2013), pp. 165~166.

16) Craig Smith, "Adam Smith: Left or Right?", pp. 785~792.

의 우려가 있는 덕성을 정의로 국한한 바도 없었다. 실제로 그는 자혜가, 비록 제한적인 범위에서 신중히 이루어져야 한다는 단서를 붙이긴 했지만, 국가권력에 의해 관철될 수 있는 덕성임을 부정하지 않았다. 크레이그 스미스는 애덤 스미스의 이 부분 서술이 그간의 관행에 관한 기술적 설명에 불과하고 매우 제한적으로만 인정된 것이었다고 반박하지만, 통치와 덕성의 관계에 대한 애덤 스미스의 설명에 비추어 볼 때 자혜의 부분적인 강제적 이행이라 하더라도 그 속에 규범성이 결여되어 있다고는 보이지 않는다.

둘째, 스미스가 반정치적 성향(anti-politics)을 지니고 있었다는 것이다. 유토피아적 이상을 거부하고 통치자들의 부정과 무능을 질타하던 그의 모습에서 정치를 필요한 것으로 보면서도 동시에 잠재적인 해악으로 간주하는 사고를 읽을 수 있다는 주장이다.[17]

그러나 스미스의 반정치성을 일반화하는 것은 과도한 해석이다. 예컨대, 스미스는 사물의 자연적 진행이 가져다 줄 번영에 대한 기대감이 컸지만 그와 동시에 그러한 자연적 진행에 의해 야기될 사회 문제의 심각성도 인식했기 때문에, 인간 사회가 번영을 지속하기 위해서는 이 문제를 현명하게 해결할 수 있는 국가(혹은 입법자, 정치가, 의회)의 지혜가 필요하다고 주장했다. 이것은 복잡다단한 이해관계를 조정하고 경합하는 견해들 속에서 합리적인 의사결정을 이루어내며 공동체의 전망을 모색하는 작업, 즉 사회의 공적 문제를 해결하기 위하여 필요한 정치의 작동이 스미스의 구상에서도 중요한 지위에 있음을 의미한다.

스미스를 위시한 자연법론자들에게 국가는 자연의 결함을 극복하기 위한 장치였고, 또한 그 무렵의 지적 분위기 속에서 국가 이외에 공적 문제를 해결할 수 있는 현실적 대안도 마땅치 않았다. 만물

---

17) 위의 논문, pp. 788~792.

을 있는 그대로 두는 자연의 방식 때문에 발생한 문제를 해결하기
위해, 다시금 만물을 있는 그대로 두는 자연의 방식을 가동하는 것
은 원인의 악화만을 불러올 뿐이다.

셋째, 국가의 통치는 본질적으로 시민의 재산을 보호하기 위한
것이고, 원하는 방식에 따라 자신의 이익을 추구하는 것은 인간의
가장 신성한 권리이며, 국가의 간섭은 비효율을 산출하여 국부의 증
진을 해한다는 것이 스미스에게 중핵이 되는 논리라는 지적이다.[18]

스미스가 통치의 연원이 재산 보호에 있다고 설명한 것은 사실이
나, 이는 목축시대에 이르러 국가가 등장하게 된 배경을 설명하는
맥락일 뿐 근대 사회에서도 통치의 본질이 재산 보호에 국한된다는
의미로는 해석될 수 없다. 또한 스미스에 대한 비자유방임주의적 해
석자들도 국가의 부당한 개입이 초래할 비효율을 부정하지 않는다.
다만 이들은 경제적 효율보다 더 중요한 공적 이익 혹은 평등한 자
유를 추구하기 위한 개입같이 스미스가 적극적으로 인정했던 국가
개입의 이론적, 실천적 의미에 더 큰 가치를 부여하는 편이다.

넷째, 스미스는 정부의 핵심적 역할을 정의의 유지로 보았으며,
조세를 재분배의 수단으로 간주하지 않았다는 주장이다. 조세와 교
육 부분에 관한 스미스의 서술은 국가의 적극적 역할에 관한 비자유
방임주의적 해석을 뒷받침하는 주요한 근거로 원용되어 왔지만, 스
미스의 관심은 과도한 세금이 개인의 자유에 끼치는 부정적 영향을
줄이는 것이었고 설사 과세를 통해 재분배적 효과를 연상케 하는 현
상이 발생한다 해도 이는 하층민에 대한 과도한 조세의 악영향을 줄
이려는 과정에서 발생한 비의도적인 결과일 뿐이었다는 것이다. 또
공공교육에 관한 설명도 교육의 효율과 책임을 확보하기 위하여 누가
비용을 부담해야 하는가라는 문제에 방점이 놓여 있었다는 것이다.[19]

---

18) 위의 논문, pp. 792~793.
19) 위의 논문, pp. 794~795.

그러나 이러한 해석이 정당한 것인지는 또한 의문이다. 스미스는 『국부론』의 앞부분에서 노동자·빈민에 관한 사회적 문제에 있어서 전향적 시각을 보여주었고, 그에게 조세의 공평부담원칙은 원칙적으로 비례적 부담 혹은 경우에 따라서는 누진적 부담을 의미했으므로, 예컨대 부자들에 대한 가중된 비용부담이 빈민구제에 손쉽게 기여하게 됨을 지적한 대목은[20] 빈곤 혹은 불평등 문제에 대한 그의 비판적 인식과 무관하다고 보기 어렵다.

특히 교육과 관련하여, 스미스의 관심사는 상업사회의 내적 모순을 어떻게 해결할 것인가에 있었다. 즉 분업의 심화라는 상업사회의 자연적 진행이 필연적으로 인간의 덕성을 파괴하고 이는 사회의 존속과 지속적 발전을 저해하는 위험원이 되므로, 이러한 자연적 진행을 거스르는 지혜로운 해결책이 필요하다는 것에 그의 고심이 놓여 있었다. 이 문제는 사회의 상업화가 가속화될수록 그에 따라 더욱 악화되는 것이므로 상업화를 긍정적으로 간주했던 스미스에게는 반드시 해소되어야 할 난제였다. 사회구성원의 전반적인 역량 저하, 특히 군사적 능력의 감퇴로 인해 상업사회는 발전하면 할수록 안정성과 전망성이 훼손된다는 역설이 주어졌기 때문이다.

이 대목에서 스미스가 국가의 적극적인 재분배 의무를 언급한 바 없다는 사실이 그의 논의에 그러한 관념의 맹아나 잠재력조차 없었음을 의미하는 것은 아니다. 비자유방임주의적 해석자들의 입장은 이상과 같은 스미스의 사고에는 오늘날 복지국가에서 요구되는 국가개입론과 문제의식을 공유하는 맹아적 관점이 담겨 있고, 그의 생각을 현재의 시대적 환경 속에서 재현한다면 국가의 적극적 역할론과 조화될 가능성이 있다는 것이다.

그리고 다섯째, 약자에 대한 스미스의 전향적 관심만으로는 그를

---

20) 『국부론(하)』, 893면.

정치적으로 좌파에 가깝다고 보기에 무리가 있으며, 경쟁과 자유시장에 대한 스미스의 강력한 지지를 보면 그는 오늘날 정치적 스펙트럼에서 우파에 더욱 가깝다는 주장이다.[21]

　이는 가장 흔한 시각이라 할 것인데, 이에 대해서는 스미스의 저술에 담긴 경쟁과 자유시장에 대한 강한 긍정을 문자 그대로 읽기 이전에 그러한 서술의 배경과 맥락에 주목할 필요가 있음을 지적하고 싶다. 스미스가 경쟁과 자유시장을 강조했던 것은 중상주의 비판이라는 배경을 가졌다. 즉, 국가에 의해 인위적으로 조성된 불공정한 조건을 허물어 공정한 조건을 복원하기 위해서는 자연적으로 작동하는 경쟁과 자유시장의 원리를 강조할 필요가 있었다. 그러나 오늘날에는 시장의 경제력집중 경향에 의해 조성되는 독과점 같은 불공정한 조건들이 시장의 공정한 경쟁에 걸림돌이 되고 있다. 이러한 상황에서 공정한 경쟁 조건을 만들어 내려면 오늘날 독과점 금지를 위한 여러 법제도 같은 인위적인 국가개입이 필요하다. 당시 스미스가 국가의 시장개입에 반대했다는 사실만이 아니라, 왜 어떤 맥락에서 그가 그러한 주장을 했는가에 관심을 둔다면 오늘날 그의 주장이 갖는 함의는 그간의 해석들과 다르게 전달될 수 있고, 그로부터 또 다른 실천적 의미를 얻을 수 있다.

　헤겔의 저술을 해석하는 방식을 두고 헤겔 좌파와 헤겔 우파가 대립했던 것처럼 스미스에게도 자유방임주의적 해석자와 비자유방임주의적 해석자로 분기할 수 있는 각각의 근거들이 존재한다. 스미스의 저술에는 국가의 역할보다는 시장의 자유를 중시하는 서술들이 등장한다는 점에서 전자의 사람들처럼 스미스의 주장을 야경국가론으로 해석하는 것도 가능한 일이다. 그러나 이 책은 이러한 해석이 스미스의 문제의식 그리고 저술 전체의 체계와 맥락 속에서 어

---

21) James R. Otteson, *Adam Smith*, p. 165.

느 정도로 정당화되는지 다시금 검토가 필요하다는 입장에서, 스미
스를 야경국가의 주창자로 등치시키는 해석의 설득력과 타당성에
정당한 의문이 제기될 수 있다고 보았다. 국가개입에 대한 스미스의
반대를 18세기 영국을 배경으로 한 전(前)자본주의적 제약에 대한 반
대로 이해한다면 이것이 오늘날의 반독점적 시장규제나 사회복지를
위한 개입에 대한 반대와는 다르다는 것을 알 수 있다.[22] 또한 스미
스는 이미 18세기 현실에서도 다양한 영역에서 국가의 역할을 인정
하고 있었으며 이러한 역할론의 기본원리들이 오늘날 현실에서 국
가개입을 더욱 적극적으로 정당화할 수 있는 잠재력을 가진다는 것
을 상기한다면, 자유를 향한 그의 옹호를 단순히 오늘날의 시장규제
이념에 대한 반대론과 동일시하기는 어렵다.

## 제2절 경제적 자유

### I. 자유의 인프라

통상적으로 자유는 누군가로부터 방해받지 않고 자신이 원하는
바대로 행할 수 있는 자격의 기초가 된다. 오늘날 헌법에서 자유는
기본적 권리의 일종인 자유권으로서 대국가적 방어권으로 이해된
다.[23] 이는 국가 간섭의 배제를 향한 규범적 요구를 표현하는 것이다.
그러나 자유는 국가의 부작위만으로는 온전히 보장될 수 없다.
오늘날은 자유를 보장하는 다양한 제도들이 헌정질서 속에서 공고

---

22) Amartya Sen, *Development As Freedom*, 김원기 옮김, 『자유로서의 발전』(서울:
갈라파고스, 2013), 193면.
23) 권영성, 『헌법학원론』(파주: 법문사, 2010), 405면; 김철수, 『헌법학개론』, 602
면; 한수웅, 『헌법학』, 379면.

히 실현되고 있다 보니, 많은 사람들이 이미 조성되어 있는 헌정 환경을 당연한 것으로 여기고 그 존재를 미처 의식하지 못하기도 한다. 그러나 스미스의 시대는 그렇지 않았다. 그 시대는 현재 당연시되는 여러 제도들이 아직 제대로 확립되지 못했고, 현 제도의 기초가 되는 다양한 제도적 시도들이 모색되고 실험되던 때였다. 따라서 이 부분에 관한 스미스의 논의를 살펴보는 일은 자유와 국가의 관계에 관한 시원적 문제의식을 다시금 환기하는 데 도움이 될 것이다.

국가의 본질이 전국가적 상태에서 달성될 수 없는 인간 삶의 조건들을 마련하는 데 있다면, 국가는 자연이 제공하지 못하는 조건들을 적극적으로 마련해 주어야 한다. 개인의 자유를 보장하고 실현하는 데 필요한 물적, 제도적 기반을 제공하는 것은 그중에서도 핵심적인 일이다. 국가가 자유를 보장한다는 명목으로 오직 부작위나 비개입으로 일관해야 한다는 주장은 인간이 별도로 국가라는 정치적 권위체를 만들어 낸 본연의 취지에 맞지 않다. 특히 자유는 평등한 자유이어야 하는바, 한 사람의 자유를 다른 사람의 자유와 양립하도록 만들기 위해서는 여러 제도적 뒷받침이 필요하다.

오늘날 국민의 기본적 자유에 관한 국가의 의무를 규정하는 여러 국가의 헌법에는 이러한 생각이 반영되어 있다. "국가는 권리장전에 포함된 권리를 존중, 보호, 증진 및 실현해야 한다."는 남아프리카공화국 헌법 제7조 제2항이 대표적이다. "국가는 개인이 가지는 불가침의 인권을 확인하고 이를 보장할 의무를 진다."는 우리 헌법 제10조 역시 같은 정신에 입각해 있다고 보인다. 이러한 국가의 의무가 반드시 소극적인 부작위에 한정되는 것은 아니기 때문이다. 자유의 보장을 위한 국가의 작위의무, 다시 말해 국가의 적극적 개입필요성에 대한 인식이 부족하다면, 국가의 권리보장의무를 명시한 조항의 의미는 퇴색될 것이다.

이 책에서는 자유의 보장과 실현을 위해 필요한 물적, 제도적 기반시설을 '자유의 인프라'(liberties infrastructure)로 부르고자 한다.[24] 이는 앞서 그림이 말했던 "자유를 실현하기 위해 필수적인 전제조건"과 같은 맥락에 있다. 자유가 보장되기 위해서는 이를 권리로 보증하고 외부의 침해로부터 보호하고 그 행사를 촉진하고 그 실현에 기여할 수 있는 물적, 제도적 차원의 기반들이 있어야 한다. 자유의 인프라는 이러한 것들을 총칭하는 개념이다.

특히 자유는 일정한 사회경제적 조건에 의존한다는 점에서, 빈곤문제나 불평등 문제로 인해 자유가 제약되지 않도록 하는 제도적 장치들을 필요로 한다. 재산권의 자유보장적 기능이라는 헌법재판소의 표현에서 확인되듯이, 재산권은 '자유실현의 물질적 바탕'으로서 자유와 불가분적 관계에 있다(헌재 1998. 12. 24. 89헌마214등). 문제는, 재산권은 다른 기본적 권리와 달리 모든 이에게 평등하지 않다는 것이다. 여타의 자유가 권리 주체의 의지에 따라 행사되거나 행사되지 않을 수 있다는 점에서 평등한 반면, 재산권은 재산이 없는 자에게는 존재하지 않으므로 불평등이 생길 수밖에 없다.[25] 그리고 재산과 자유의 불가분적 관계상 재산의 불평등은 불평등한 자유로 이어지기 쉽다. 이런 불평등을 해소하기 위한 제도들도 이러한 인프라에 속한다. 스미스가 부의 재분배를 위한 국가의 역할을 명시적으로 인정한 바 없다 해도, 경제적 불평등 때문에 발생한 자유의 불평

---

24) '자유의 인프라'라는 표현은 주커트의 '권리의 인프라'(rights infrastructure)라는 표현에서 착안한 것이다. 주커트는 "권리보장을 가능하게 만드는 사회제도의 유형과 특성적 형태"를 권리의 인프라로 정의했다. Michael P. Zuckert, "Natural Rights in the American Revolution", p. 67. '시장경제를 위한 사회적 인프라'라는 송석윤의 설명 역시 '자유의 인프라' 개념을 구체화하는 데 도움이 되었다. 송석윤, "경제민주화와 헌법질서", 『서울대학교 법학』 제58권 제1호(2017), 75면, 96~97면.

25) 다른 기본권들과 구분되는 재산권의 독특한 성격에 관하여는 이황희, "재산권, 독특한 기본권", 110~199면, 특히 113면 이하 참조.

등을 교정하기 위해서 국가의 개입이 필요하다는 통찰 속에는 그러한 관념의 밑바탕이 될 사유의 기초가 존재한다.

## II. 헌법학적 의미

### 1. 경제에 관한 헌법조항

세계 대다수 국가의 헌법은 국가의 조직과 구성, 그리고 개인의 기본적 권리를 규정한다는 점에서 공통되지만, 경제질서에 관한 조항을 두는지는 서로 다르다. 경제질서에 관하여 독자적 규율을 두지 않은 헌법이 더 많지만, 구 바이마르 헌법(제151조 이하), 스페인 헌법(제128조 이하), 포르투갈 헌법(제93조 이하)처럼 경제에 관한 규정이 있는 헌법도 있다. 우리는 제헌헌법 이래 경제에 관한 장을 두고 있었고(제6장, 제84조 이하), 현행 헌법도 마찬가지이다(제119조 이하).

우리 헌법 제119조는 경제질서에 관한 총론적 규정이다. 이 조항은 "대한민국의 경제질서는 개인과 기업의 경제상의 자유와 창의를 존중함을 기본으로 한다."는 제1항과, "국가는 균형 있는 국민경제의 성장 및 안정과 적정한 소득의 분배를 유지하고, 시장의 지배와 경제력의 남용을 방지하며, 경제주체간의 조화를 통한 경제의 민주화를 위하여 경제에 관한 규제와 조정을 할 수 있다."는 제2항으로 구성된다. 이와 관련해 자유를 내세우는 제1항과 규제를 말하는 제2항의 관계 문제가 오랫동안 논의되었다. 여기서는 이 문제에 관한 종래의 논의구도를 간략히 살펴본 후 자유의 인프라 관념을 바탕으로 이 문제에 다시 접근해 보려 한다.

## 2. 헌법 제119조의 해석

### 가. 그간의 논의

두 조항의 관계를 둘러싼 첫 번째 입장은 제1항을 자유에 관한 원칙규정으로, 제2항을 국가 개입에 관한 예외규정으로 이해한다. 이 입장은 "자유와 창의를 존중함을 기본으로 한다"는 제1항과 "경제에 관한 규제와 조정을 할 수 있다"는 제2항의 규정형식을 기초로 하여, 제1항은 자유의 원칙적 우위를 선언한 조항이고 제2항은 예외적 제한가능성을 정한 조항이라고 해석한다.[26] 원칙적 보장과 예외적 제한이라는 기본권 해석론과 동일한 틀로 두 조항의 관계를 파악하는 것이다.

두 번째 입장은 오히려 제2항을 원칙규정으로 이해한다. 이 입장은 제2항을 기본권을 구체화한 규범으로 받아들이며, "경제에 관한 규제와 조정을 할 수 있다"를 재량의 표현으로서가 아니라 일반적 수권규범의 근거로 여긴다.[27]

이들은 서로 대립하는 견해이나, 제1항과 제2항 중 어느 한 조항에 우위를 인정한다는 측면에서 일치한다. 그와 달리 헌법 제119조의 두 조항을 위계관계로 해석하지 않고 각각의 원칙을 선언한 관계로 이해해야 한다는 주장들도 있다. 이들 주장을 크게 하나로 묶어 세 번째 입장으로 분류할 수 있다고 본다. 헌법 제119조 제1항과 제2

---

26) 이덕연, "한국헌법의 경제적 좌표 - 시장(기업)규제의 범위와 한계 ㅡ", 『공법연구』 제33집 제2호(2005)(이하 "한국헌법의 경제적 좌표"), 11~16면; 김성수, "헌법상 경제조항에 대한 개정론", 『공법연구』 제34집 제4호(2006), 188~190면; 이부하, "헌법상 경제질서와 재산권보장", 『공법학연구』 제7권 제3호(2006), 37~39면.

27) 오동석, "헌법상 경제민주화 조항 해석론", 『헌법 제119조, 우리 시대에 던지는 의미는?』(민주당 헌법 제119조 경제민주화 특별위원회 주최 토론회), 국회도서관(2011. 8. 10.).

항은 공히 우리 경제질서의 근간에 해당하는 두 축이라는 주장, 제2
항은 제1항의 경제질서를 위한 조건이라는 주장, 시장경제질서는 국
가의 경제정책을 통한 간섭과 형성에 의존하므로 두 조항이 서로 내
적 연관관계에 있다는 주장, 두 조항이 서로가 서로를 조건 지우는
상호조건적인 관계에 있다는 주장, 제1항과 제2항의 각 원칙은 목적
과 수단의 관계에 있다는 주장 등이 여기에 속한다.[28]

　　헌법재판소는 "헌법은 제119조 제1항에서 대한민국의 경제질서는
개인과 기업의 경제상의 자유와 창의를 존중함을 기본으로 한다고
규정함으로써 경쟁을 바탕으로 하는 시장경제질서를 원칙으로 함"
을 선언한다고 풀이했다. 재판소는 "기본권주체의 활동은 일차적으로
그들의 자결권과 자율성에 입각해 보장되어야 하고 국가는 예외적으
로 꼭 필요한 경우에 한하여 이를 보충하는 정도로만 개입할 수 있으
며, 이러한 헌법상의 보충의 원리가 국민의 경제생활영역에도 적용됨
은 물론이므로 사적자치의 존중이 자유민주주의국가에서 극히 존중
되어야 할 대원칙임은 부인할 수 없다."라고 하여, 헌법 제119조 제1
항은 원칙규정이고 제2항은 예외규정이라는 취지로 설시했다.[29]

### 나. 헌법 제119조 제2항과 자유의 인프라

　　헌법상 경제질서조항의 해석론은 매우 중요한 문제임이 분명하

---

28) 이원우, "경제규제와 공익", 『서울대학교 법학』 제47권 제3호(2006), 98면; 김
　　형성, "경제헌법과 경제간섭의 한계", 『공법연구』 제21집(1993), 238면; 전광
　　석, "헌법 제119조", 『헌법주석서IV』, 법제처(2010), 481면; 한수웅, 『헌법학』,
　　321면; 이장희, 『국가의 경제개입의 헌법적 근거와 한계』, 헌법재판소 헌법
　　재판연구원(2014), 47~55면; 송석윤, "경제민주화와 헌법질서", 99면.
29) 헌재 1989. 12. 22. 88헌가13; 헌재 2003. 7. 24. 2001헌가25. 이 결정에 대한
　　상이한 해석은 이덕연, "한국헌법의 경제적 좌표", 14면의 주 37; 김성수,
　　"헌법상 경제조항에 대한 개정론", 190~191면의 주 9.

나, 경제질서의 본질에 관한 문제는 또 하나의 거대한 논제이므로, 여기서의 논의는 자유의 인프라를 바탕으로 한 제119조 제2항의 해석론에 집중한다. 경제적 자유가 다른 자유보다도 제도적 측면의 인프라를 더욱 긴절하게 필요로 하는 특성으로서 다음 측면들을 고려할 수 있다.

스미스도 우려했듯이 자유를 행사함으로써 얻는 사회적 성취들이 오히려 사람들의 삶에 유해한 효과를 초래할 수 있고, 특히 자유의 조건을 파괴할 수 있다. 이는 특히 경제적 자유, 그중에서도 시장경쟁의 자유에 관한 부분에서 잘 드러난다.

경쟁적 시장은 시간이 갈수록 경쟁의 승리자가 시장을 독점하도록 만드는 경향이 있다.[30] 시장경쟁의 본질상 시장에 참여하는 자들은 경쟁에서 승리하여 시장에서 항구적으로 우위를 점하는 시장의 지배자가 되고 싶어 한다. 경쟁에서 승리함으로써 확보한 우월적 지위는 후속 경쟁에서도 지속적으로 승리할 수 있는 유리한 조건들을 만든다. 이로 인해 교과서 속의 시장은 완전경쟁체제로 상정되지만 현실의 시장은 시장지배, 독과점 그리고 경제력집중현상 등으로 얼룩질 확률이 크다. 시장의 경쟁적 조건은 결코 저절로 달성되지 않으며, 경쟁적 조건을 방해하는 현상들이 오히려 시장에 만연해 있다. 경쟁적 조건의 훼손으로 시장이 가지는 공정성과 효용, 혁신의 잠재력이 상실되지 않도록 하려면 경쟁적 조건을 확립하고 유지, 개선하기 위한 지속적인 노력이 필요한데, 헌법 제119조 제2항이 표현한 바가 바로 이 측면이다. 헌법재판소가 강조한 대로, "경쟁질서의 유지는 자연적인 사회현상이 아니라 국가의 지속적인 과제"이다.[31]

국가가 그러한 조건을 유지하지 못한다면, 개인의 경제적 자유는

---

30) 전광석, 『한국헌법론』(서울: 집현재, 2018), 880~881면; 한수웅, 『헌법학』, 327면.
31) 헌재 1996. 12. 26. 96헌가18.

시간이 갈수록 평등하게 향유되지 못하고 소수의 사람들만이 누리는 자유로 축소될 것이다. 규제와 조정 등 인위적 개입은 경제적 자유의 평등한 보장을 위해, 즉 일인의 경제적 자유를 만인의 경제적 자유와 지속적으로 양립가능하게 만들기 위해 국가에 요구되는 헌법상의 역할인 셈이다. 헌법 제119조 제2항에서 말하는 '시장의 지배와 경제력의 남용 억제'와 '경제주체들 간의 조화'는 바로 이러한 측면에서 국가의 과제를 규정한 것이다. 이에 관한 대표적인 법이 공정거래질서 확립을 위한 국가의 역할을 표현한 '독점규제 및 공정거래에 관한 법률'이다.[32] 스미스가 경제적 자유의 평등한 행사를 보장하는 시장의 경쟁적 조건을 누구보다도 중시했다는 점을 감안하면, 그가 오늘날 반독점을 위한 시장규제에 반대하지 않았을 것이라는 추론에는 충분한 근거가 있다.

산업자본주의가 고도화되기 이전인 스미스의 시대는 대규모 독점현상 등에 의한 경쟁질서 훼손이 본격화되기 전이었다. 당시 스미스에게 경쟁적 시장질서 조성에 가장 큰 장애물은 중상주의 정책이었으므로, 그의 중심 목표는 이 정책을 폐기하고 구시대의 잔재를 청산하는 데 맞추어졌다. 현대 산업사회는 소수의 독과점자본에 의한 시장지배현상 혹은 경제력집중현상 등이 만연하지만, 이들 현상을 경험하지 못했던 스미스로부터 그 문제에 대한 분석과 해법을 기대하기는 어렵다. 몇몇 대목에서 그는 독점의 폐해를 언급한 바 있으나,[33] 이는 오늘날 우리가 겪는 수준의 시장지배 혹은 경제력집중의 해악과는 거리가 있었다. 본격적인 독점금지법(Antitrust Law)은 스미스 사후 100년이 지나서야 미국에서 처음으로 등장한 사실을 떠올리면, 그가 독점문제에 대한 오늘날의 문제의식을 가지지 못한 것은 어쩌면 당연한 일이다.

---

32) 송석윤, "경제민주화와 헌법질서", 99면.
33) 『국부론(상)』, 186면, 571면; 『국부론(하)』, 815면.

그러나 그가 언급을 남기지 않았다 해서 그가 오늘날의 현상에 대해 어떠한 문제의식도 가지지 못했을 것이라고 가정하는 것도 부당하다. 자유로운 경쟁을 위해 중상주의 철폐와 봉건유물 청산을 주장한 대목으로부터, 우리는 시장의 경쟁적 조건이 결코 저절로 확립되지 않는다는 그의 인식을 읽을 수 있다. 위 개혁과제는 그의 인식이 '18세기 영국 현실'에 적용된 결과일 뿐이다. 따라서 그의 주장은 중상주의가 맹위를 떨치고 아직 봉건제의 잔존물이 곳곳에 남아있던 그 시대를 배경으로 이해되어야 한다.

이러한 맥락적인 사고를 거쳐 스미스의 생각을 21세기로 가져올 때, 우리는 그가 어떤 새로운 개혁과제를 주장하게 될 것인가를 짐작해 볼 수 있다. 많은 대상들이 있겠지만 적어도 시장지배, 경제력 집중, 담합, 불공정행위 등은 누락되지 않을 것이다. 오늘날 시장의 경쟁질서 유지에 가장 큰 장애물이 바로 이러한 것들이기 때문이다.

중상주의는 국가에 의해 인위적으로 창출된 경쟁제한적 현상이었다는 점에서 국가의 인위적 개입을 철폐하고 시장의 자유로운 경쟁을 독려하는 것이 해법일 수 있었다. 반면에 헌법 제119조 제2항이 경계하는 시장지배와 경제력남용 등은 경쟁질서로부터 창출된 현상이라는 점에서 시장의 내적 경향을 억제하기 위한 인위적 개입이 해법일 수 있다. 스미스와 헌법 제119조 제2항은 200년이 넘는 시대적 간극에 따른 시장 환경의 차이 때문에 자유로운 시장을 위한 국가의 역할을 서로 다르게 표현하고 있지만, 올바른 시장경제를 위해서는 반드시 자유로운 경쟁의 조건이 확보되어야 한다는 문제의식만큼은 동일하다.

스미스의 중상주의 비판은 경제적 강자의 이익을 위해 약자의 자유를 제한하는 규제를 겨냥했던 반면, 헌법 제119조 제2항은 경제적 약자의 이익을 위해 강자의 자유를 제약하는 것이라는 차이도 놓쳐서는 안 된다. 후자 유형의 규제는 스미스가 자신의 저술에서 시종

지지하고 관철하려 했던 국가의 역할이었음을 상기한다면, 단지 국가의 개입이라는 형식적 동질성만을 들어 중상주의적 간섭에 대한 스미스의 비판을 헌법 제119조 제2항이 예정한 규제에 대한 반대론과 동일시하는 것은 스미스 본연의 취지에 어긋난다.[34]

또한 시장경쟁은 경쟁패배자가 장래 경쟁할 기회를 약화시킨다는 점에서 경쟁질서에 유해한 결과를 낳기도 한다. 원래 자유는 그것을 행사하는 선택만큼이나 그 행사의 결과로 인한 책임까지도 개인의 몫임을 뜻한다. 경제적 자유 역시 마찬가지이며 개인은 자신이 원하는 방식으로 시장경쟁에 참여하지만 경쟁에서 패배할 때 그 책임도 자신이 진다. 문제는 이 패배로 향후 경쟁의 자유를 행사하는 데 지장이 초래된다는 점이다. 시장경쟁에서 실패한 사람들이 이 경쟁구도에서 계속 도태된다면 시간이 경과할수록 시장경쟁의 역동성은 사멸된다. 시장경쟁의 역동성을 지속적으로 보존하기 위해서는 그들이 이러한 경쟁구도에서 이탈하거나 항구적인 열위에 있지 않도록 노력할 필요가 있다. 따라서 헌법 제119조 제2항의 '균형 있는 성장과 안정', '적정한 소득배분' 역시 시장경쟁의 지속적 보존을 위한 국가의 과제이다.

이상을 종합하면, 헌법 제119조 제1항의 경제적 자유는 자유를 방해하지 않는 부작위나 비개입뿐 아니라 그것의 실현을 위한 제도적, 물적 차원의 기반들(재산제도, 사법제도 등)을 필요로 하는데, 헌법 제119조 제2항은 그중에서도 경제적 자유의 공정한 실현 혹은 공정한 시장경쟁의 보존에 필요한 인프라의 형성과 확립, 유지, 개선을 둘러싼 국가의 소임에 관한 특별규정으로 이해가능하다. 자유의 행사에 관한 개입과 자유의 인프라를 구축하기 위한 개입은 구분되어

---

34) 유사한 문제의식으로 Spencer J. Pack, *Capitalism As a Moral System*, pp. 69, 167. 스미스의 주장이 오늘날 경제민주화 이념과 연결된다는 해석은 박순성, "고전적 자유주의와 경제민주화", 17면.

야 한다. 자유는 그 자체로 존중받아야 하므로 국가는 개인의 자유 행사를 원칙적으로 존중해야 하고 부당히 간섭해서는 안 된다(존중의무). 그러나 여러 주체들의 자유를 서로 양립가능하게 만들고 자유의 평등한 실현을 보장하기 위해서는 끊임없는 국가의 역할이 요구된다(개입의무).

헌법 제119조는 따라서 한 조항을 다른 조항의 위에 놓기보다는, 두 조항을 목적과 수단의 관계로 보든, 내적으로 연관된 관계로 보든, 상호조건적 관계로 보든, 아니면 다른 그 어떤 관계이든 간에, 경제적 자유의 공정한 실현에 적합한 시장경제질서의 확립에 필요한 **동근원적인(co-original) 원리**를 표현한 것으로 해석된다. 다른 자유도 그렇겠지만 특히 경제적 자유는 국가의 존중의무와 개입의무의 **종합적 실천**을 통해서만 평등하게 실현되는 까닭이다.

모든 자유가 인프라를 필요로 한다면, 굳이 시장경제질서와 관련된 자유에 대해서만 헌법 제119조 제2항과 같은 규율이 필요한지 의문이 있을 수 있다. 그러나 경제적 자유는 시장의 내재적 특성상 보다 더 강화된 제도적 인프라를 필요로 하므로, 우리 헌법제정자들이 이 자유에 관하여 더욱 각별한 규율을 둔 데에는 수긍할 바가 있다.


## 제3절 정치적 자유

### Ⅰ. 정치적 자유에 대한 스미스의 논의

그간 스미스에 대한 연구에서 정치적 자유에 관한 논의는 거의 찾아볼 수 없었다. 그러나 스미스는 정치적 자유를 매우 중요한 가치로 여겼고, 그의 통찰에는 오늘날 우리가 곱씹을 부분들이 포함되어 있다.

우선, 그는 정치적 자유가 경제적 자유를 보장하는 매우 효과적인 수단임을 주장했다. 사람들은 스미스를 경제적 자유에 대한 탁월한 옹호자로 알고 있다. 물론 이것은 틀린 말이 아니다. 그러나 사람들은 국가의 부당한 간섭으로부터 경제적 자유를 지켜내기 위해 스미스가 취했던 전략에 대해서는 별로 궁금해하지 않았다. 정작 이 부분이 스미스의 주요한 관심사였음에도 말이다. 스미스의 해법은 정치적 자유의 중요성에 대한 환기였다. 이 점에서, 『국부론』은 경제적 자유에 관한 저술인 동시에 정치적 자유에 관한 저술이기도 했다.

중상주의는 가진 자들과 그렇지 않은 자들 간의 불균형한 정치적 역학관계 속에서 일부 상공업자들이 자신들의 당파적 이익에 편향된 주장을 공공복리에 관한 제안으로 포장해 국가정책으로 채택되도록 만든 것이었다. 이는 전체 국민 중 어느 한 세력의 이익을 보장하기 위해 다른 세력의 이익을 희생시키는 부당한 정책이었다. 불균형한 정치적 역학관계는 상공업자들이 정치적으로 과잉 대표되고 노동자·서민들이 과소 대표되도록 만들었고, 이 구도에서 전자에게 유리한 정치적 주장들이 쉽게 관철되었다. 재력과 교육의 결핍으로 여가와 식견이 부족한 노동자·서민들은 공적 사안에 대한 의사형성에 능하지 못하다. 따라서 이들이 여론을 주도하거나 상대 진영의 논리를 비판하는 활동에 적극적으로 나서기는 힘들다. 시간적으로도, 경제적으로도, 능력적으로도 모두 상공업자들에 미치지 못한다. 그 때문에 노동자·서민들의 목소리는 사회의 공적 논의 과정에서 존중되지 못한다. 반면 상공업자들은 충분한 재력과 교육수준을 갖추고, 시간적·경제적 문제로부터도 자유로워 주장을 관철하기 위해 여론을 이끌거나 입법자들을 설득하고 압박하는 일에 적극적으로 임한다.

결국 중상주의 정책으로 인해 상공업자들이 부당한 이익을 누리고 노동자·서민들이 자유와 이익의 부당한 침해를 겪는 것은 후자

측이 여러 악조건으로 인해 정치적 자유를 적극적으로 행사하지 못함으로써 전자 측의 일방적 주장이 제대로 검증되지 않고 국가정책으로 쉽게 관철되기 때문이었다. 이는 반대로 말하면, 노동자·서민들이 정치적 자유를 적극적으로 행사할 수 있게 된다면 중상주의 같은 부당한 정책이 관철되는 것을 차단할 수 있고, 이로써 그들의 경제적 자유가 침해되는 것을 막을 수 있다는 뜻이다.35) 말하자면, 스미스에게 정치적 자유는 그 자체로도 중요한 가치를 가지나 경제적 자유를 지킬 수 있는 유효한 수단이라는 점에서도 큰 의미를 가졌다. 따라서 그에게 경제적 자유가 중요한 만큼 정치적 자유도 중요한 것이었다.

다음으로, 그는 경제적 자유와 달리 정치적 자유에는 '외적인 간섭'뿐만 아니라 '내적인 의지'도 중요하다고 지적했다. 그의 설명 속에서 경제적 자유의 행사를 방해하는 가장 큰 적은 국가의 부당한 개입이라는 외부로부터의 간섭이었다. 반면 그는 정치적 자유의 행사를 방해하는 요소로서 외부로부터의 간섭뿐 아니라 스스로 그 자유의 행사를 포기하려는 참여 의지의 결핍을 중요하게 다루었다.

의지 결핍은, 한편으로 본성 차원에서 접근가능한데, 스미스는 자

---

35) 센은 스미스의 이 부분 통찰의 의미를 확장하여 하나의 자유(정치적 자유)는 다른 자유(경제적 개방성)를 실현하는 데 기여한다고 평가했다. 또한 기근 문제와 관련하여 민주주의가 발전한 국가에서 기근이 발생한 적이 없다는 설명으로서 정치적 자유의 도구적 중요성을 강조했다. Amartya Sen, 『자유로서의 발전』, 196면, 232면 이하. 이런 사고는 시민의 참여를 비지배적 조건을 확보하기 위한 수단적 실천으로 이해하는 공화주의적 자유 관념과 맥락이 닿는다. 참여를 통해 비지배적 자유를 누릴 수 있게 된다는 것이다. 이는 정치적 자유를 다른 자유를 위한 수단으로 여긴다는 점에서 스미스 및 센의 생각과 일치한다. 비지배적 자유에 관해서는 Quentin Skinner, 『퀜틴 스키너의 자유주의 이전의 자유』, 74면 이하, 129면 이하; Philip Pettit, 『신공화주의』, 125~174면; 김동훈, 『한국 헌법과 공화주의』(서울: 경인문화사, 2011), 153~163면.

기의 이익과 안전을 우선시하는 인간 본성이 정치적 자유의 행사 의
지를 약화시킨다고 설명했다.[36] 사람은 올바른 정견 선택에 소요되
는 수고로움이나 불편함보다는 사적인 평온을 더 선호하는 경향이
있다는 것이다. 그러나 다른 한편으로 의지의 결핍 문제는 계급적
문제이기도 하다. 스미스가 밝힌 대로 생계를 위해 긴 시간 고된 노
동을 해야 하는 사람들은 경제적 압박과 여유부족 등에 시달려 공적
논의에 대한 참여를 포기하게 된다.[37] 이는 경제적 불평등이 정치적
자유의 불평등한 행사로 이어질 수 있음을 뜻한다. 기실 참여의 확
보 문제는 직접민주주의의 표상인 고대 아테네 민주정에서도 존재
했는데, 참여 회피현상에 대한 아테네인들의 해법은 수당 지급을 통
해 참여로 인한 기회비용을 보상하는 것이었다.[38] 이 역시 사회경제
적 조건과 정치적 자유의 행사가 밀접한 관계에 있음을 보여준다.

　마지막으로, 그는 정치적 자유는 경제적 자유에 비해 개인의 '능
력'에도 의지하는 바가 크다고 보았다. 사리추구의 자유, 즉 자기의
자본과 노동을 자신의 판단에 따라 가장 유리한 방식으로 사용할 자
유와 달리, 정치적 자유를 행사하기 위해서는 공적 문제를 이해할
수 있는 지적 능력과 여러 경합하는 견해들 간의 논리우열을 가려
가장 합리적인 견해를 취할 수 있는 이성적 판단력이 있어야 한다.
이러한 능력이 제대로 갖추어지지 않으면, 시민은 공적 논의의 흐름

---

36) 『도덕감정론』, 408~409면; 『국부론(하)』, 934면. 이것은 미국의 정치학자인
　　퍼트넘(Robert D. Putnam)의 문제의식과도 연결된다. 그는 20세기 후반으로
　　가면서 미국인들의 정치적, 사회적 참여의 정도가 급속히 떨어진 현상을
　　분석했고, 그 원인으로 현대인들이 겪는 시간과 돈의 압박, 도시의 팽창,
　　장거리 출퇴근, 매스 미디어 등을 지목했다. Robert D. Putnam, *Bowling Alone:
　　The Collapse and Revival of American Community*(New York: Simon & Schuster
　　Paperbacks, 2000), 정승현 옮김, 『나 홀로 볼링』(서울: 페이퍼로드, 2016).

37) 『국부론(하)』, 961면.

38) Aristoteles, *The Athenian Constitution*, 62.2 참조.

을 이해하지 못해 거기에 참여하지 못하게 되거나, 참여한다 해도 타인들을 설득해 자신의 주장을 관철해 내기 어렵고, 경우에 따라서는 상대방의 기만적인 주장과 논거들에 휩쓸려 자신에게 손해가 되는 정치적 주장에 동참하게 될 수도 있다.

정치적 자유의 행사에 필요한 능력을 가진 자와 그렇지 않은 자 간에는 정치적 자유를 제대로 행사할 수 있는지 여부에서 큰 차이가 존재할 수밖에 없다. 위에서 본대로 경제적 불평등은 참여 의지의 격차를 만들지만, 또한 능력의 격차를 가져오는 주요한 원인이라는 점에서도 경제적 불평등과 정치적 자유의 불평등은 서로 밀접한 관련성을 갖는다.

정리하자면 스미스는, 정치적 자유와 경제적 자유는 서로 별개가 아니며 전자는 후자를 보호하기 위한 효과적인 수단이 된다는 점, 정치적 자유의 행사를 저해하는 요인으로는 외적 간섭뿐만 아니라 내적 의지의 약화도 있다는 점, 정치적 자유는 경제적 자유에 비해 개인의 능력 여하에 의지하는 바가 상당하다는 점 등을 꿰뚫어 보았다. 특히 정치적 자유에 관한 의지 약화나 불충분한 능력 문제는 경제적 불평등과도 직결되었다. 그가 시장경제질서에 대한 탁월한 옹호자인 것은 분명하나, 동시에 그는 올바른 시장경제질서를 위한 정치적 자유의 역할을 탁월하게 옹호한 자이기도 했다.

스미스는 공공교육을 통해 노동자들이 사회의 공적 논의에 더욱 활발히 참여하도록 만들고자 했다. 즉 노동자들의 정치적 자유를 강화해 정치적 영향력의 균형을 맞춤으로써 자본가들에게 일방적으로 유리한 정치환경을 교정하려 했다. 공공교육이 과연 그러한 효과를 가져 오는지는 의문이 있을 수 있지만, 적어도 그가 내린 진단의 정확성만큼은 의문의 여지가 없다.

정치적 자유의 평등한 행사를 위해서는 경제적 불평등 문제를 우회할 수 없다. 이는 자유의 인프라가 정치적 자유에서도 마찬가지임

을 뜻한다. 정치적 자유는 국가의 정치적 의사결정에 참여할 자유이
므로 그 본질상 전국가적 상태에서는 존재하기 어렵고 오직 정치공
동체를 구성한 이후에야 의미를 가진다. 정당가입의 자유나 선거운
동의 자유는 말할 것도 없고, 표현의 자유는 그 자체로는 국가와 무
관하므로 자연권이라 하겠지만 국민으로서 국가의 의사형성에 참여
하기 위한 정치적 차원으로 사고한다면 이 역시 다르지 않다. 따라
서 정치적 자유는 본질적으로 제도적 인프라를 필요로 한다. 또 정
치적 자유와 사회경제적 조건의 밀접한 연관성은 자유의 인프라가
정치적 자유에서 더욱 불가결한 것임을 보여준다.

## II. 헌법학적 의미

정치적 자유의 행사가 외적 문제가 아니라 내적 의지에 의해 제
약된다는 측면은 오늘날 성숙한 민주국가에서 공통적으로 지적되는
투표율의 저하 문제와 관련이 있다. 정치적 자유의 행사가 반드시
투표행위로만 국한되는 것은 아니나, 투표는 다른 참여적 행위와 비
교해 수치상으로 객관화할 수 있다는 장점이 있으므로 여기서는 투
표 문제를 중심으로 살펴본다.

권력자들이 제한적 선거권만을 인정하는 행위 혹은 보통선거를
받아들이면서도 선거권 행사를 방해하는 행위를 정치적 자유에 대
한 외적 제한이라고 본다면, 보통선거제도가 확립된 사회임에도 참
여의 회피로 투표율이 저조한 상황은 내적 의지의 약화로 인한 문제
로 볼 수 있다. 우리 사회에서도 투표율 저하현상은 수치상 명확하
게 나타난다. 국민의 직선으로 이루어진 대통령 선거의 투표율을 보
면, 50년대와 60년대는 80~90%를 상회했으나 최근에는 60~70%대에 머
물고 있다. 이런 경향은 국회의원 선거에서도 별반 다르지 않다. 50
년대는 80~90%를 상회했지만, 60년대는 70~80%로 하락했고, 최근에는

40~50% 대에서 투표율이 형성되는 중이다. 시민들의 참여가 확대되
면 국정운영의 민주적 정당성과 책임성이 증진되고 시민들이 입법
을 위시한 공적 의사결정들을 수용하게 될 가능성이 커지므로, 참여
의 저조현상은 우리 민주주의의 좋지 않은 징후임이 분명하다.[39]

그러나 투표율의 전체적 하락현상보다 더 심각한 문제는, 투표율
이 사회경제적 지위에 따라 차이를 보인다는 것이다. OECD가 2017년
발표한 '더 나은 삶 지수 2017년 판'(Better Life Index, Edition 2017)에 따
르면, OECD 국가들은 대체로 인구의 상위 20%의 투표율과 하위 20%
의 투표율 간에 유의미한 격차를 보인다. 이 격차에 관한 OECD 국가
들의 평균 격차는 13%인데, 3%인 캐나다, 4%인 덴마크, 6%인 스웨덴
등 이 수치가 매우 작은 곳들도 있지만, 25%인 영국, 28%인 대한민국
처럼 큰 격차를 보이는 곳들도 있다.[40]

사회경제적 지위에 따른 투표율의 격차가 크다면, 대표를 선출할
때 상위계층의 의사는 과잉 대표될 것이고 하위계층의 의사는 과소
대표될 것이다. 이러한 측면은 스미스가 18세기 영국의 현실에 가했
던 비판, 즉 국가의 정책결정 과정에서 가진 자들의 정치적 의사가
그렇지 않은 자들의 그것보다 더 크게 반영된다는 진단이 오늘에도
여전히 참조될 수 있음을 의미한다.

참여의 저조, 그리고 참여의 계급불균형 문제를 해소하기 위한
스미스의 처방은 공공교육이었지만, 이것이 어느 18세기 인물의 비

---

39) 2007년부터 2014년 사이에 OECD 국가들의 2/3 정도가 투표율 하락 현상을
경험했다. 특히 많이 하락한 국가는 미국, 일본, 그리스, 슬로베니아, 이탈
리아, 포르투갈, 스페인이었다. 반면 한국은 이 기간 동안 투표율이 안정
적으로 유지된 편에 속한다. 폴란드, 영국, 이스라엘, 터키 역시 투표율의
변동이 크지 않았다. OECD, *How's Life? 2015: Measuring Well-Being*(Paris: OECD
Publishing, 2015), p. 33.
40) 이들 수치는 OECD 홈페이지 참조(http://stats.oecd.org/Index.aspx?DataSetCode=
BLI#, 최종방문일 2017. 12. 8.).

교적 낙관적인 관측이었음이 드러난 현재는 다른 대안의 모색도 필요하다.

몇 해 전부터 논의된 의무투표제는 이 문제에 관한 가장 대표적인 대안 중 하나이다. 이 제도는 말 그대로 모든 유권자에게 투표 의무를 부과하는 것이다. 이에 대하여 헌법상 자유선거의 원칙에 위반될 우려를 지적하는 반대 기류가 있다.[41] 그러나 의무투표제 찬성론자들은 이 우려에 크게 공감하지 않는다.[42] 의무투표는 투표절차에 대한 의무적 참여를 의미하므로, 투표자는 기권의 의사표시를 통해 투표행위를 거부할 수 있다. 예컨대 투표용지에 '기권', '선택 없음'이라는 취지의 칸을 두는 방식도 가능하다. 또한 배심원과 증인에 대하여 출석의무를 강제하고 있는 '국민의 형사재판 참여에 관한 법률'이나 '국회에서의 증언·감정 등에 관한 법률' 등의 법률과 비교할 때에도 투표의무는 과하지 않다는 것이다.[43]

헌법재판소는 아직 이 문제를 정면으로 다루지 않았으나, 기존 판시 중에는 이 제도가 자유선거 원칙에 위반될 가능성을 언급하는 대목이 있었다(헌재 2003. 11. 27. 2003헌마259등).

> 차등 없이 투표참여의 기회를 부여했음에도 불구하고 자발적으로 투표에 참가하지 않은 선거권자들의 의사도 존중해야 할 필요가 있다. … 선거권자들로 하여금 투표를 하도록 강제하는 과태료나 벌금 등의 수단을 채택하게 된다면 자발적으로 투표에 참가하지 않은 선거권자들의 의사형성

---

41) 김철수, 『헌법학개론』, 246면; 허영, 『헌법이론과 헌법』, 927면.
42) 김래영, "의무투표제는 위헌인가?", 『헌법학연구』 제18권 제1호(2012), 94면 이하; 정종섭, 『헌법학원론』(서울: 박영사, 2016), 751~752면. 참정권은 원래 국민의 권리이므로 그것이 동시에 법적 의무일 수는 없지만 일종의 윤리적 의무로서 실정법상 의무로 부과한다 해서 위헌이라고 볼 수는 없다는 견해로는 성낙인, 『헌법학』(파주: 법문사, 2018), 1358면.
43) 김래영, "의무투표제는 위헌인가?", 104~105면.

의 자유 내지 결심의 자유를 부당하게 축소하고 그 결과로 투표의 자유를 침해하여 결국 자유선거의 원칙을 위반할 우려도 있게 된다.

중앙선거관리위원회의 발간자료에 의하면, 현재 전 세계적으로 투표의무를 인정하고 있는 국가들로는 벨기에, 룩셈부르크, 호주, 칠레 등 28개국 정도가 있는 것으로 조사되었다.[44] 선거권은 민주주의를 실현하기 위한 수단으로서 매우 중요한 권리인데, 이것의 권리적인 속성으로 인해 불행사가 늘어 민주주의의 실현에 장애가 초래된다면 기권의사의 표현가능성을 전제로 투표의무를 부과하는 것도 우리 헌법에서 금지되지 않는다고 본다. 다만 다른 수단을 통한 투표율 제고의 노력이 우선되어야 하며, 이 노력이 효과를 낳지 못할 때 투표의무를 부과하는 것이 옳다.[45]

투표참여자에 대한 인센티브제를 도입하는 것도 대안일 수 있다.[46] 가령, 투표자에게 경품을 나누어주거나 연말정산에서 일정한 혜택을 주는 것이다. 투표 인센티브제는 의무투표제가 지적받는 자유선거원칙 위반의 혐의를 해소할 수 있으나,[47] 재정적 부담 문제, 물질적 이익에 의해 유도된 투표의 자발성 문제가 여전히 남는다.[48]

---

44) 중앙선거관리위원회, 『각 국의 선거제도 비교연구』(2009), 57~66면. 그리스, 벨기에, 호주의 의무투표제 도입과정에 대해서는 김정곤, "투표율 제고를 위한 의무투표제에 관한 사례 연구: 오스트레일리아, 벨기에, 그리스", 『연구방법논총』 제1권 제1호(2016), 93면 이하 참조.

45) 정종섭, 『헌법학원론』, 752면. 위헌논란을 피하고자 한다면 이 의무를 헌법에 규정해 둘 필요가 있겠지만, 헌법개정이 쉽지 않은 상황에서는 위헌논란을 최소화할 수 있는 모습으로 규정하여야 할 것이다. 의무투표제의 합헌적 시행방안에 관한 모색은 김래영, "의무투표제의 합헌적 시행방안에 관한 연구", 『법학연구』 제23권 제2호(2015), 35면 이하.

46) 각 국의 투표 인센티브제에 관한 소개로는 중앙선거관리위원회, 『각 국의 선거제도 비교연구』, 67면.

47) 한수웅, 『헌법학』, 174면.

48) 김욱, "투표율 제고를 위한 제도적 방안", 『현대정치연구』 제2권 제1호(2009),

이상적인 대안은 국가와 사회가 설득과 홍보, 캠페인, 정보제공 등을 통해 유권자의 자발적 참여를 이끌어 내는 방식일 것이다. 개인의 입장에서 보면 투표행위나 공약을 비교하고 숙지하는 행위에는 크든 작든 시간적·정신적 비용이 소요되므로, 사회는 이러한 비용을 줄이는 방도를 모색하거나 이 비용을 능가할 다른 이익에 대한 확신을 심어줄 필요가 있다. 이 대목에서 스미스가 정치에 관한 연구물의 의미를 높이 평가한 점은 되새길 가치가 있다. 그는 정치관련 연구물이 사람들의 공익정신을 배양할 것으로 보았는데, 연구물이 훌륭한 논리 위에 현실성까지 갖춘다면 더할 나위 없겠지만 설사 수준 낮은 연구물이라 해도 사람들로 하여금 공적 열정을 갖게 해 사회의 행복을 높이는 방법을 생각하게 만든다는 측면에서 충분히 유용하다고 주장했다.[49] 이 주장은 정치관련 연구물에 관한 것이나, 정치적 문제에 관심을 갖는 것의 중요성을 알리고 강조하는 교육 전반의 가치에 관한 언급으로 이해해도 어긋남이 없다고 생각한다.

투표행위 자체의 독려 이외에, 사회적 약자의 사회경제적 조건을 전반적으로 향상시키는 것도 투표율 제고에 기여할 것이다. 경제적 조건과 정치참여는 무관하지 않기 때문이다. 특히 경제적 불평등이 참여의지를 약화시키고 참여에 필요한 능력의 불평등을 조장한다는 점에서 사회경제적 조건을 개선해 경제적 불평등을 줄이는 것은 정치참여의 불평등을 줄이기 위한 수단이 된다. 국가의 재분배정책이나 복지정책은 이 측면에서도 적극적으로 고려되어야 한다.

지금까지 우리는 정치참여의 회피, 그리고 특히 사회경제적 조건의 불평등에 의해 초래되는 참여 의지와 능력상 불평등에 관한 스미스의 비판적 인식을 살펴보았다. 참여의 감소는 그것이 자발적이든 비자발적이든 간에 개인이 공동체의 시민으로서 타인과 동등하게

190면.
49) 『도덕감정론』, 350면.

살아갈 기회를 훼손할 우려가 있으므로, 국가는 시민들이 정치적 자유를 평등하게 향유하도록 만들어 시민들 간의 대등한 지위가 보존되도록 일정한 역할을 해야 한다는 교훈에 초점을 맞추었다. 그가 공공교육 외의 대안을 거부했다고 볼 증거는 없다. 오히려 그의 주장을 21세기 현실 속으로 복원해 낸다면, 오늘날 세계에서 그는 더욱 적극적인 대안들을 모색할 가능성도 충분하다.

제7장 결론

인간은 현재를 살아간다. 그러나 현재를 이해하기 위해 사용하는 이론들은 과거로부터 물려받은 것이다. 현재의 삶과 과거의 이론 간에 발생하는 필연적인 시간적 불일치는 인간에게 과거의 이론을 현재의 삶에 맞게 다시금 재구성할 부단한 임무를 부여한다. 애덤 스미스는 18세기 유럽에서 그러한 임무에 적극적으로 임했던 인물 중 한 사람이다. 오늘날 스미스는 경제학자로서 명성이 높지만, 생전에 그는 저명한 도덕철학자였고 법학박사학위를 가진 법학자였다. 정치경제학은 도덕철학이라는 그의 포괄적 이론체계의 하부 주제였다. 그것은 윤리학의 기초 위에 있었고, 큰 틀에서 법학의 일부로 고찰되었으며, 실천적으로는 통치를 담당하는 정치가와 입법자를 위한 학문으로 탐구되었다. 따라서 그의 사상을 전체적으로 이해하기 위해서는 그 토대가 되는 도덕철학, 특히 법이론을 살펴볼 필요가 있었다.

이 책은 스미스가 평생의 과제로 삼았지만 끝내 세상에 내놓지 못했던 통치론의 관점에서 그의 주장을 독해하고 재구성하고 평가하는 것을 목표로 했다. 그리고 이를 위해 그의 통치론의 기초인 근대 자연법론에 주목했다. 자기보존성과 사회성을 중심으로 인간 본성을 설명하고, 그로부터 정치공동체의 성립을 논증하며, 인간이 가지는 기본적 권리의 구체적 내용들을 규명하는 그의 논의방식은 그로티우스 이래 18세기 유럽에서 꽃을 피웠던 자연법론의 대체적인 내용과 일치했다.

애초에 자유롭고 평등한, 동일한 본성을 소유하는 모든 인간은 각자가 자기 세계의 중심에 서 있는 존재이다. 이 세계를 복수의 주관적 중심들로 채워진 장소로 이해한다면, 이곳에서 어떻게 상호공존의 조건을 확보하고 질서를 창출할 수 있는가라는 문제를 피할 수

없다. 이에 대해 스미스는, 인간의 공감을 바탕으로 사회가 정치적
권위 없이도 도덕과 질서를 형성하고 개인의 권리를 승인할 수 있다
고 했다. 이는 자연상태를 전쟁상태로 규정한 홉스류의 인식을 반박
하는 것이었고, 사회구성원 전체의 상호작용을 사회질서의 기원으로
간주한다는 측면에서 그런 기원을 절대자의 직접적인 계시나 철인
의 지혜에서 찾는 전통적 논의와 구별되었다.

그러나 자연적으로 형성되는 이 질서는 한계도 명확했다. 특히
정의 위반과 권리 침해가 야기할 무질서의 위험으로부터 개인과 사
회를 보호해 줄 강제적 권위가 없었다. 통치는 이에 대한 해법이었
다. 국가를 본성의 직접적인 산물로 보는 아리스토텔레스나 계약 혹
은 동의의 산물로 여긴 사회계약론자들과 달리, 스미스는 역사적 접
근법을 통해 국가를 역사발전의 단계 속에서 인간이 자신들의 필요
에 따라 고안하고 발전시켜 나가는 제도적 장치로 이해했다. 그는
현 상태를 개선하려는 인간의 항구적 욕망과 노력을 그 원동력으로
여겼다. 궁극적으로 도달해야 할 구체적이고 특정한 이상적 체제가
아니라, 어제보다 더 나은 오늘을 만들기 위한 부단한 노력의 연쇄
가 만드는 실제 역사의 발전양상 및 그 일반원리를 설명하는 일이
그의 큰 관심사였다.

국가의 으뜸가는 목적은 인간의 자유와 권리를 보호하는 것이다.
사회의 안전과 이익이 중요한 것은 사회 속에서 개인의 행복과 안전
이 확보될 수 있기 때문이다. 이에 통치제도는 개인의 자유와 권리
의 보호에 적합하도록 형성되어야 하는바 스미스는 권력분립원리와
행정권을 견제할 수 있는 사법권의 독립을 특히 강조했다.

자유와 권리는 평등한 것이므로 국가는 모든 개인의 자유와 권리
를 평등하게 대우할 의무가 있다. 스미스는 당시 영국의 대의제가
특정한 기득권 세력의 이익보장 수단으로 기능하는 현상을 비판하
면서 이것을 중상주의의 원인으로 지목했다. 스미스는 여러 면에서

중상주의의 문제점을 비판했지만, 그중에서도 일부 상공업자들을 위해 나머지 사람들의 자유와 이익을 희생시키는 것은 통치의 정당성 측면에서 매우 심각한 문제였다.

중상주의로 대표되는 국가의 부당한 개입에 대한 스미스의 비판은 잘 알려져 있지만, 그 원인과 해법에 대한 스미스의 입장이 무엇인지는 잘 알려져 있지 않다. 그러나 이 부분이야말로 스미스의 핵심적인 통찰이 담겨 있기에 더욱 각별한 관심이 필요하다.

중상주의라는 계급편향적 정책의 원인으로 자본가들과 노동자들 간의 정치적 불균형을 지목한 데에서 스미스의 탁월한 문제의식이 드러난다. 노동자들은 자본가들에 비해 경제적, 시간적 여유가 부족하고 교육도 충분히 받지 못한 탓에 사회의 공적 논의에 참여하기도 힘들고 설혹 참여한다 해도 그들의 주장은 존중되지 않기 때문에, 자본가들에게 일방적으로 유리한 정치적 주장들이 수월하게 관철되었다는 것이다. 여론과 공적 논의에서 노동자들이 실질적인 역할을 해 낸다면 자본가들의 당파적 주장을 견제하고 그것의 당부를 면밀히 검토할 수 있다는 것이 스미스의 생각이었다. 스미스가 노동자들의 사고력과 판단력을 증진할 수 있는 방도를 고심한 것은 이러한 연유에서였다.

스미스는 자유, 그중에서도 사리추구의 자유와 시장의 자율을 옹호했는데, 그에게 자유는 규범적 차원뿐 아니라 그것이 사회에 가장 유익한 결과를 가져온다는 공익적 차원과도 연결되어 있다. 그러나 스미스는 시장의 자율에 대한 맹신자가 아니었다. 흔히 스미스는 '보이지 않는 손'의 신봉자로 알려져 있으나, 보이지 않는 손은 그의 전체 저술에서 단 세 번 밖에 등장하지 않으며 그가 이 개념을 특별히 강조하거나 중시한 바도 없었다. 그가 자유를 강조한 것은 분명하나, 자유의 보장과 실현을 위해서 국가의 역할이 필수적이라는 것 또한 그의 생각이었다.

국가는 권리를 실정화하고, 보호하고, 그에 필요한 제도를 형성하고 불필요한 제도를 개선하는 역할을 수행한다. 또 공공시설과 공공사업을 담당하고, 사회의 안전을 지키고, 공익을 위한 여러 개입적인 조치를 책임지는 존재이기도 하다. 과세를 통해 그에 필요한 재원을 충당하는 역할도 한다. 특히 국가는 시장경제의 폐해를 교정하는 역할을 담당한다. 시장경제는 엄청난 혁신과 효용을 보여주었지만, 그로 인한 해악도 있었다. 18세기 세계에서 이미 스미스는 시장경제의 발전에 따른 사회적 문제와 그로 인한 위험성을 지적했다. 그리고 이 문제의 해결책으로 국가에 의한 교육서비스 제공을 주장했다. 그에게 공공교육은 노동자들의 정신적 무능을 개선하기 위한 해법이자, 이로써 노동자들의 사고력과 판단력을 증진하여 사회의 공적 논의에서 노동자들이 자본가들에게 일방적으로 밀리지 않도록 혹은 더 나아가 대등하게 논의할 수 있도록 만들기 위한 해법이기도 했다.

해방 이후 한국 사회는 정치적으로나 경제적으로 매우 급속한 성장과정을 겪었다. 우리는 서구인들이 수백 년에 걸쳐 이룩한 성취들을 불과 수십 년 만에 재현했다. 많은 찬사를 들었던 만큼이나 어두운 이면이 함께 존재한 시간이었다. 압축 성장은 우리 사회에 서구 국가들이 수세기 동안 순차적으로 겪었던 문제들을 동시에 안겨주었다. 전근대적인 문화가 여전히 잔존하는 상황에서 대기업들의 독과점과 경제력집중 같은 자본주의의 심화에 따른 폐해들 역시 두드러지는 중이다. 따라서 20세기 초 블로흐(Ernst Bloch)가 독일 사회를 규정하기 위해 동원했던 '비동시성'(Ungleichzeitigkeit) 개념은 오늘날 한국 사회를 설명하는 데에도 유용할 수 있다. 비동시성은 상이한 시대의 산물들을 일컫는 말인데, 이러한 비동시적인 것들이 동시에 나타나 공존하는 현상을 '비동시성의 동시성'(Gleichzeitigkeit des Ungleichzeitigen)이라고 부른다. 이는 현재의 우리 사회를 규정할 수 있는 말이기도 하다.

당시 스미스의 중상주의 비판론은 그간 한국 사회가 보여준 국가

주도형 경제모델과 오늘날에도 여전히 존재하는 정경유착에 기한 대기업 밀어주기 현상에 그대로 통용된다. 중상주의는 국가의 이익을 일부 상공업자들의 이익과 동일시하면서 그들의 이익을 극대화하려는 정책이었는데, 이 과정에서 소수의 상공업자들의 수익을 위해 나머지 국민의 희생이 있었다. 지난날 우리 사회는 개발독재 시절을 거치면서 국가주도형 발전모델을 만들어 왔고, 이에 따라 국가는 대기업 중심의 경제발전전략을 채택하여 실행했다. 대기업의 이익을 국가의 이익과 동일시하는 풍조가 산업화 과정을 지배했고, 이는 대기업의 육성을 통해 국가경제를 성장시킨다는 정책으로 실현되었다. 이 과정에서 대기업들 간의 담합, 독과점, 국가권력과의 결탁 및 부당한 특혜 같은 모습들이 연출되었는데, 이는 18세기에 스미스가 비판하려 했던 것과 별반 다르지 않다. 기업친화적인 정책을 공언하면서 수출 대기업들의 수익을 높여주기 위해 이른바 고환율 정책을 펼쳤던 수년 전 정부의 정책도 그렇다. 고환율 정책은 수출을 위주로 하는 대기업에는 유리하지만, 반대로 수입 농산물이나 수입 기호식품에 의존하는 일반 소비자들이나 원자재를 수입해 부품을 만들어 대기업에 납품하던 중소기업들에게는 상당한 피해를 입혔다. 이는 일부 상공업자들의 이익을 위해 다수 국민과 소규모 업자들의 이익을 희생시킨다는 취지로 스미스가 비판했던 중상주의의 현대판 재림에 가까웠다.

　다른 한편 오늘날 우리는 기업의 독과점과 경제력집중 현상처럼 자본주의의 심화로 인한 폐해를 목도하고 있다. 이는 18세기에 국가에 의한 특혜와 이권 보장 같은 인위적 개입정책이 지배적인 상황에서 그러한 개입정책을 폐기하면 자유로운 경쟁시장의 조건이 확보될 것이라고 믿었던 스미스의 시대와는 상이한 환경이다. 소수 대기업들의 독과점과 경제력집중이 심각한 상황이라면 국가개입의 철폐만으로는 결코 자유로운 경쟁시장의 조건을 유지할 수가 없다. 현상황에서 경쟁시장의 조건은 불균형을 교정하기 위한 의식적인 개입노력에 의해 달성될 것이다. 그러함에도 여전히 스미스를 원용해 국가개입에 반대함으로써 자유로운 경쟁시장의 조건을 회복할 수 있다고 주장하는 것은 현실적이지도 타당하지도 않다. 만약 현재 스미스가 살아있다면, 소수 대기업들의 시장지배 현상이 일반화된 현재 상황에서, '특혜를 주거나 제한을 가하는 제도들이 철폐됨으로써 자연적 자유의 체제가 스스로 확립된다.'라고 생각하지 못할 것이다. 오히려 자연적 자유의 체제를 유지하기 위해서는 반드시 시장지배와 독과점 현상 등이 해소되어야 한다는 생각에 동의할 가능성이 다분하다.

또한 자유에 대한 스미스의 통찰은 오늘날 우리의 자유 관념에 의미 있는 시사점을 줄 수 있다. 하나의 측면은, 자유는 국가의 부작위만이 아니라 국가의 적극적 역할을 필요로 한다는 점이다. 이 측면을 설명하기 위해 이 책에서는 자유의 인프라라는 개념을 제안했다. 오늘날에는 자유를 보호하기 위한 국가의 비개입, 비간섭이 강조되고 있지만, 사실 자유는 국가의 부작위만으로는 충분히 보호될 수 없다. 스미스가 중시했던 경제적 자유를 보더라도, 이 자유의 평등한 행사를 내용으로 하는 자유로운 시장질서는 결코 국가의 비개입이나 부작위로 유지되지 않는다. 일인의 자유가 만인의 자유와 공존하는 시장질서를 위해 필요한 제반 조건들을 형성하고 유지하고 개선하는 데에 있어서 국가의 역할이 필요하다는 스미스의 생각에는 자유의 인프라에 대한 어느 정도의 이해가 반영되어 있다고 보인다.

다른 하나의 측면은, 정치적 자유는 경제적 자유를 보호하는 효과적인 수단이고, 정치적 자유가 충분히 행사될 수 있으려면 정치적 자유의 행사를 가능하게 하는 내적 의지와 능력이 필요하다는 것이다. 이는 정치적 자유와 경제적 자유가 절연됨이 없이 서로 밀접한 관계에 있고, 정치적 자유의 행사 문제는 사회경제적 조건과도 관련이 있음을 의미한다. 이러한 사회경제적 조건을 정치적 자유의 행사를 위해 필요한 인프라로 이해할 수 있는바, 이는 또한 국가의 역할을 요구하는 대목이다.

인간들이 모여 사는 곳이라면, 시대와 사회를 막론하고, 인간의 행복과 공동체의 번영을 가능하게 하는 조건을 모색하는 공통의 과제와 끊임없이 조우하기 마련이다. 오늘날 우리가 맞닥뜨린 여러 문제들은 이러한 과제의 현시대적 버전인 셈이다. 필자는 18세기 인물인 애덤 스미스로부터 21세기를 살아가는 우리네 문제의 완결적인 해결책을 얻을 수 있다고는 생각하지 않는다. 다만, 시대와 사회를 막론하는 공통의 문제들을 현 시대가 다루어가는 데 크고 작은 도움이 될 수 있는 비교적 유용한 혜안을 스미스로부터 발견할 수는 있다고 믿는다. 필자는, 개인이라는 주관적 중심들로 채워진 세계, 근대적 상업문화를 배경으로 한 세계 위에서, 통치의 문제에 대하여 그 전보다 더 나은 이해를 모색했던 스미스의 사유를 추적해 보았고, 그로부터 그의 혜안을 발견하고 음미할 수 있었다. 이 혜안이 다른 누군가와 공유되기를 기대한다.

# 참고문헌

## 〈애덤 스미스 저작〉

Smith, Adam, *The Theory of Moral Sentiments*, D. D. Raphael and A. L. Macfie(eds.), Indianapolis: Liberty Classics, 1982. [국역본은 박세일·민경국 공역, 『도덕감정론』, 서울: 비봉출판사, 2009.]

_____, *An Inquiry into the Nature and Causes of the Wealth of Nations*, R. H. Campbell and A. S. Skinner(eds.), Indianapolis: Liberty Classics, 1981. [국역본은 김수행 역, 『국부론(상)』 및 『국부론(하)』, 서울: 비봉출판사, 2009.]

_____, *Lectures on Jurisprudence*, R. L. Meek, D. D. Raphael and P. G. Stein(eds.), Indianapolis: Liberty Fund, 1982. [국역본은 서진수 역, 『법학강의(상)』 및 『법학강의(하)』, 서울: 자유기업원, 2002.]

_____, *The Correspondence of Adam Smith*, Ernest Campbell Mossner and Ian Simpson Ross(eds.), Indianapolis: Liberty Classics, 1987.

_____, *Essays on Philosophical Subjects*, I. S. Ross(ed.), Indianapolis: Liberty Classics, 1982.

## 〈고전 문헌〉

Aquinas, Thomas, *Summa Theologica*. [영역본 http://dhspriory.org/thomas/summa/index.html(최종방문일 2019. 4. 21.)에서 확인한 Benziger Bros. edition(1947, translated by Fathers of the English Dominican Province)].

Aristophanes, 천병희 옮김, 『아리스토파네스 희극 전집』, 고양: 숲, 2010.

Aristoteles, *Nicomachean Ethics*. [국역본 이창우·김재홍·강상진 옮김, 『니코마코스 윤리학』, 서울: 이제이북스, 2006.]

_____, *Politics*. [국역본 천병희 옮김, 『정치학』, 고양: 숲, 2009, 영역본 E. Barker(trs.), *The Politics*, Oxford: Oxford University Press, 1995.]

_____, *The Athenian Constitution*. [영역본 P. J. Rhodes(trans.), *Athenian Constitution*, London: Penguin, 1984; 국역본 최자영·최혜영 옮김, 『고대 아테네 정치 제도사』, 서울: 신서원, 2009.]

Cicero, Marcus Tullius, *On the Republic*. [국역본 김창성 옮김, 『국가론』, 파주: 한길사, 2007.]

_____, *On Duties*. [국역본 허승일 옮김, 『의무론』, 파주: 서광사, 1989, 영역본 Walter Miller(tr.), *De Officiis*, Cambridge: Harvard University Press, 1913.]

Platon, *Republic*. [영역본 John M. Cooper(ed,), *Plato: Complete Works*, Indianapolis: Hackett Publishing, 1997; 국역본 박종현 옮김, 『국가』 개정증보판, 서울: 서광사, 2005]

_____, *Statesman*. [John M. Cooper(ed,), *Plato: Complete Works*, Indianapolis: Hackett Publishing, 1997; 김태경 옮김, 『정치가』, 서울: 한길사, 2000].

_____, *Laws*. [영역본 John M. Cooper(ed,), *Plato: Complete Works*, Indianapolis: Hackett Publishing, 1997; 국역본 박종현 옮김, 『법률』, 서울: 서광사, 2009]

Polybios, *Histories*. [영역본 W. R. Paton(tr.), *The Histories: Books 5-8*, Cambridge, Mass.: Harvard University Press, 1923.]

Sophokles, 천병희 옮김, 『소포클레스 비극 전집』, 서울: 숲, 2012.

〈국내문헌〉
강정인, "에드먼드 버크: 근대 보수주의의 원조", 강정인·김용민·황태연 엮음, 『서양 근대 정치사상사』, 서울: 책세상, 2008.

권기철·김규, "아담 스미스의 자본주의론과 자본주의의 정당화", 『경제학논집』 제11권 제2호, 2002.

권영성, 『헌법학원론』, 파주: 법문사, 2010.

김광수, 『애덤 스미스: 정의가 번영을 이끈다』, 파주: 한길사, 2016.

김동훈, 『한국 헌법과 공화주의』, 서울: 경인문화사, 2011.

김래영, "의무투표제는 위헌인가?", 『헌법학연구』 제18권 제1호, 2012.

_____, "의무투표제의 합헌적 시행방안에 관한 연구", 『법학연구』 제23권 제2호, 2015.

김병곤, "Adam Smith의 도덕과 정의", 『평화연구』 제19권 제2호, 2011.

김성수, "헌법상 경제조항에 대한 개정론", 『공법연구』 제34집 제4호, 2006.

김수행, "역자서문(1)", in: Adam Smith, 김수행 역, 『국부론(상)』, 서울: 비봉출판사, 2009.

김영례, "애덤 스미스에 있어서 빈민 그리고 복지", 『범한철학』 제79집, 2015.

김영수, 『아담 스미스 체계에서 정부론에 관한 연구』, 성균관대학교 박사학위논문, 1994.

김옥경, "아담 스미스의 『도덕감정론』에 나타난 정의 개념", 『사회와 철학』 제5호, 2003.

김 욱, "투표율 제고를 위한 제도적 방안", 『현대정치연구』 제2권 제1호, 2009.

김정곤, "투표율 제고를 위한 의무투표제에 관한 사례 연구: 오스트레일리아, 벨기에, 그리스", 『연구방법논총』 제1권 제1호, 2016.

김종현, 『영국 산업혁명의 재조명』, 서울: 서울대출판문화원, 2013.

김철수, 『헌법학신론』 제19전정신판, 서울: 박영사, 2007.

김형성, "경제헌법과 경제간섭의 한계", 『공법연구』 제21집, 1993.

나종일·송규범, 『영국의 역사(상)』, 파주: 한울, 2012 및 『영국의 역사(하)』, 파주: 한울, 2009.

노명식, 『자유주의의 역사』, 서울: 책과 함께, 2011.

류병화, 『법철학』, 서울: 법문사, 2004.

문홍주, 『제6공화국 한국헌법』, 서울: 해암사, 1987. (주1)

민경국, 『자유주의의 도덕관과 법사상』, 성남: 북코리아, 2016.

박상현, "계몽주의와 역사주의: 스코틀랜드 역사학파의 '이론적 역사'를 중심으로", 『사회와 역사』 제106권, 2015.

박세일, 『법경제학』, 서울: 박영사, 2007.

_____, "아담 스미스의 도덕철학 체계", in: Adam Smith, *The Theory of Moral Sentiments*(1790), 박세일·민경국 공역, 『도덕감정론』, 서울: 비봉출판사, 2009.

박순성, 『아담 스미스와 자유주의』, 서울: 풀빛, 2003.

_____, "스미스의 정치경제학과 자유주의", 이근식·황경식 편저, 『자유주의의 원류: 18세기 이전의 자유주의』, 서울: 철학과현실사, 2003.

_____, "고전적 자유주의와 경제민주화", 『황해문화』 제76호, 2012.

박은정, 『자연법의 문제들』, 서울: 세창출판사, 2007.

박지향, 『클래식 영국사』, 파주: 김영사, 2012.

서병훈, "대의민주주의의 꿈과 포부, 그리고 과제", 『왜 대의민주주의인가』, 서울: 이학사, 2011.

성낙인, 『헌법학』, 서울: 법문사, 2018.

송병건, 『영국 근대화의 재구성』, 서울: 해남, 2008.

_____, 『경제사: 세계화와 세계 경제의 역사』 제2판, 서울: 해남, 2018.

송석윤, "경제민주화와 헌법질서", 『서울대학교 법학』 제58권 제1호, 2017.

신중섭, "도덕 감정과 이기심: 아담 스미스를 중심으로", 『철학논총』 제73집 제3권, 2013.

양선이, "허치슨, 흄, 아담 스미스의 도덕감정론에 나타난 공감의 역할과 도덕의 규범성", 『철학연구』 제114집, 2016.

오동석, "헌법상 경제민주화 조항 해석론", 『헌법 제119조, 우리 시대에 던지는 의미는?』(민주당 헌법 제119조 경제민주화 특별위원회 주최 토론회), 국회도서관(2011. 8. 10.)(이 발표문은 오동석의 블로그에서 확인함, http://blog.daum.net/_blog/BlogTypeView.do?blogid=04CAj&articleno=15706875&categoryId=725228&regdt=20110814143058, 최종방문일 2019. 4. 21.)

오병선, "휴고 그로티우스의 법의 개념", 『서강법학』 제5권, 2003.

이근식, 『애덤 스미스의 고전적 자유주의』, 서울: 기파랑, 2006.

이덕연, "한국헌법의 경제적 좌표─시장(기업)규제의 범위와 한계 ─", 『공법연구』 제33집 제2호, 2005.

이명웅, "미국에서 사법심사의 발전: 1776~1802", 『헌법재판연구 창간호』, 헌법재판소 헌법재판연구원, 2014.

이부하, "헌법상 경제질서와 재산권보장", 『공법학연구』 제7권 제3호, 2006.

이상헌, "아담 스미스(Adam Smith) 경제학의 철학적 기원: 경제적 사회적 질서 개념을 중심으로", 『경제학연구』 제57집 제1호, 2009.

_____, "푸펜도르프의 사회성과 아담 스미스의 공감: 홉스의 자연법사상에 대한 비판적 대응", 『사회경제평론』 제51권, 2016.

이수윤, 『정치학』, 서울: 법문사, 2006.

이영석, "잉글랜드와 스코틀랜드: 국민 정체성의 변화를 중심으로", 『사회연구』 창간호, 2000.

_____, 『공장의 역사』, 서울: 푸른역사, 2013.

_____, 『지식인과 사회: 스코틀랜드 계몽운동의 역사』, 서울: 아카넷, 2014.

이영재, "스코틀랜드 도덕철학의 전통에서 본 Adam Smith 도덕감정론의 함의", 『시민사회와 NGO』 제13권 제2호, 2015.

이원우, "경제규제와 공익", 『서울대학교 법학』 제47권 제3호, 2006.

이장희, 『국가의 경제개입의 헌법적 근거와 한계』, 헌법재판소 헌법재판연구원, 2014.

이종은, 『평등, 자유, 권리』, 서울: 책세상, 2011.

이황희, "재산권, 독특한 기본권: 헌법상 재산권 규정의 이해", 『법학평론』 제1권, 2010.

_____, "근대 입헌주의의 고전적 기원들─근본법 사상과 규범통제제도를 중심으로 ─", 『헌법학연구』 제21권 제3호, 2015.

_____, "선거의 정치적 의미에 관한 사상사적 고찰─고대에서 중세로의 의

미변화를 중심으로 ―", 『헌법학연구』 제23권 제1호, 2017.

전광석, "헌법 제119조", 『헌법주석서 Ⅳ』 제2판, 법제처, 2010.

_____, 『한국헌법론』, 서울: 집현재, 2018.

전일우, "산업혁명시기 영국 민중교육기관", 『대구사학』 제71집, 2003.

정경희, "혁명기 및 건국 초기 미국의 정치사상: 공화주의적 수정론과 그 비판을 중심으로", 『미국사학회』 제1집, 1993.

정일영, 『푸펜도르프의 자연법적 국가론 - De Officio를 중심으로 -』, 서울대학교 석사학위논문, 2013.

정종섭, 『헌법연구 1』, 제3판, 서울: 박영사, 2004.

_____, 『헌법연구 3』, 제2판, 서울: 박영사, 2004.

_____, 『헌법학원론』, 제5판, 서울: 박영사, 2016.

조 순, "아담 스미스의 사상과 한국의 경제사회", 조순 외, 『아담 스미스 연구』, 서울: 민음사, 1989.

조승래, "스코틀랜드 계몽주의와 자생질서론", 『사림』 제29호, 2008.

조현수, "『도덕감정론』과 『국부론』에서 나타난 아담 스미드(Adam Smith)의 정치이론적 의미에 관한 소고", 『국제정치논총』 제38권 제2호, 1998.

주경철, 『네덜란드』, 서울: 산처럼, 2003.

지주형, "정치경제학의 방법론적 토대들", 『인문논총』 제32집, 2013.

한수웅, 『헌법학』, 파주: 법문사, 2018.

허 영, 『헌법이론과 헌법』, 서울: 박영사, 2015.

_____, 『한국헌법론』, 서울: 박영사, 2017.

### 〈해외문헌〉

Alevy, James E., "Adam Smith's view of history: consistent or paradoxical?", *History of the Human Sciences*, Vol. 16, No. 2, 2003.

Arendt, Hannah, *The Human Condition*, Chicago: University of Chicago Press, 1958, 이진우·태정호 옮김, 『인간의 조건』, 서울: 한길사, 1996.

Arrighi, Giovanni, *Adam Smith in Beijing: Lineages of the 21st Century*, Verso, 2007, 강진아 옮김, 『베이징의 애덤 스미스』, 서울: 도서출판 길, 2009.

Arrington, Robert L., *Western Ethics: An Historical Introduction*, Blackwell Publishers, 1998, 김성호 옮김, 『서양 윤리학사』, 파주: 서광사, 2003.

Atiyah, Michael, "Benjamin Franklin and the Edinburgh Enlightenment", *Proceedings of* the American Philosophical Society, Vol. 150, No. 4, 2006.

Bailyn, Bernard, The Ideological Origins of the American Revolution, Cambridge: Harvard University Press, 1992, 배영수 옮김, 『미국 혁명의 이데올로기적 기원』, 서울: 새물결, 1999.

Bellamy, Richard, Political Constitutionalism: A Republican Defence of the Constitutionality of Democracy, Cambridge: Cambridge University Press, 2007.

Berry, Christopher J., "Adam Smith and the Virtues of Commerce", Nomos, Vol. 34, 1992.

Beyme, Klaus von, Liberalismus: Theorien des Liberalismus und Radikalismus im Zeitalter der Ideologien 1789-1945, Wiesbaden: Springer VS, 2013.

Bittermann, Henry J., "Adam Smith's Empiricism and the Law of Nature: I", Journal of Political Economy, Vol. 48, No. 4, 1940.

Blackstone, Sir William, Commentaries on the Laws of England in Four Books, vol. 1: Books I & II, Philadelphia: J. B. Lippincott Co., 1893.

Bloch, Ernst, Naturrecht und menschliche Würde, Frankfurt am Main: Suhrkamp Verlag, 1972, 박설호 옮김, 『자연법과 인간의 존엄성』, 파주: 열린책들, 2011.

Blythe, James M., Ideal government and the mixed constitution in the Middle Ages, Princeton, N.J.: Princeton University Press, 1992.

Bodenheimer, Edgar, Jurisprudence: The Philosophy and Method of the Law, Cambridge: Harvard University Press, 1981, 이상면 옮김, 『법철학개론』, 서울: 법문사, 1996.

Brand, Paul, "The Development of Parliament, 1215-1307", Clyve Jones(ed.), A Short History of Parliament: England, Great Britain, the United Kingdom, Ireland and Scotland, Woodbridge: Boydell Press, 2012.

Brown, Richard, Society and Economy in Modern Britain 1700-1850, London: Routledge, 1991.

Buchan, James, The Authentic Adam Smith, 2007, 이경남 옮김, 『애덤 스미스: 경제학의 탄생』, 서울: 청림출판, 2008.

_____, "The Biography of Adam Smith", Ryan Patrick Hanley(ed.), Adam Smith: His Life, Thought, and Legacy, Princeton: Princeton University Press, 2016.

Buchholz, Todd G., New Ideas From Dead Economists, 이승환 옮김, 『죽은 경제학자의 살아있는 아이디어』, 서울: 김영사, 2002.

Burchell, Graham, "독특한 이해관계들: 시민사회, 그리고 '자연적 자유의 체제'를 통치하기", in: The Foucault Effect: Studies in Governmentality, Graham

Burchell, Colin Gordon and Peter Miller(eds.), 1991, 심성보 외 5인 옮김, 『푸코 효과: 통치성에 관한 연구』, 난장: 서울, 2014.

Burke, Edmund, "Speech on Conciliation with the Colonies", *Select Works of Edmund Burke,* A New Imprint of the Payne Edition, Vol. 1, Indianapolis: Liberty Fund, 1999.

_____, "Speech to the Electors of Bristol", *Select Works of Edmund Burke,* A New Imprint of the Payne Edition, Vol. 4, Indianapolis: Liberty Fund, 1999.

_____, "Speech on the Reform of the Representation of the Commons in Parliament", *Select Works of Edmund Burke,* A New Imprint of the Payne Edition, Vol. 4, Indianapolis: Liberty Fund, 1999.

_____, "Thoughts and Details on Scarcity", *Select Works of Edmund Burke,* A New Imprint of the Payne Edition, Vol. 4, Indianapolis: Liberty Fund, 1999.

_____, "A Letter to Sir Hercules Langrishe on the Catholics of Ireland", *Select Works of Edmund Burke,* A New Imprint of the Payne Edition, Vol. 4, Indianapolis: Liberty Fund, 1999.

_____, *Reflections on the Revolution in France: and on the Proceedings in Certain Societies in London Relative to that Event,* Conor Cruise O'Brien(ed.), Penguin Books, 1969, 이태숙 옮김, 『프랑스혁명에 관한 성찰』, 파주: 한길사, 2017.

Burtt, Shelley, *Virtue Transformed: Political Argument in England, 1688-1740,* New York: Cambridge University Press, 1992.

Butler, Eamonn, *Adam Smith: A Primer,* London: Institute of Economic Affairs, 2007, 김정완 옮김, 『애덤 스미스의 이해』, 서울: 대영문화사, 2012.

Cameron, James K., "Humanism in the Low Countries", *The Impact of Humanism on Western Europe During the Renaissance,* New York: Routledge, 2013.

Campbell, T. D., *Adam Smith's Science of Morals,* New York: Routledge, 2012.

Carrithers, David Wallace, "Introduction", in: *The Spirit of Laws,* by C. S. Montesquieu, Berkeley: University of California Press, 1977.

Chang, Ha-Joon, *Globalization, Economic Development, and the Role of the State,* Zed Books, 2003, 이종태·황해선 옮김, 『국가의 역할』, 서울: 부키, 2006.

_____, *Bad Samaritans,* 2007, 이순희 옮김, 『나쁜 사마리아인들』, 서울: 부키, 2007.

Checkland, Sydney, *British Public Policy, 1776-1939: An Economic, Social, and Political Perspective,* New York: Cambridge University Press, 2000.

Choi, Y. B., "Smith's View on Human Nature: A Problem in the Interpretation of The Wealth of Nations and The Theory of Moral Sentiments", John Cunningham Wood(ed.), *Adam Smith: Critical Assessments*, Vol. 7, New York: Routledge, 1994.

Cockfield, Geoff, Ann Firth, John Laurent, "Introduction", Geoff Cockfield, Ann Firth, John Laurent(ed.), *New Perspectives on Adam Smith's The Theory of Moral Sentiments*, Cheltenham, UK: Edward Elgar, 2007.

Coolidge, Frederick L., *Statistics: A Gentle Introduction*, Thousand Oaks: Sage Publications, 2013.

Cropsey, Joseph, *Polity and Economy: With Further Thoughts on the Principles of Adam Smith*, South Bend, Ind.: St. Augustine's Press, 2001.

Dahl, Robert A., *Democracy and Its Critics*, New Haven: Yale University Press, 1989, 조기제(옮김), 『민주주의와 그 비판자들』, 서울: 문학과 지성사, 1999.

Deane, Phyllis, *The First Industrial Revolution*, 2nd ed., Cambridge University Press, 1979, 나경수·이정우 옮김, 『영국의 산업혁명』, 서울: 민음사, 1987.

D'Entrèves, Alexander Passerin, *Natural Law: An Introduction to Legal Philosophy*, New Brunswick: Transaction Publishers, 2009.

Dicey, A. V., *Introduction to the Study of the Law of the Constitution*, Indianapolis: Liberty Fund, 1982, 안경환·김종철 공역, 『헌법학입문』, 서울: 경세원, 1993.

Dickinson, H. T., *The Politics of the People in Eighteenth-Century Britain*, New York: St. Martin's Press, 1994.

_____, "The British Constitution", H. T. Dickinson(ed.), *A Companion to Eighteenth-Century Britain*, Blackwell, 2002.

Dodds, E. R., *The Ancient Concept of Progress*, Oxford: Clarendon Press, 1973.

Dwyer, John, "Ethics and Economics: Bridging Adam Smith's Theory of Moral Sentiments and Wealth of Nations", *Journal of British Studies*, Vol. 44, No. 4, 2005.

Edmundson, William A., *An Introduction to Rights*, 2nd ed., New York: Cambridge University Press, 2012.

Emilsson, Eyjolfur Kjalar, *Plotinus on Sense-Perception: A Philosophical Study*, New York: Cambridge University Press, 1988.

Evensky, Jerry, *Adam Smith's Moral Philosophy*, New York: Cambridge University Press, 2005.

Fitzgibbons, Athol, *Adam Smith's System of Liberty, Wealth, and Virtue: The Moral and Political Foundations of The Wealth of Nations*, New York: Oxford University Press, 1995.

Fleischacker, Samuel, *On Adam Smith's Wealth of Nations: A Philosophical Companion*, Princeton, N.J.: Princeton University Press, 2004.

_____, *A Short History of Distributive Justice*, Harvard University Press, 2004, 강준호 옮김, 『분배적 정의의 소사(小史)』, 파주: 서광사, 2007.

_____, "Adam Smith's Reception among the American Founders, 1776-1790", *The William and Mary Quarterly*, Vol. 59, No. 4, 2002.

Foley, Duncan K., *Adam's fallacy: A Guide to Economic Theology*, Cambridge, Mass.: Belknap Harvard, 2008, 김덕민·김민수 옮김, 『아담의 오류』, 서울: 후마니타스, 2011.

Foucault, Michel, *Les Mots et Les Choses: Une Archéologie des Sciences Humaines*, Gallimard, 1966, 이규현 옮김, 『말과 사물』, 서울: 민음사, 2012. [영역본은 *The Order of Things: An Archaeology of the Human Sciences*, New York: Vintage Books, 1994.]

_____, *Histoire de la folie à l'âge classique*, Paris: Gallimard, 1972, 이규현 옮김, 『광기의 역사』, 서울: 나남출판, 2004.

_____, *Sécurité, territoire, population: cours au Collège de France, 1977-1978*, Paris: Gallimard, 2004, 심세광, 전혜리, 조성은 옮김, 『안전, 영토, 인구』, 서울: 난장, 2011.

_____, *Naissance de la biopolitique: Cours au Collège de France, 1978-1979*, Paris: Gallimard, 2004, 심세광, 전혜리, 조성은 옮김, 『생명관리정치의 탄생』, 서울: 난장, 2012.

Galston, William A., *Liberal Purposes: Goods, Virtues, and Diversity in the Liberal State*, New York: Cambridge University Press, 1991.

Geremek, Bronislaw, *La potence ou la pitié*, Gallimard, 1987, 이성재 옮김, 『빈곤의 역사: 교수대인가 연민인가』, 서울: 도서출판 길, 2010.

Geuss, Raymond, *Public Goods, Private Goods*, Princeton University Press, 2001, 조승래 옮김, 『공적 선, 사적 선』, 서울: 기파랑, 2010.

Gneist, Rudolph, *The history of the English Constitution*, Philip A. Ashworth(tr.), Littleton: F. B. Rothman, 1980.

Gourinat, Jean-Baptiste, *Le stoïcisme*, Presses universitaires de France, 2007, 김유석 옮김, 『스토아주의』, 파주: 글항아리, 2016.

Gray, John, *Liberalism*, 2^nd edition, 1986, 김용직·서명구 공역, 『자유주의』, 서울: 성신여대 출판부, 2007.

Grampp, William D., "What Did Smith Mean by the Invisible Hand?", *Journal of Political Economy*, Vol. 108, No. 3, 2000.

Gresham, Perry E., "Natural Liberty", Andres Marroquin(ed.), *Invisible Hand: The Wealth of Adam Smith*, Honolulu: University Press of the Pacific, 2002.

Grimm, Dieter, *Die Zukunft der Verfassung*, Frankfurt am Main: Suhrkamp, 1991.

_____, *Die Zukunft der Verfassung II*, Berlin: Suhrkamp, 2012.

Griswold, Charles L., *Adam Smith and The Virtues of Enlightenment*, New York: Cambridge University Press, 1999.

Grotius, Hugo, *The Rights of War and Peace, Book I~III*, Indianapolis: Liberty Fund, 2005.

_____, *Commentary on the Law of Prize and Booty*, Indianapolis: Liberty Fund, 2006.

Haakonssen, Knud, "Hugo Grotius and the History of Political Thought", *Political Theory*, Vol. 13, No. 2, 1986.

_____, *The Science of A Legislator: The Natural Jurisprudence of David Hume & Adam Smith*, New York: Cambridge University Press, 1989.

_____, "Natural Law and the Scottish Enlightenment", *Man and Nature*, Vol. 4, 1985.

_____, *Natural Law and Moral Philosophy: From Grotius to the Scottish Enlightenment*, New York: Cambridge University Press, 1996.

Haakonssen, Knud and Donald Winch, "The Legacy of Adam Smith", Knud Haakonssen(ed.), *The Cambridge Companion to Adam Smith*, Cambridge: Cambridge University Press, 2006.

Habermas, Jürgen, *Theorie und Praxis*, Frankfurt am Main: Suhrkamp Verlag, 1978. [국역본: 홍윤기·이정원 옮김, 『이론과 실천』, 서울: 종로서적, 1994.]

_____, *Strukturwandel der Öffentlichkeit: Untersuchungen zu einer Kategorie der bürgerlichen Gesellschaft*, Frankfurt am Main: Suhrkamp Verlag, 1990, 한승완 역, 『공론장의 구조변동』, 파주: 나남, 2007.

Hanley, Ryan Patrick, *Adam Smith and the Character of Virtue*, New York: Cambridge University Press, 2009.

Harpham, Edward J., "Liberalism, Civic Humanism, and the Case of Adam Smith", *The American Political Science Review*, Vol. 78, No. 3, 1984.

Harris, Ron, "Government and the Economy, 1688-1850", Roderick Floud, Paul Johnson(eds.), *The Cambridge Economic History of Modern Britain, Vol. 1:*

*Industrialisation, 1700-1860,* Cambridge: Cambridge University Press, 2004.

Harrison, Peter, "Adam Smith and the History of the Invisible Hand", *Journal of the History of Ideas,* Vol. 72, No. 1, 2011.

Hartz, Louis, *The Liberal Tradition in America: An Interpretation of American Political Thought Since The Revolution,* Harcourt, 1983, 백창재·정하용 옮김, 『미국의 자유주의 전통』, 파주: 나남, 2012.

Hayek, Friedrich A., *Law, Legislation and Liberty,* Vol. 1, 1973, 양승두·정승훈 옮김, 『신자유주의와 법』, 서울: 연세대학교 출판부, 1991.

Heilbroner, Robert L., and William Milberg, *The Making of Economic Society,* 12th edition, Pearson, 2007, 홍기빈 옮김, 『자본주의: 어디서 와서 어디로 가는가』, 서울: 미지북스, 2010.

_____, *Worldly Philosophers,* 7th ed., 2000, 장상환 옮김, 『세속의 철학자들』, 서울: 이마고, 2008.

Himmelfarb, Gertrude, *The Idea of Poverty,* New York: Vintage Books, 1985.

Hirschman, Albert O., *The Passions and the Interest: Political Arguments for Capitalism before Its Triumph,* Princeton: Princeton University Press, 1977, 김승현 역, 『열정과 이해관계』, 서울: 나남출판, 1994.

Hobbes, Thomas, *Leviathan, or The Matter, Form, and Power of A Commonwealth, Ecclesiastical and Civil,* William Molesworth(ed.), *The English Works of Thomas Hobbes,* London: John Bohn, 1839~1845, 진석용 옮김, 『리바이어던 1』, 파주: 나남, 2008.

Hopkins, Patrick D., "Natural Law", Donald M. Borchert(ed. in Chief), *Encyclopedia of Philosophy,* 2nd ed., Thompson Gale, 2006.

Huberman, Leo, *Man's Worldly goods: The Story of the Wealth of Nations,* Monthly Review Press, 1968, 장상환 옮김, 『자본주의 역사 바로 알기』, 서울: 책벌레, 2008.

Hume, David, *A Treatise of Human Nature,* edited, with an analytical index by L. A. Selby-Bigge, Oxford: Oxford University Press, 1980, 이준호 옮김, 『인간 본성에 관한 논고 3: 도덕에 관하여』, 파주: 서광사, 2014.

_____, "Of the First Principles of Government", in *David Hume: Essays, Moral, Political, and Literary,* Eugene F. Miller(ed.), Indianapolis: Liberty Press, 1987.

Hunt, E. K., *Property and Prophets: The Evolution of Economic Institutions and Ideologies,* Fourth Edition, New York: Harper & Row Publishers, 1981, 정연주 옮김, 『자본주의의 발전과 이데올로기』, 서울: 비봉출판사, 1986.

Hutcheson, Francis, *An Inquiry into the Original of Our Ideas of Beauty and Virtue in two Treatises,* in: *The Collected Works and Correspondence of Francis Hutcheson,* Wolfgang Leidhold(ed.), Indianapolis: Liberty Fund, 2004.

_____, *An Inquiry Concerning the Original of our Ideas of Virtue or Moral Good,* in: *The Collected Works and Correspondence of Francis Hutcheson,* Wolfgang Leidhold(ed.), Indianapolis: Liberty Fund, 2004.

_____, *A System of Moral Philosophy,* Vol. 2, London, 1755.

Jellinek, Georg, *Allgemeine Staatslehre,* 1. Aufl., 1900, 김효전 옮김, 『일반국가학』, 파주: 법문사, 2005.

Jones, Clyve and Stephen M. Farrell, "The House of Lords, 1707-1800", *A Short History of Parliament: England, Great Britain, the United Kingdom, Ireland and Scotland,* Clyve Jones(ed.), Woodbridge: Boydell Press, 2012.

Kant, Immanuel, *Zum ewigen Frieden: Ein philosophischer Entwurf,* 백종현 옮김, 『영원한 평화』, 서울: 아카넷, 2013.

Katz, Richard S., *Democracy and Elections,* New York: Oxford University Press, 1997.

Kennedy, Gavin, *Adam Smith: A Moral Philosopher and His Political Economy,* New York: Palgrave Macmillan, 2008.

_____, "Adam Smith and the Invisible Hand: From Metaphor to Myth", *Econ Journal Watch,* Vol. 6, No. 2, 2009.

_____, "Adam Smith on Religion", Christopher J. Berry et al.,(eds.), *The Oxford Handbook of Adam Smith,* Oxford: Oxford University Press, 2013.

Kenyon, J. P.(ed.), *The Stuart Constitution, 1603-1688: Documents and Commentary,* 2nd ed., Cambridge: Cambridge University Press, 1986.

Kyritsis, Dimitrios, "Representation and Waldron's Objection to Judicial Review", *Oxford Journal of Legal Studies,* Vol. 26, No. 4, 2006.

Lane, Peter, *The Industrial Revolution: The Birth of the Modern Age,* London: Weidenfeld and Nicolson, 1978.

Larsen, J. A. O., *Representative Government in Greek and Roman History,* Berkeley: University of California Press, 1955.

Lieberman, David, "Adam Smith on Justice, Rights, and Law", Knud Haakonssen(ed.), *The Cambridge Companion to Adam Smith,* Cambridge: Cambridge University Press, 2006.

Lindberg, Bo, "Stoicism in Political Humanism and Natural Law", Erik Bom, Marijke Janssens, Toon van Houdt(eds.), *(Un)masking The Realities of Power: Justus*

*Lipsius and the Dynamics of Political Writing in Early Modern Europe,* Leiden: Brill, 2011.

Livingston, Donald W., "Hume's Historical Conception of Liberty", Nicholas Capaldi, Donald W. Livingston(eds.), *Liberty in Hume's History of England,* Dordrecht: Kluwer Akademic Publisher, 1990.

Locke, John, *Two Treatise of Government: The Second Treatise of Government—An Essay Concerning the True Original, Extent, and End of Civil-Government,* 강정인·문지영 옮김, 『통치론』, 서울: 까치, 1996.

Long, Douglas, "Adam Smith's Politics", Knud Haakonssen(ed.), *The Cambridge Companion to Adam Smith,* Cambridge: Cambridge University Press, 2006.

MacCormick, Neil, "Adam Smith on Law", *Valparaiso University Law Review,* Vol. 15, No. 2, 1981.

Macfie, A. L., "Adam Smith's Moral Sentiments as Foundation for His Wealth of Nations", *Oxford Economic Papers,* New Series, Vol. 11, No. 3, 1959.

_____, "The Invisible Hand of Jupiter", *Journal of the History of Ideas,* Vol. 32, No. 4, 1971.

Machiavelli, Niccolò, *The Discourses,* Allan Gilbert(tr.), 강정인/안선재(옮김), 『로마사 논고』, 파주: 한길사, 2003.

_____, *The Prince,* ed., Quentin Skinner and Russell Price, Cambridge: Cambridge University Press, 1988, 강정인/김경희(옮김), 『군주론』 제3판, 서울: 까치, 2009.

MacIntyre, Alasdair, *After Virtue,* 1984, 이진우 옮김, 『덕의 상실』, 서울: 문예출판사, 1997.

Macpherson, C. B., *Burke,* Oxford: Oxford University Press, 1980, 강정인·김상우 옮김, "에드먼드 버크", 『에드먼드 버크와 보수주의』, 서울: 문학과지성서, 1997.

Maddicott, J. R., *The Origins of the English Parliament, 924-1327,* New York: Oxford University Press, 2010.

Madison, James, *et al.,* *The Federalist Papers,* New American Library, 1961, 김동영(옮김), 『페더랄리스트 페이퍼』, 서울: 한울 아카데미, 1995.

Maitland, Frederic William, *The Constitutional History of England,* Cambridge: Cambridge University Press, 1968.

Malthus, Thomas Robert, *An Essay on the Principle of Population, or a View of its Past and Present Effects on Human Happiness,* 6th edition, with an Inquiry into our

Prospects respecting the Future Removal or Mitigation of the Evils which it Occasions, London: John Murray 1826.

Mandeville, Bernard, *The Fable of The Bees, or Private Vices, Publick Benefits,* 최윤재 옮김, 『꿀벌의 우화: 개인의 악덕, 사회의 이익』, 서울: 문예출판사, 2010.

Manin, Bernard, *The Principles of Representative Government,* Cambridge: Cambridge University Press, 1997, 곽준혁 옮김, 『선거는 민주적인가』, 서울: 후마니타스, 2004.

Marx, Karl, *Capital I,* Ben Fowkes(tr.), Penguin Books, 1976, 김수행 역, 『자본론 제I권(下)』, 서울: 비봉출판사, 2000.

Marx, Karl, & Friedrich Engels, *Deutsche Ideologie,* 김대웅 역, 『독일 이데올로기 I』, 서울: 두레, 1989.

McLean, Iain, *Adam Smith, Radical and Egalitarian: An Interpretation for the 21st Century,* Edinburgh: Edinburgh University Press, 2006.

McNally, David, *Political Economy and the Rise of Capitalism: A Reinterpretation,* Berkeley: University of California Press, 1988.

Meek, Ronald L., *Studies in the Labor Theory of Value,* 2nd ed., New York: Monthly Review Press, 1976, 김제민 옮김, 『노동가치론의 역사』, 서울: 풀빛, 1985.

_____, *Smith, Marx, and After: Ten Essays in the Development of Economic Thought,* London: Chapman & Hall, 1977.

Meek, R. L., D. D. Raphael and P. G. Stein, "Introduction", in: Adam Smith, *Lectures on Jurisprudence,* Indianapolis: Liberty Fund, 1982.

Meek, R. L., "Smith, Turgot, and the 'Four Stages' Theory", *Adam Smith: Critical Assessments, Vol. 4,* John Cunningham Wood(ed.), London: Croom Helm, 1983.

Milgate, Murray & Shannon C. Stimson, *After Adam Smith: A Century of Transformation in Politics and Political Economy,* Princeton: Princeton University Press, 2011.

Mill, John Stuart, *Principles of Political Economy, with Some of Their Applications to Social Philosophy,* V. W. Bladen(intro.), J. M. Robson(ed.), University of Toronto Press, 1965, 박동천 옮김, 『정치경제학 원리 1』, 파주: 나남, 2010.

Montes, Leonidas, "Das Adam Smith Problem: Its Origins, the Stages of the Current Debate, and One Implication for Our Understanding of Sympathy", *Journal of* the History of Economic Thought, Vol. 25, No. 1, 2003.

_____, Adam Smith in Context: A Critical Reassessment of Some Central Components of His Thought, New York: Palgrave Macmillan, 2004.

Montesquieu, C. S., De l'espirit des lois, 1748, 권미영 옮김, 『법의 정신 Ⅰ』 & 『법의 정신 Ⅱ』, 서울: 일신서적, 1990.

Moore, James, "Natural rights in the Scottish Enlightenment", Mark Goldie and Robert Wokler(eds.), The Cambridge History of Eighteenth-Century Political Thought, Cambridge: Cambridge University Press, 2016.

Morgan, Kenneth O.(ed.), The Oxford History of Britain, Oxford: Oxford University Press, 1988, 영국사학회 옮김, 『옥스포드 영국사』, 파주: 한울 아카데미, 2016.

Morrow, Glenn R., "Adam Smith: Moralist and Philosopher", Journal of Political Economy, Vol. 35, No. 3, 1927.

Nisbet, Robert A., History of the Idea of Progress, New Brunswick: Transaction Publishers, 2009.

Nutkiewicz, Michael, "Samuel Pufendorf: Obligation as the Basis of the State", Journal of the History of Philosophy, Vol. 21, 1983.

OECD, How's Life? 2015: Measuring Well-Being, Paris: OECD Publishing, 2015.

O'Rourke, P. J., Adam Smith's The Wealth fo Nations: A Biography, London: Atlantic Books, 2007, 이종인 옮김, 『국부론 이펙트』, 서울: 세종서적, 2013.

Osborne, Robin, Demos: the discovery of classical Attika, New York: Cambridge University Press, 2000.

Otteson, James R., Adam Smith, Bloomsbury Academic, 2013.

Pack, Spencer J., Capitalism As a Moral System: Adam Smith's Critique of The Free Market Economy, Cheltenham: Edward Elgar, 2010.

_____, Aristotle, Adam Smith and Karl Marx: On Some Fundamental Issues in 21st Century Political Economy, Cheltenham: Edward Elgar, 2010.

Pettit, Philip, Republicanism: A Theory of Freedom and Government, Oxford University, 1997, 곽준혁 옮김, 『신공화주의: 비지배 자유와 공화주의 정부』, 파주: 나남, 2012.

Phillipson, Nicholas, Adam Smith: An Enlightened Life, London: Allen Lane, 2010.

Pitkin, Hanna Fenichel, The Concept of Representation, Berkeley: University of California Press, 1972.

Pocock, J. G. A., The Machiavellian Moment: Florentine Political Thought and the

*Atlantic Republican Tradition,* Princeton, N.J.: Princeton University Press, 1975, 곽차섭 옮김, 『마키아벨리언 모멘트 1』, 『마키아벨리언 모멘트 2』, 파주: 나남, 2011.

Poggi, Gianfranco, *The Development of the Modern State: A Sociological Introduction,* Stanford University Press, 1978, 박상섭 옮김, 『근대국가의 발전』, 서울: 민음사, 1995.

Polanyi, Karl, *The Great Transformation: The Political and Economic Origins of Our Time,* 1944, 홍기빈 옮김, 『거대한 전환』, 서울: 길, 2009.

Pufendorf, Samuel von, *Of the Law of Nature and Nations,* Basil Kennett(tr.), 4th ed., 1729.

_____, *The Whole Duty of Man According to the Law of Nature,* Andrew Tooke(tr.), Ian Hunter and David Saunders(eds.), Indianapolis: Liberty Fund, 2003.

Putnam, Robert D., *Bowling Alone: The Collapse and Revival of American Community,* New York: Simon & Schuster Paperbacks, 2000, 정승현 옮김, 『나 홀로 볼링』, 서울: 페이퍼로드, 2016.

Rae, John, *Life of Adam Smith,* London: Macmillan, 1895.

Raphael, D. D., and A. L. Macfie, "Introduction", in: Adam Smith, *The Theory of Moral Sentiments,* Indianapolis: Liberty Fund, 1982.

Raphael, D. D., *Adam Smith,* Oxford University Press, 1985, 변용란 옮김, 『애덤 스미스』, 서울: 시공사, 2003.

Rasmussen, Dennis C., *Problems and Promise of Commercial Society: Adam Smith's Response to Rousseau,* University Park: Pennsylvania State University Press, 2008.

_____, *The Infidel and the Professor: David Hume, Adam Smith, and the Friendship That Shaped Modern Thought,* Princeton: Princeton University Press, 2017, 조미현 옮김, 『무신론자와 교수』, 서울: 에코리브르, 2018.

Rawls, John, *A Theory of Justice,* Cambridge, Mass.: Harvard University Press, 1971, 황경식 옮김, 『사회정의론』, 파주: 서광사, 2007.

_____, *Political liberalism,* Columbia University Press, 2005, 장동진 옮김, 『정치적 자유주의』, 파주: 동명사, 2016.

_____, *Justice as Fairness: A Restatement,* edited by Erin Kelly, The Belknap Press of Harvard University Press, 2001, 김주휘 옮김, 『공정으로서의 정의: 재서술』, 서울: 이학사, 2017.

Rodgers, Daniel, "Republicanism: A Career of a Concept", *The Journal of American*

*History,* Vol. 79, No. 1, 1992.

Ross, Ian Simpson, *The Life of Adam Smith,* 2^nd ed., New York: Oxford University Press, 2010.

Rothschild, Emma, *Economic Sentiments: Adam Smith, Condorcet, and the Enlightenment,* Cambridge, Mass.: Harvard University Press, 2002.

Rousseau, J. J., *Du Contrat social,* Paris: Gallimard, 1964, 이환(옮김), 『사회계약론』, 서울: 서울대학교출판부, 1999. [영역본 translated with introduction by G. D. H. Cole, *The Social Contract and Discourses,* Dutton, 1923]

Sajó, András, *Limiting Government: An Introduction to Constitutionalism,* Budapest: Central European University Press, 1999.

Schmitt, Carl, *Verfassungslehre,* Berlin: Duncker & Humblot, 1928. [국역본: 김기범 옮김, 『헌법이론』, 서울: 교문사, 1977.]

Schneewind, J. B., "Classical Republicanism and the History of Ethics", *Utilitas,* Vol. 5, No. 2, 1993.

_____, *The Invention of Autonomy: A History of Modern Moral Philosophy,* New York: Cambridge University Press, 1998.

Schumpeter, Joseph A., *History of Economic Analysis,* New York: Oxford University Press, 1954, 김균 외 4인 옮김, 『경제분석의 역사 1』, 파주: 한길사, 2013.

Scott, William Robert, *Adam Smith as Student and Professor,* Glasgow: Jackson, Son & Company, 1937.

Sen, Amartya, *On Ethics and Economics,* Blackwell, 1987, 박순성·강신욱 옮김, 『윤리학과 경제학』, 서울: 한울, 1999.

_____, *Development As Freedom,* 김원기 옮김, 『자유로서의 발전』, 서울: 갈라파고스, 2013.

_____, *The Idea of Justice,* London: Penguin Books, 2010, 이규원 옮김, 『정의의 아이디어』, 서울: 지식의날개, 2019

_____, "Adam Smith and the contemporary world", *Erasmus Journal for Philosophy and Economics,* Vol. 3, Issue 1, 2010.

Skinner, Andrew S., *A System of Social Science: Papers Relating to Adam Smith,* New York: Oxford University Press, 1979.

Skinner, Quentin, *Liberty Before Liberalism,* Cambridge: Cambridge University Press, 1998, 조승래 옮김, 『퀜틴 스키너의 자유주의 이전의 자유』, 서울: 푸른역사, 2007.

Smith, Craig, *Adam Smith's Political Philosophy: The Invisible Hand and Spontaneous Order,* New York: Routledge, 2013.

_____, "Adam Smith: Left or Right?", *Political Studies,* Vol. 61, 2013.

Stewart, Dugald, *Account of the Life and Writings of Adam Smith, LL.D.,* in: Adam Smith, *Essays on Philosophical Subjects,* I. S. Ross(ed.), Indianapolis: Liberty Classics, 1982.

Teichgraeber III, Richard F., "'Less Abused Than I Had Reason to Expect': The Reception of the Wealth of Nations in Britain, 1776-90", *The Historical Journal,* Vol. 30, No. 2, 1987.

Treanor, Michael, "Judicial Review Before Marbury", *Stanford Law Review,* Vol. 58, 2005.

Tuck, Richard, *Natural Rights Theories: Their Origin and Development,* Cambridge: Cambridge University Press, 1981.

Viner, Jacob, "Adam Smith and Laissez Faire", *Journal of Political Economy,* Vol. 35, No. 2, 1927.

_____, "Guide to John Rae's Life of Adam Smith", in: John Rae, *Life of Adam Smith,* New York: Augustus M. Kelley, 1965.

Viroli, Maurizi, *Repubblicanesimo: Una nuova utopia della liberta,* Roma: Laterza, 1999, 김경희/김동규(옮김), 『공화주의』, 고양: 인간사랑, 2006.

Welzel, Hans, *Naturrecht und Materiale Gerechtigkeit,* Göttingen: Vandenhoeck & Ruprecht, 1990, 박은정 옮김, 『자연법과 실질적 정의』, 서울: 삼영사, 2001.

West, E. G., "Adam Smith's Two Views on the Division of Labour", *Economica,* Vol. 31, No. 121, 1964.

Westin, Richard A., "The Historical Origins of Progressive Taxation", *The Journal Jurisprudence,* Vol. 23, 2014.

Williams, Kevin, *Read All About It!: A History of the British Newspaper,* New York: Routledge, 2010.

Willis, K., "The Role in Parliament of the Economic Idea of Adam Smith", John Cunningham Wood(ed.), *Adam Smith: Critical Assessments,* Vol. 1, London: Croom Helm, 1984.

Winch, Donald, *Adam Smith's Politics: An Essay in Historiographic Revision,* New York: Cambridge University Press, 1978.

Wolf-Phillips, Leslie, "A Long Look at the British Constitution", *Parliamentary Affairs,*

Vol. 37, No. 1, 1984.

Wolin, Sheldon, *Politics and Vision: Continuity and Innovation in Western Political Thought*, Princeton: Princeton University Press, 2004, 강정인·공진성·이지윤 옮김, 『정치와 비전 2』, 서울: 후마니타스, 2009.

Wood, Gordon S., *The Radicalism of the American Revolution*, New York: Vintage Books, 1993.

_____, *The Creation of the American Republic, 1776-1787*, Chapel Hill: University of North Carolina Press, 1998.

Zuckert, Michael P., *Natural Rights and the New Republicanism*, Princeton: Princeton University Press, 1994.

_____, "Natural Rights in the American Revolution: The American Amalgam", Jeffrey Wasserstrom, Lynn Hunt, and Marilyn Young(eds.), *Human Rights and Revolutions*, Lanham, Md.: Rowman & Littlefield, 2000.

野中俊彦·中村睦男·高橋和之·高見勝利, 『憲法Ⅰ』 第4版, 有斐閣, 2006.

## 〈기타〉

김수행, "'보이지 않는 손'은 혁명구호", 경향신문, 2009. 4. 20.자 인터넷 입력 기사(http://news.khan.co.kr/kh_news/khan_art_view.html?artid=200904201803075, 최종방문일 2019. 4. 21.)

중앙선거관리위원회, 『각 국의 선거제도 비교연구』, 2009.

OECD 홈페이지(http://stats.oecd.org/Index.aspx?DataSetCode=BLI#, 최종방문일 2019. 4. 21.)

"Letter From Thomas Jefferson to Dugald Stewart, 21 June 1789", in: *Papers of Thomas Jefferson*, Vol. 15, J. P. Boyd(ed.), Princeton University Press, 1958. 원문은 https://founders.archives.gov/?q=Dugald%20Stewart&s=1111311111&r=11(2019. 4. 21. 최종방문).

# 찾아보기

■ 이황희

　저자 약력
　서울대학교 법과대학 졸업
　동대학원 박사학위 취득(헌법전공)
　제44회 사법시험 합격
　현재 헌법재판소 헌법연구관

# 애덤 스미스와 국가

초판 인쇄　2019년 09월 23일
초판 발행　2019년 09월 30일

저 자　이황희
펴낸이　한정희
펴낸곳　경인문화사
등 록　제406-1973-000003호
주 소　경기도 파주시 회동길 445-1 경인빌딩 B동 4층
전 화　(031) 955-9300　팩스　(031) 955-9310
홈페이지　www.kyunginp.co.kr
이메일　kyungin@kyunginp.com

ISBN　978-89-499-4839-3　93360
값　26,000원